김원일 소설과 한국의 분단현실

이성희 지음

부산대학교 출판부

책을 내며

조금 지난 일이다.

강의를 하고, 강의를 보내고, 또 강의를 시작하는 일이 반복되면서 두려움을 거두지 못하고 지냈다. 나에게 소설연구는 여우의 신포도이면서 벌거벗은 임금님이다. 언제나 분발하며 살 필요는 없다. 그러나 이런 사고의 유연함이 항상 위안을 주는 것은 아니었다.

첫 번째 연구서다.

박완서, 이청준을 만날 때도 생각하지 못한 일이다. 살면서 자족하며 써내려간 소설집이 나올 수 있겠다는 상상은 했다. 문학 연구서가 먼저 나와, 꾸지 않은 일이 현실이 되기도 하니 오래 사는 일이 재미있기도 하다.

책의 구성은 그러하다.

1부는 나의 박사논문을 정리한 것으로 김원일 소설의 핵심이라 할 수 있는 분단의식이 주체적 인식에서 비판적 인식의 심화로, 다시 균형 감각을 확보하며 공동체 의식을 회복하는 일련의 과정을 분단문학이라는 큰 범주에서 정리했다. 무엇보다 흩어져 있던 분단문학의 정의를 부다 정확하게 규정하기 위해 노력하였다.

2부는 등재지에 발표한 세 편의 소논문으로 김원일 소설이 내용뿐 아니라 형식에 대한 고민도 게을리 하지 않았음을 <손풍금>의 서술형식을 통해 증명해 보았고, 이후 분단의 남은 문제인 탈북자 문제에 관심을 가지게 되면서 박덕규 단편

소설을 중심으로 탈북자와 자본주의의 관계에서 드러난 문제점을 연구해 보았다. 그 연장선에서 최근 탈북자 소재 소설이라고 할 수 있는 김원일의 〈카타콤〉과 정도상의 ≪찔레꽃≫을 통해 작가의 세대 차이가 작품의 내용에 미치는 영향을 대비적으로 살펴보았다. 이 책이 작가 김원일이나 분단모순, 그리고 탈북자 문제에 관심이 있는 독자에게 도움이 되었으면 한다.

부끄럽지만 후련하다.

이 책은 김원일로 부터 분단의 남은 문제인 탈북자 문제까지 내 허례를 갖추기에 충분해서 부끄럽지만 나는 앞으로 학문연구의 소재에서, 작가 김원일에 대한 부채에서 자유로워지려 한다. 그래서 이제 새로운 도전을 향해 기지개도 펴 보려 한다. 그동안 녹슬어 보았으니, 이제 닳아 없어져도 보고 싶다.

고마운 이름이 있다.

신라중학교 민현주 선생님, 문성대학 서휘 선생님, 지도교수님 임종찬 선생님, 동서대 정찬영 선생님, 경남대 김경복 선생님께 감사한 마음이다. 별스럽지 않은 일에도 발을 떼지 못하는 나에게 고비마다 힘내라 응원해 준 신승훈 군에게 인사를 전하고 싶다. 활자를 모르던 시절부터 동화책과 위인전을 읽어주며 악인과 선인을 구별해주는 이상한 행동을 하고, 어린 딸을 재우기 위해 미스테리한 옛날 이야기를 밤마다 조작하느라 고생한, 나에겐 세상에서 제일 재미있는 장난감이자 최고의 스토리텔러인, 아버지 이윤호의 수고로움에 이 책이 작은 의미가 되기를 바란다.

2011년 1월

이성희 쓰다

목 차

1부 김원일의 분단문학

김원일의 분단문학

Ⅰ. 김원일의 분단문학을 연구하기 위하여

1. 연구사 검토 및 연구 목적

감격의 해방, 좌·우 대립으로 혼란한 해방공간, 남북한의 단독정부 수립, 그리고 한국전쟁 등 급격한 우리의 현대사는 1953년 7월 27일 마침내 휴전협정이 체결됨으로써 분단시대에 접어들었다. 그리하여 우리는 우리의 의지와 무관하게 분단이라는 절망을 가지고 살아 왔고, 살고 있다. 즉, 한국의 분단 상황은 국제정치와 민족적, 이데올로기적인 복잡한 원인에 근거하고 있으며, 더구나 동족끼리 피를 흘리는 참혹한 전쟁을 낳게 했고, 그 여파는 반세기 동안 계속되고 있다. 분단은 이미 지나간 역사의 한 장이 아니라 아직도 진행형인 사건이며, 해소되지 않은 채 놓여있는 상처다.

8·15 해방[1], 미군정, 좌우 이념의 갈등과 더불어 지정학적인 특수 조건으로 발생한 한국전쟁은 국토를 반으로 갈라놓고, 그로 인한 분단 상황은 한국 사회를 결정적으로 특징짓는 핵심으로 군림하여 사회·정치·경제·문화 등 모든 측면에 걸쳐 강력한 영향력을 행사하고 있다.[2] 또한 이러한 특수한 상황은 남과 북이

---

[1] 여증동에 의하면 '해방'과 '광복'이라는 용어는 우리 민족의 주체성의 유무로 따라 검토되고 있는데, 본고에서는 보편적인 의미에서의 '해방'이라는 용어를 사용하기로 한다. 려증동, 『한국역사용어』, 시사문화사, 1987, 114-115쪽.

[2] 분단 상황은 한국 사회를 가장 결정적으로 특징짓는 핵심 요인으로 군림하여 사회, 정치, 경제,

라는 이질적인 제도권 안에서 살고 있는 국가 구성원 개개인에게는 물론 해외에서 살고 있는 민족 구성원들의 삶까지 직・간접적으로 억압하는 기제로 작용한다.

분단 상황 하에서 한국 현대문학 역시 예외가 될 수 없었기에 1950년대 이후 한국 문학에서 한국전쟁과 분단은 가장 중요한 소재로 다루어져왔다.[3] 이러한 전쟁과 분단이라는 소재는 사실상 소설가가 어떤 시각을 통해 접근하고, 또한 분단 상황을 어떻게 인식하느냐에 따라 작품의 방향은 달라진다. 이는 사적 영역에서의 경험과 공적 영역에서의 작가적 소통에 관한 문제의 조합으로 요약할 수 있다. 한국현대문학사에서 작가의 개인적 체험의 영역이 분단 접근법에 상당히 중요한 의미를 갖는 이유도 이 때문이다.

전쟁 체험 세대의 작가들은 전쟁을 일방적인 수난으로 받아들이거나 추상화된 실존주의적 관념으로 이해했을 뿐, 더 이상의 심층적인 사고를 이룩할 수 없었다. 왜냐하면 그들은 감당할 수 없는 충격을 전쟁을 통해 직접 겪었지만, 그 충격이 무엇보다 강력했기에 자신의 현실을 역사의 탓으로 돌릴 수밖에 없었기 때문이다.

하지만 유년시절 전쟁을 경험한 세대의 작가들은 일방적인 피해의식에 시달린 이전 작가세대와 구분된다. 그들은 순진한 아이의 관찰자적 시선을 최대한 작품에 활용함으로써 객관적 거리를 유지하면서도 성인으로 전쟁을 경험한 것이 아니기 때문에 그 비극의 실상을 여유있게 조명한다. 이렇게 확보된 객관적 거리는 분단과 한국전쟁의 의미를 총체적으로 파악할 수 있는 여건을 마련해 주었고, 이는 성숙한 분단인식으로 작품에 반영된다. 이후 세대의 작가들은 전쟁경험의 부재라는 그들의 취약점을 메우기 위하여 다양한 기법의 강렬함을 서술전략으로 채택할 수밖에 없었다.

문화 등 모든 측면에 걸쳐 강력하게 그리고 속속들이 작용하였다고 한다. 분단 상황은 개인의 죽음이나 상처, 그로 인한 가족의 고난이나 파멸 또는 이산의 차원을 넘어 압도적인 의미를 갖는다. 김윤식・정호웅, 개정증보판『한국소설사』, 문학동네, 2000, 471쪽.

3) 분단 상황이라는 객관 현실이 분단문제를 중요한 소재로 삼도록 작가들은 강요했기에 분단 소설은 한국 소설사의 중요한 줄기로 형성되었다. 김윤식, 정호웅, 위의 책, 470쪽.

따라서 분단문제에 대한 진지한 성찰과 객관적인 시각을 담보로 하여 분단의식의 변화를 살펴보는데, 전쟁을 유년기에 체험한 작가의 작품이 가장 유효한 가치가 될 수 있음을 보여준다.

좌·우의 이념대립과 한국전쟁, 그리고 그로 인한 상처를 유년기에 겪은 작가들로는 김원일, 윤흥길, 전상국, 이동하, 조정래 등이 있다. 이들은 1940년 전후로 출생해서, 소년 시절 전쟁을 체험하였으며, 1960년대 중후반에 등단하여 1970년대 그 역량을 크게 드러낸 경우가 대부분이다. 이들의 작품에서 분단은 그들이 일생동안 탐구해야 할 소재로 다루어져왔고, 부단한 작품 활동으로 그 의식의 진일보를 이루었다. 분단문학이 한국문학의 큰 줄기로 자리 잡은 데에 이들의 공이 컸음을 부인할 수 없다.

이처럼 유년기 체험 세대의 분단인식은 어린 소년의 순진한 눈에서 시작해 작가에 따라 혹은 작품에 따라 다른 방향으로 성장해 가지만, 본고에서는 분단문제에 대해 40여년이라는 긴 시간동안 성실한 자세를 견지해 온 김원일을 통해 한국분단문학을 살펴보고자 한다.

왜냐하면 김원일은 분단의 상황을 제시하는 데 있어서 현대작가 가운데서 가장 강한 일관성을 드러낼 뿐만 아니라, 작품 활동 전반에서 객관적인 분단의식에 도달하는 경우는 같은 세대군의 작가 중에서도 독보적이다.[4] 전쟁과 분단을 작품의 소재나 배경으로만 다룬 작가들과 달리 김원일은 분단이라는 실체에 정면으로 맞서면서 꾸준히 탐색해 왔고, 그 태도 또한 엄정하고 중립적이다.

지금까지 김원일의 문학은 실제 작가의 가족사에 기인[5]하여 '아버지 찾기' 소

---

4) 김윤식·정호웅, 「분단·이산소설의 전개」, 『한국소설사』, 예하, 1993, 432-434쪽 참조.

5) 한수영, 「분단과 전쟁이 낳은 비극적 역사의 아들들」, 『역사비평』, 1999. 2, 24쪽. 이미 알려진 바와 같이 작가는 6·25를 전후한 한국의 분단 현실로 인해 불우한 가족사를 가지고 있다. 김원일의 부친 김종표는 해방 전 마산상업학교를 나와 일본 유학까지 다녀온 인텔리로서 사상문제와 공금횡령 등의 혐의로 옥살이를 했고, 해방 후 좌익운동에 투신했다가 49년 서울로 근거지를 옮긴 뒤 월북한 것으로 알려져 있다. 이후 그는 남로당 숙청과 관련돼 부침을 겪다가 간경화로 72세에 사망했다고 한다. 따라서 작가와 남은 가족들은 '부역자 가족'으로서 고난의 세월을 보냈는데, 이 때문에 모질고 엄격해진 어머니에 대한 두려움이 유년의 예민한 감수성

설로만 이해되어왔던 것이 사실이다. 그러나 김원일의 소설에서 아버지를 거론하는 것은 아버지 찾기가 궁극적인 목적이 아니라, 자신의 아버지를 통해 한국의 분단을 이해하고, 그 이해를 바탕으로 올바른 분단 인식을 도모하여 최종적으로 분단을 극복하려는 의도다. 따라서 그의 아버지는 그가 분단을 이해하기 위한 동기부여의 수단이자 출발점일 뿐이다.

게다가 김원일은 소년의 눈으로만 그려진 비극적 과거를 감상적으로 응시하고 용서하는 데 머무는 것이 아니라, 분단이 시작된 그 시대를 살아간 다수의 민중 입장에서 상세하게 보여줌으로써 분단의 근원을 총체적으로 바라볼 수 있는 데까지 나아간다. 작품의 과거는 현재와 긴밀하게 연결되어 있으며, 현재의 모순과 문제점이 과거의 분단에 기인한다는 문제의식은 끊임없이 분단의 근원을 탐색하게 했고, 그 문제의식에 버금가는 민중적 시각의 성실한 견지는 분단 소설의 한 획을 그었다고 해도 과언이 아니다.

김원일(1942～)은 1966년 단편소설 <1961・알제리>가 당선되면서 등단하였다. 이후 40여 년간 70여 편의 중단편과 15여 편의 장편을 발표하였고, 다양한 수상 경력을 가지며 왕성한 활동을 하고 있다. 1973년 <어둠의 혼>이 본격적인 문단의 주목을 받으면서 그 후 어느 작가보다도 분단 문제를 끈질기게 고찰하고 작품에 투영함으로써 분단작가로 자리매김한다. 분단 문제에 대한 천착의 정도나 문학상 수상 경력[6]과 연구논문이 존재한다는 사실은 김원일이 생존 작가임에도 불구하고 연구되어야 하는 당위를 부여해준다.

그럼에도 불구하고 평단에서 그의 분단 소설은 ≪불의 제전≫을 마지막으로 어느 정도 일단락된 상태로 알려져 있고, 김원일 소설에 관한 연구는 존재하지만,

---

때문에 더욱 뿌리 깊게 작가에게 내면화된다.

[6] 1974년 <바라암>과 <잠시 눕는 풀>로 현대문학상, 1978년 ≪노을≫로 한국소설문학상과 대한민국문학상 대통령상, 1979년 <도요새에 관한 명상>으로 한국창작문학상, 1984년 <환멸을 찾아서>로 동인문학상, 1990년 <마음의 감옥>으로 이상문학상, 1992년 ≪늘푸른 소나무≫로 우경예술문화상, 1998년 <아우라지로 가는 길>로 한무숙문학상, 1999년 기독교문화대상, 2002년 <손풍금>으로 황순원문학상을 수상하였다.

그것이 개개의 작품에 대한 단편적 고찰 또는 비슷한 유형의 작가군으로 대상화되고 있는 것이 사실이다. 그러나 ≪불의 제전≫이후에도 김원일의 분단문학은 새로운 소재로 계속되었고, 단편적인 연구는 김원일 분단문학의 의미를 자칫 약화시킬 우려가 있다. 그리하여 김원일 문학의 공시태와 통시태를 겸한 분단의식을 추적해 보는 연구는 부재한 상황이다. 따라서 이에 대한 깊은 연구가 아쉽고 절실한 시점이라 할 수 있다.

기존의 김원일 소설에 관한 연구는 작가론적인 측면[7]에서 작가의 창작의도를 파악하는 심리적 연구가 지배적이다. 많은 기존 연구가 김원일 소설의 자전적인 사실에 주목하여 실제 작품과 연결시키는 연구가 대부분이다. 이러한 논의들은 작가의 기원을 파헤치는 강점을 지니지만 작품과 작가를 지나치게 밀착시켜 작품 자체의 의미를 생각할 수 없게 만드는 한계를 지닌다.

두 번째, 주로 주제론적인 측면에서 다루어진 연구로 분단[8]과 성장[9], 가족사

---

7) 권오룡, 「개인의 성장과 역사의 공동체화」, 『문학과지성』, 1979년 봄호.
김우종, 「집단의 비인간화와 개인의 자유」, 『현대문학』, 1980년 1월호.
이동하, 「끊임없는 자기확대의 길」, 『소설문학』, 1984년 1월호.
김 현, 「이야기의 뿌리, 뿌리의 이야기」, 『문학과 사회』, 1989년 봄호.
류보선, 「분단문학의 새로운 지평을 위하여」, 『문학사상』, 1989년 봄호.
조남현, 「김원일론」, 『예술과 비평』, 1990 겨울호.
김윤식, 「김현과 김원일」, 『작가와 내면풍경』, 동서문학사, 1991.
류보선, 「어둠에서 제전으로, 비극에서 비극성으로」, 『작가세계』, 1991년 여름호.
박덕규, 「엄정한 비판정신에서 넉넉한 자기완성까지」, 『작가세계』, 1991년 여름호.
류철균, 「대상화된 운명의 형식」, 『작가세계』, 1991년 여름호.
김영화, 「통증의 깊이와 넓이」, 『분단상황과 문학』, 국학자료원, 1992.
김윤식, 「소설쓰기의 기원에 대하여」, 『예술세계』, 1992년 4월호.
권오룡, 「역사의 이성을 찾아서」, 『김원일 중단편전집』 1권, 문이당, 1997.
서경석, 「1970년대 김원일 소설의 현재성」, 『김원일 중단편전집』 3권, 문이당, 1997.
오생근, 「분단 문학의 확장과 현실 인식의 심화」, 『김원일 깊이 읽기』, 문학과 지성사, 2001.
김만수, 「지식인 작가로 살아온 30여 년의 기록 」, 『동서문학』, 동서문학사. 1998. 3.

8) 김 현, 「수동적 세계관의 극복」, 『사회와 윤리』, 일지사, 1974.
김병익, 「비극의 각성과 수용」, 『현대문학』, 1978.10월호.
천이두, 「비극의 현장」, 『문학과 지성』, 1978. 겨울.
임헌영, 「증언과 예언」, 『문학과 지성』, 1979. 봄.
권영민, 「분단 문학의 새로운 인식을 위하여」, 『한국민족 문학론 연구』, 민음사, 1988.
성민엽, 「분단 소설과 복합 소설」, 『김원일 깊이 읽기』, 문학과 지성사, 2001.

소설[10)]의 평가가 혼재하는 양상을 보인다. 이것은 실제 김원일 아버지의 자진월

오현봉, 「한국 전쟁문학의 연구」, 『한국현대문학의 사회적 사고』, 형설출판사, 1990.
임우기, 「80년 분단소설의 새로운 전개-태백산맥과 겨울골짜기에 대하여, 『문학과 사회』, 1988. 봄.
진형준, 「문학언어와 불가해한 상처」, 『세계의 문학』, 1984년 여름호.
정현기, 「얽힌 삶의 매듭 풀기」, 『문예중앙』, 1984년 여름호.
신형기, 「분단사의 소설화에 대한 사색」, 『작가세계』, 1991년 여름호.
임헌영, 「문학작품에 반영된 한국전쟁에 대한 인식의 변모」, 『분단시대의 문학』, 태학사, 1992.

9) 권성우, 「1954-1955년:실존의 우울한 풍경」, 『문학사상』, 1989년 8월호.
이종호, 「김원일 분단소설 연구」, 『어문논총』, 1995년 12월호.
유임하, 「아버지 찾기와 성장체험의 역사화」, 『실천문학』, 2001년 여름호.
김근희, 「김원일 소설의 성장주체 연구」, 『문학어문논집』, 2002.
김근희, 『김원일 성장소설 연구』, 부산대 석사논문, 2003.
정과리, 「세상 살아내기의 의미」, 『현대문학』, 1989년 4월호.
전흥남, 「분단소설에 나타난 아비찾기 모티브와 그 문학적 의미: 이니시에이션 소설의 변모 과정을 중심으로」, 『한국언어문학』, 1999. 5.
현영종, 『이니시에이션 소설 연구: 염상섭, 황순원, 김승옥, 김원일 작품을 중심으로』, 고려대 교육대학원 .1990
최선호, 『전후 성장소설의 유년 주인공과 서술시점연구』, 한남대 대학원. 1995.
정현기, 「유년기 체험 소설연구」, 『梅芝論叢』, 연세대학교 매지학술연구소, 1994. 2.
허주현, 『김원일의 성장소설연구』, 경희대 교육대학원, 2004.
김병희, 『한국 현대 성장소설 연구』, 서울여대대학원 석사논문, 2001.
양성숙, 『한국 성장소설연구』, 국민대학교대학원 석사논문, 1997.
남미영, 『한국 현대 성장소설 연구』, 숙명여자대학교대학원 박사논문, 1991.
최선호, 『전후 성장소설의 유년 주인공과 서술시점 연구』, 한남대학교대학원 석사논문, 1995.
홍정선, 「기억의 굴레를 벗는 통과 제의」, ≪노을≫해설, 문학과 지성사. 1997.

10) 김윤식, 「모계 가부장제론」, 『오늘의 문학과 비평』, 문예출판사, 1988.
김주연, 「모자 관계의 소외/동화의 구조」, 『마당깊은 집』 초판 해설, 문학과지성사, 1988.
김윤식, 「새로운 가부장제의 창출」, 『80년대 우리 소설의 흐름(Ⅰ)』, 서울대출판부, 1989.
류보선, 「자신만의 진리를 위한 서사적 모험」, 『김원일 중단편전집』4권, 문이당, 1997.
이동하, 「가족사의 다양한 소설적 변형」, 『김원일 중단편전집』 5권, 문이당, 1997.
하응백, 「장자의 소설, 소설의 장자」, 『김원일 깊이읽기』, 문학과지성사, 2002.
강진호, 「한국 반공주의 소설, 사회학적 기능」, 『한국언어문학』52권, 2004.
조희경, 「김원일 소설에 나타난 장자의식의 양상」, 『한중인문학연구』16권. 2005.
김병희, 「가족공동체를 향한 염원, 그 지향점: 김원일론」, 서울여대 『태릉어문연구』, 1999. 7.
권명아, 「가족이야기, 그 역사적 형식에 관하여: 김원일의 '가족'을 중심으로」, 『동서문학』, 2000. 겨울.
권명아, 「가족 이야기, 그 역사적 형식에 관하여」, 『한국민족 문학론 연구』, 민음사, 1988.
김주연, 「모자관계의 소외/동화의 구조-김원일 문학의 원숙을 바라보며」, 『문학과 정신의 힘』, 문학과 지성사, 1990.
이동하, 「김원일 후기 중·단편연구」, 『전농어문연구』 제 10집, 1998. 2.

북이라는 개인사에서 연유한 지나친 작가론적 관점을 면하기 어렵다. 그리하여 기존 논의가 김원일 작품 세계에서 가장 중요한 부분이면서도 가족사라는 제한적이고, 피상적인 층위에서 동어 반복적 논의에 그쳐 작품 이면의 모습까지 추적하지 못하고 고정적인 이야기 구조로 김원일 소설을 국한시킨 한계가 있다. 김원일의 분단 문학은 앞서 살펴본 1970년대 유년기 전쟁 체험 세대 작가 중 현재까지 활발히 분단문학을 창작하는 거의 유일한 작가이며, 시대의 성숙에 자신과 민중의 분단의식을 함께 성숙시켜 나가는 객관적인 분단문학가다. 따라서 개별적인 작품 분석보다 분단문학의 대표적 작품으로 김원일의 작품세계를 통시적 안목에서 관류할 필요가 있다.

세 번째, 김원일 소설에 대한 형식적인 측면은 상대적으로 빈약한데 서사론적으로 구조분석을 시도한 연구들[11)]이 있다. 또한 김원일 특유의 회상기법에 대한 시도는 주목할 만하다.[12)]

40여 년 동안 이루어진 김원일과 그의 작품에 대한 평가는 다양한 반면, 일관된 시각으로 김원일 작품 세계를 조명한 연구는 본격적으로 이루어지지 않았다. 또한 대부분 유사한 경향을 지닌 작가군에 묶어 논의하는 과정에서 김원일의 작품을 인용하거나 그의 대표작품 일부만을 대상으로 한다는 아쉬움이 있는 것이 사실이다. 특히 분단서사에 관한 연구가 기존 연구의 많은 부분을 차지하면서도, 분단현실에 대한 통시적인 고찰이 부족했다. 왜냐하면 그의 분단 문학은 매 시기마다 시대성숙과 함께 발전하였기에 개별적 작품 고찰만으로 그의 분단문학을 해명하기에는 한계가 있기 때문이다. 물론 분단현실에 대한 통시적 시각[13)]을 견지한 작품이 있기는 하나, 가족사 소설이라는 기본 틀을 유지하거나 아버지 부재

11) 이대영, 「김원일 장편소설 연구」, 『한국언어문학』 43, 1999. 12. 한국언어문학회, 427-439쪽.
정현기, 「유년체험소설연구」, 『梅芝論叢』 11, 1994. 2. 연세대학교 매지학술연구소, 85-126쪽.
곽지현, 『김원일 소설연구 - 구조분석을 중심으로』, 연세대 대학원 석사논문, 2004.

12) 정주아, 『김원일 소설에 나타난 기억 방식 연구』, 서울대 대학원 석사논문, 2005. 2.

13) 김병덕, 『김원일 분단소설의 변모양상연구』, 중앙대 석사논문, 1997.
양현준, 『김원일 소설 연구』, 경희대 석사논문, 2001.

의 장자의식을 중심으로 아버지와 어머니의 변모양상이 김원일 후기 분단소설과 맞물려 분단의식의 변모를 이뤄낸다는 논의가 주를 이루고 있다.

또한 이 논문의 대상 작품이 초기 단편들과 장편 ≪노을≫만을 포함하고 있어 김원일 소설 전반에 걸친 변화의 양상을 살피기 어렵다. ≪불의 제전≫이 빠진 김원일 분단문학을 온전히 드러낸다는 것은 무리가 있다. 무엇보다 한국전쟁을 다룬 분단의 상황성에 대한 논의가 일단락된 이후 남는 문제 즉, 크게는 이산 문제, 작게는 비전향 장기수에 대한 진지한 성찰은 김원일 연구에서 논외로 취급하고 있는 것이 엄연한 현실이다.

요컨대 김원일 분단문학에 대한 연구 경향을 모아보면 "당대의 역사적 · 사회적 현실의 모순의 극복을 향한 주체적 · 객관적 현실 인식과 그 현실의 본질이 구체적 · 전형적 · 총체적 표출"이라는 리얼리즘 일반론에 기대어 평가하는 의견이 일반적이다. 그러나 문제는 이런 본질적 개념이 아니라, 작가가 이런 것을 어떻게 인식했는가에 관한 것이다. 작가는 민족문학[14] · 민중문학의 이념적 경직성과 시대적 상황이 주는 검열 등 물리적 억압 속에서 살아 움직이는 인물을 그리고 싶어 한다. 가장 민중적인 것이 가장 민족적이기 때문이다. 나아가 가장 민중 · 민족적인 것이 제3세계적인 것이며, 가장 제3세계 민중 · 민족적인 것이 세계적인 것으로 나아갈 수 있는 것이다. 비단 한국전쟁은 한국이라는 특정 지역에 국한된 문제만은 아니다. 지역과 세계는 동전의 양면이다. 20세기에서 21세기로 이어져오면

---

14) 한국의 분단문학은 통일된 민족문학을 지향한다. 물론, 분단의 극복을 목표로 한다 하더라도 분단 상황에서 빚어진 모순의 극복을 철저하게 실천하지 못한다면, 통일문학의 참다운 위상을 정립할 수 없을 것이다. 분단문학이 민족 분단의 상황에서 비롯된 것이라면, 분단문학의 지향점이 어디에 있는가 하는 것은 자명하다. 분단문학은 분단 논리를 극복하고 민족 문화의 총체성을 회복하고자 하는 데에 그 의미가 있기 때문이다. 분단문학이 분단 극복의 의미를 적극화하기 위해서는 민족 사회의 내재적인 모순을 철저하게 비판하는 자세가 전제된다. 그것은 분단 시대의 상황적 문제성에 대한 비판적 인식에서부터 시작되어, 이데올로기 문제에 내재해 있는 역사적인 모순을 극복하는 데에까지 그 정신적 영역을 확대하고 있는 것이다. 분단문학은 결국 분단 논리에 의해 은폐되어 있는 한국 사회 내부의 구조적 모순을 규명하고, 그것을 정신적으로 극복하는 데에 그 의미가 있다고 할 것이다. 권영민, 「분단 시대 문학의 문학사적 인식」, 『한국현대문학사』2, 민음사, 2002, 23쪽.

서 세계 도처에서 벌어진 또는 현재도 벌어지고 있는 전쟁과 소요[15]는 이미 국가적 단위를 넘어 세계사적인 문제다. 우리의 경우 분단의 결정적 계기로 작용한 것이 전쟁이라고 할 때, 한국전쟁은 이미 민족에 국한된 문제만은 아닌 것이다. 분단 극복의 최정점이 통일이라고 한다면, 향후 한반도식 통일의 모델이 세계 평화에 얼마나 이바지할 것인가라는 문제는 21세기에 왜 우리가 김원일에 대해 연구해야 하는가와 동궤를 이룬다고 볼 수 있다. 그러므로 분단문학의 개인적 · 민족적 · 세계사적 의의를 지속적이고도 효과적으로 살피는 일이 될 것이고 그 정점에 작가 김원일의 분단문학이 있는 것이다.

김원일 문학이 관심의 대상이 되기 시작한 배경에는 1970년대 우리 문학이 지향하던 이념이 짙게 깔려 있다. 1970년대 우리의 문학이 지향했던 핵심적 이념과 내용이 분단극복임은 잘 알려진 사실이다[16]. 또한 1980년대 민중문학 속에서 분단이라는 현실은 우리 삶의 곳곳을 관통하는 핵심적 내용에 해당하는 것이니, 분단적 현실을 때로는 자신의 체험과 결부시켜, 또 때로는 자신의 체험을 넘어 역사의 총체성 속에서 조망하려는 김원일 문학은 자연 주목의 대상이 되었고, 또한 충

---

15) 동서냉전의 대표적인 전형이 한국전쟁전후 많은 전쟁과 소요가 끊이지 않았다. 프랑스-인도차이나 전쟁(1946-1954), 인도내전과 인도-파키스탄 전쟁(1957-1948), 이스라엘 독립전쟁(1948-1949), 한국전쟁(1950-1953), 쿠바 혁명(1956-1959), 베트남 전쟁(1956-1975), 6일 전쟁(1967), 욤 키푸르 전쟁: 4차 중동 전쟁(1973), 아프카니스탄 내전(1979-1989), 이란-이라크 전쟁(1980-1988), 걸프 전쟁(1990-1991) 등이 대표적이다. 버나르 로 몽고메리(승영조 옮김), 『전쟁의 역사』, 책세상, 2004. 정토웅, 『한권으로 보는 전쟁사 101장면』, 가람기획, 1997 참조.

16) 김영민, 「1970-80년대 민족 · 민중문학론」, 『한국현대문학비평사』, 소명출판, 2002, 377-440쪽. 민족문학의 입장에서 보면 분단시대의 가장 근원적인 민족문제는 분단의 현실이다. 백낙청은 여기서 민족문학의 과제를 '민수회복'과 '분단극복' 두 가지로 제시한다. 민주회복은 당면한 단기적 과제이며 분단극복은 궁극적으로 이루어야 할 사명이다. 민족문학은 민주회복이라는 현 단계 목표의 성취를 거쳐 장기적 목표인 분단체제의 극복을 지향할 수 있게 된다는 것이다. 민족문학에서 강조하는 분단의식은 곧 분단극복운동으로 이어지는 의식이어야 한다. 아울러 분단체제의 극복을 지향하는 문학은 그 사상적 폭이나 예술적 세련이라는 측면에서도 당대 최고의 수준에 이르러야만 한다고 한다. 아울러 백낙청은 분단시대의 삶을 여실하게 그려낸 작품이 진정한 민족문학이요 분단극복의 문학이라 주장한다. 백낙청은 1980년대 민족문학론에서 특별히 '화해'를 강조한다. 이는 김원일의 ≪노을≫에서도 여실히 드러난다.

분한 의미를 구축하고 있는 것이다. 또한 탈냉전이 시작된 1990년대와 오늘날에 있어 분단의 의미는 또 다른 다양한 의미망 속에 놓이게 되었다.

따라서 본고에서는 김원일 분단문학에 대한 기존 연구의 단편적이고 개별적인 연구 경향을 반성하고, 김원일 분단 문학의 핵심적인 주제라 할 수 있는 분단 원인과 분단 극복의 양상을 인물을 통해 살펴볼 것이다. 또한 김원일 분단문학의 핵심논의에서 방외(方外)에 있는 이산문제를 다루어 보고자 한다. 이러한 작업을 통해 50여년 지속된 분단 상황에 대한 근본적인 성찰과 본질적인 해결의 실마리를 제공하는 김원일 분단문학을 새롭게 해명하는 의미 있는 시도가 될 것이다.

2. 연구 방법 및 연구 대상

본고의 기본 전제는 작품의 구현원리는 작가가 현실을 인식하는 시각과 긴밀하게 연관되어 있으며, 이것은 당대의 사회・역사적 맥락이 무관하지 않다는 것이다. 김원일의 작품에서 질적 가치를 추구하는 '개인'과 그것을 억압하는 '국가'와의 긴장 관계는 중요한 의미를 갖는다.

레이몬드 윌리엄즈는 하나의 문학적 과정에서는 지배적인 것과 잔여적인 것, 그리고 부상하는 것 사이의 흔들림과 경향들 사이의 복합적 상호 관계를 인식할 필요가 있다[17]고 하였다. 이는 한 시대의 산물인 작품은 그 시대에 공존하는 다양한 이념에 영향을 받을 수밖에 없음을 말한 것이다. 작가는 그가 속한 시대를 떠날 수 없으며, 오히려 그 시대를 의미 있게 포용하고 있음은 주지의 사실이다. 다시 말해서 개인은 사회에 대하여 침범할 수 없는 독자적인 권리가 있으며, 이러한 자각은 개인을 둘러싸고 있는 사회와의 관계 속에서만 가능하기 때문에 어떤 시대이건 개인은 그가 속해 있는 사회와의 관련을 떠나서는 이러한 독자성에 대한 논의도 공허한 것이 되고 말 것이다. 또한 개인과 사회의 관계에서 사회라는

---

[17] 레이몬드 윌리엄즈(이일환 옮김), 『이념과 문학』, 문학과지성사, 1982.

것은 주어지는 것이 아니라 구성되는 것이다. 이 말은 사회라는 테두리 안에서 개인이 생성되기보다는 개인들 간의 계약을 통해 사회가 형성됨을 의미한다. 따라서 개인과 사회가 하나의 범주 속에서 형성되고 확장되는 관계가 아니라 이 두 항은 대립의 위치에 존재하고 있기에 개인의 자유와 사회적 억압은 늘 긴장관계를 형성하는[18] 것이다.

이러한 측면에서 살펴보면 작가가 체험과 상상력을 통하여 표출해 낸 상황이나 경험을 실제로 유래한 사회적 상태와 연결짓는 것은 자연스럽다. 하지만 그러한 태도에서 우리의 관심은 그가 어떠한 정치적・사회적 견해에 빠져 있는가 하는 것이 아니라 사물이나 사건, 제도나 가치에 대해 반응하는 인물에 있다. 즉 소설 속에 등장하는 인물이 사회와의 관계 속에서 구체적인 모습으로 형상화되는 것은 바로 동시대를 살아가는 작가가 보여주는 시대상과 적절하게 부합될 것이다.

김원일에게 분단은 개인적 체험인 동시에 역사적 사실이다. 또한 한국전쟁은 한 나라에 국한된 국지전이면서 동시에 세계전쟁이었다. 따라서 개인적 체험과 역사적 사실의 두 영역을 유기체적 전체로 파악하기 위해서는 역사주의적 시각이 견지되어야만 한다. 김원일은 1970년대 분단소설에서 보인 자신의 한계를 지속적으로 넘어서기 위해 노력한 것 또한 이러한 역사주의 시각에 대한 엄정한 태도[19]에 이유를 찾을 수 있다.

역사주의적 방법이란 문학 작품을 그 자체만으로는 이해할 수 없다고 보고, 작품 발생의 배경이 되는 작가와 사회 등 역사적 사실을 중요시 한다. 작품이 생산된 역사적 맥락, 상상력의 소산으로서의 작품, 그 작품이 그 시대의 사회적, 문화적 요소들에 준 충격, 그리고 후세의 그 작품에 대한 의의 등의 상호관계들을 밝히려고 한다. 이는 문학 작품을 그것을 생성해 낸 사회와 관련시켜 검토함으로써 객관성을 얻을 수 있고, 역사적인 맥락 속에서 연속적인 작품의 형태로 볼 수 있

---

18) 이정우, 『인간의 얼굴』, 민음사, 1999.

19) 김원일, 「6・25문학의 반성」, 『한국문학』, 1985. 6월호, 157쪽.

다. 본고는 이러한 관점에서 김원일 분단문학의 통시성과 역사성을 함께 고려하여 살필 것이다.

이러한 관점에서 본고는 김원일의 분단문학이 민중의 시각에서 시대적 변화와 어떻게 조응하면서 발전하느냐를 알아 볼 것이다. 이러한 작업을 위하여 분단의 원인을 추적하고 그 극복과정과 궁극적인 지향점을 통해 김원일의 문학관 및 세계관을 밝히는 것을 목표로 한다. 즉 한국전쟁을 소설화하는 방식이 결과론적 차원을 넘어 원인론까지를 수렴하는 시각을 획득해야만 비로소 한국전쟁의 실체가 명확하게 규명될 것이기 때문이다. 그렇지 않고 현상적이고 피상적인 전쟁의 참상 제시에 머문 문학은 올바른 역사인식의 영역에 이를 수 없다. 또한 한국전쟁의 올바른 인식을 위해 객관적이고 역사적인 안목이 확립되기 위해서는 시대적 변화와 상응하여 작가의식이 성장해야 한다는 필수적인 명제가 충족하여야 할 것이다. 또한 진정한 민중의 소망을 올바른 방향으로 이끌 수 있는 미래지향적 의지를 담아내야 할 것이다. 이는 가장 민중적인 것인 가장 민족적이고 민중의 소망은 인간근본의 모든 비극성을 극복하는 의지를 함축하고 있기 때문이다.

이러한 취지 아래 본고는 다음과 같은 순서로 연구를 진행하고자 한다.

먼저 김원일 문학을 이해하기 위한 이론적 근거로 분단 문학에 대한 개념과 특성, 그 역사적 전개 속에서 김원일 분단문학의 의미를 살펴보고자 한다.

시대적 변화와 상응하는 작가의식을 살펴보기 위하여 Ⅲ부터 Ⅴ장까지는 각각 1970, 1980, 1990년대로 나누어, 시대를 대표할 수 있는 김원일의 분단문학으로서 분단의 상황성에 충실한 ≪노을≫(문학과지성사, 1978), ≪겨울 골짜기≫(민음사, 1987), ≪불의 제전≫(문학과지성사, 1997)을 선정하여 분단의 원인, 분단의 극복과정, 궁극적인 지향을 순서대로 분석할 것이다. 이는 해방공간과 한국전쟁에 직접적으로 영향 받은 작품들로 민중적 시각에서 분단 상황의 원인과 모순타개에 집중하고 있다.

또한 1980년대 이후 2000년까지 지속되는 분단의 현재성을 여실히 보여주는 이산가족 문제와 2세대에서 3세대로 이어지는 민중의 상처와 그 치유를 위한 탐색을 <환멸을 찾아서>(나남, 1985), 『손풍금』(문이당, 2004)을 통해 살펴보고자 한다.

II. 분단 문학의 의미

1. 분단문학의 개념과 범주

1945년 해방 이후 한국 사회 문제의 구심점에는 '분단'이 존재해왔다. 그것은 한국 전쟁 이후 남북 간의 첨예한 대립과 경쟁적 우위 선점을 위한 지나친 군비경쟁, 그리고 이데올로기 소모전으로 점철되었다. 이 시기 남북한 민중들은 자기 최면적 이데올로기에 노출되어 민족 공동체적 정체성을 잃어가면서 자본주의와 사회주의 양 체제 속에서 서로에 대한 오해를 쌓아가는 한편, 분단의 폐허에 대한 극복의지와 통일에 대한 갈망 또한 쌓아가고 있다.

이러한 시기에 문학은 '민족사의 불행인 분단을 문학 속에서 어떻게 형상화할 것인가'라는 시대적 과제에서 출발한다. 분단문학을 가장 객관적이고 무리가 없는 정의는 '분단 이후 한국에서 생긴 분단을 주제로 한 문학' 또는 '남북 분단에 관한 역사적 사실을 바탕으로 쓰인 문학 또는 남북 분단에 관해 다룬 문학'이다. 이것은 달리 말하자면, 그 만큼 분단문학에 대한 이론적, 개념적 정립이 부재하고 불분명하다는 의미다.

따라서 본고에서는 기존의 분단문학에 대한 의견에 대한 객관적 태도를 견지하는 동시에 합당한 개념 설정과 범주를 도출하고자 한다.

우선, '분단문학' 이라는 용어에 대해서 살펴본다. 분단문학에 대한 개념규정이 어려운 가장 큰 이유[20]는 분단문학이 전쟁문학[21], 전후문학[22], 6·25문학[23],

---

20) 유임하는 분단문학에 대한 개념 규정의 모호함을 극복하기 위해 '분단서사'라는 용어를 제안

이산문학[24], 분단시대의 문학 등 다양한 용어로 사용되어왔기 때문이다. 소설사

하기도 한다. 하지만 그의 제안이 학계에서 충분히 논의되지 않았다는 점, 또한 '서사'갈래란 소설뿐만이 아니라 서사 민요, 신화, 전설, 민담 등을 포함하고 있다는 점에서 적절하지 않다고 판단한다. 유임하, 『분단현실과 서사적 상상력』, 태학사, 1998, 21-34쪽.

21) 한국문학사에서의 전쟁문학은 전장에서부터 한 인간의 내면세계까지를 공간으로 삼고 전시에서 부터 종전직전까지를 시간대로 취하며 선전 혹은 대항 선전을 작품창작의 주동기로 삼는 문학양식으로서 전쟁을 찬성하는 문학의 입장과 전쟁을 비판하고 고발하는 입장으로 요약할 수 있다. 오현봉, 「한국전쟁문학의 연구」, 『한국현대문학의 사회학적 시고』, 형설출판사, 1990, 233-234쪽.

22) 전후문학이란 전후 소설이라는 개념은 전쟁소설이라는 개념과 같이 6·25를 어떤 입장에서 건 전쟁행위로 보고 이를 반영한 관점으로서, 6·25와 관련된 소설의 연구 경향 중에서 가장 두드러진다. 전후소설론은 전후 한국의 현실에 대한 인식 태도와 세계 문예사조적인 영향을 두 축으로 하여 1950년대의 소설을 분석하는 주된 틀을 형성한다. 전후소설에서 현실인식의 태도는 허무주의와 불안을 근간으로 한다. 이것은 전후소설론의 기본적인 태도를 극명하게 보여주는 것이다. 이러한 1950년대 실존주의 문학의 논의가 그 이후 전후소설론에 끼친 영향은 증언의 문학, 행동의 문학, 저항의 문학, 정의의 문학 등의 서구적인 개념적 정의의 대입으로 말미암아 대부분 전후 소설의 분석, 평가에 있어서 부정적 결과를 초래했다고 볼 수 있다. 전후문학이라는 개념은 서구에선 제2차 대전 이후를 뜻하기 때문에 개념상 혼란이 생기기 쉽다. 더 엄밀하게 말하면 제 1차 대전이후의 문학도 전후문학이었기 때문에 이 용어는 한국의 특수한 상황을 지칭해주는 대명사로 볼 수 없다. 다만 1950년대 이후 문학 연구가들이 1950년대의 한국 문학적 특성과 시대적 상황을 가리키는 편의상의 술어로 전후문학을 동원했고 당시의 사회적 분위기에서 참신한 문학적 기교 때문에 독자들을 매료시키는 데도 이 단어가 도움이 되었으며, 언론매체에서도 예외 없이 이 용어가 통용되어 왔던 게 사실이다. 그러나 이 용어는 세계문학 속의 전후문학과 한국전쟁이후 우리 문학의 흐름이 엄연히 다름으로 인하여 공동으로 사용될 수 없는 개념일 뿐 아니라, 한국문학에만 국한시켜 보더라도 전쟁 후 언제까지인가라는 시대적 하한선이 없다는 문제를 안고 있다. 또 전후라는 혼란기적 특성을 내포적으로 안고 있는 이 용어가 현 시대의 다각화된 분단모순과 상황을 담아내기에 적합한 용어인가라는 의문도 남는다.

23) 김승환·신범순, 『분단문학비평』, 청하, 1987, 24쪽.
6·25문학은 6·25에 대한 역사적 인식을 가지고 그 내면적 문제와 6·25가 미친 삶의 양상을 보다 적극적으로 파헤치려고 하는 작품이라고 잠정적으로 정의할 수 있다. 그러나 이러한 개념은 분단이라는 본질과 6·25라는 현상 사이의 차이를 변별적으로 파악하지 못하고 6·25가 분단의 원인이자 결과라고 해석하게 되는 오류에 빠지기 쉽다. 또한 6·25 문학은 6·25의 역사적 의미를 풀이하는 수준에 머물게 될 위험이 있다. 6·25문학은 소재주의에 의한 분단문학의 여러 갈래 중 하나이다. 이상에서 살펴 본 모든 개념들은 분단시대의 모든 문학을 대상으로 할 수 없는 한정적인 개념들이며 다분히 소재주의적이고 본질과 원인은 간과한 채 한국전쟁이라는 현상에 지나치게 주의를 기울이므로 인해 생겨난 명칭들이라고 할 수 있다.

24) 이산문학이란 민족사적 불행인 이산가족의 비극을 문학화한 작품이며 분단이나 6·25에 의해서 분열된 가족의 비극을 문학화한 작품이다. 이런 경우 가족사 속에서 민족사의 비극이 여실하게 묘사되며 개인사는 가족사에 매여 있는 꼴이 된다. 민족이란 가족의 확대개념이고 민족주의란 가족주의의 확대개념이라는 점에서 우리나라처럼 가족주의적 사고가 강한 사회에서는 이산문학이 가족의 비극을 드러내고 치유한다는 한계에 머무를 것이 아니라, 곧바로 민

에서 '분단문학' 이라는 용어가 구체적인 내포를 갖고 문학사에 정착된 것은 1970년대 이후로 볼 수 있다. 분단문학은 임헌영이 역사학의 용어를 들어옴으로써 보편화되었는데, 그에 따르면 분단문학[25]이라는 의미는 넓은 의미와 좁은 의미로 나눠진다.

넓은 의미의 분단문학은 분단시대의 모든 문학을 의미하는 것으로, 1945년 해방 이후 현재는 물론 통일되는 날까지 남북한의 모든 문학을 분단문학이라고 부를 수 있다는 것이다. 그렇다면 해방 이후부터 지금까지 한국 사회의 모습을 다루는 거의 모든 작품이 분단문학이 되는 것이다. 분단 시대라는 특수한 역사적 상황과 당대의 문학 활동과의 관계망을 형성해 상당수의 연구자들이 이 용어를 사용하고 있다.

물론 분단문학은 분단 상황이라는 당대성의 문제와 연관되는 것이지만, 우리 현대 문학사의 총체적인 의미구조에서 볼 때, 하나의 시대적 단위 개념으로 이식될 수 있다. 그러나 분단문학은 분단시대라는 시대적 단위 개념 속에 자리 잡고 있지만, 분단 상황에 대응하는 역사인식의 논리, 삶의 태도 등을 예술적으로 형상화하고 있다는 점에서 분단시대의 문학이라는 시대적 순서개념만이 아니라 분단문학이라는 가치개념을 포괄할 수 있어야 한다.

좁은 뜻에서의 분단문학이란, 분단으로 빚어진 민족의 모든 갈등과 모순을 파헤치면서 이를 극복하고자 하는 민중들의 삶과 사상과 정서를 담은 작품이나 그와 관련된 모든 문학 활동을 말한다고 규정할 수 있다. 여기서 분단문학이란 술어에는 분단을 조장하거나 통일에 반대하는 문학은 포함될 수 없다는 사실을 분명히 한다. 하지만 이러한 정의는 그 전제 설정에 있어서 투철한 민족적 입장을 취한다는 점, 독재 권력을 옹호하지 않을 것이라는 점 등의 부분에서 서술태도가 모

족문학의 정수에 육박할 수도 있을 것이다. 그러나 이산의 문제는 분단의 문제를 떠나서는 성립될 수 있는 것이므로 분단과 6·25에 매여 두려는 것은 전적으로 타당하다고 볼 수 없다는 견해가 있다.

25) 임헌영, 『분단시대의 문학』, 태학사, 1992, 221-224쪽.

호하고 경직된 역사관이라는 한계를 지닌다. 또한 분단 문학에서 드러나고 있는 민족 통일에 대한 의지와 갈망을 포함하지 못하고 있다는 점에서도 분명한 한계를 지닌다.

백낙청은 통일을 이룩하는 데 필요한 모든 것에 대한 인식 · 성찰이며 통일을 저해하는 온갖 것에 대한 반성과 부정의 문학[26]이 분단문학이라고 정의한다. 그의 견해는 권영민과 합일점이 있는데 그것은 한국의 분단문학은 통일된 민족문학을 지향한다는 것이다. 권영민은 분단논리를 극복하고 민족문화의 총체성을 회복하고자 하는 문학이 분단문학[27]이라고 정의한다. 강조점의 차이는 있지만 모두 인식의 소산은 바로 분단 현실에 대한 합리적 인식과 극복의 과제 가능성을 제시하고 있다.[28]

위의 견해에서 타당한 공통점을 찾아보면 분단 문학의 정의에 반드시 포함되어야 할 것들이 도출된다. 첫째, 분단 원인에 대한 탐구가 철저할 것. 이는 분단문학의 승패를 결정짓는 제1의 요건이다. 우리 사회의 근저에 놓여 우리의 삶을 왜곡시키는 근본 원인의 하나이기에 마땅히 극복되어야 하는 것이 분단 상황이라면, 그것을 소재로 삼은 분단문학은 마땅히 그 원인을 탐색하여 구체적으로 형상화하여야만 한다. 모든 현실 상황은 그것을 배태하여 형성시킨 근본 원인 또는 배경에 대한 탐구 없이는 객관적으로 이해시킬 수 없으며, 이러한 이해 없이는 분단은 극복될 수 없다.[29]

둘째, 분단으로 인한 상처와 아픔을 다루되, 그것을 넘어서려는 지향과 극복

---

26) 백낙청, 「분단시대의 문학의 사상」, 『씨올의 소리』, 1976. 6, 35쪽.

27) 권영민, 「서설: 분단시대의 문학」, 『한국현대문학사 2(1945-2000)』, 민음사, 2002, 27쪽.

28) '분단의식'은 유임하(앞의 책)가 지적했듯이, '분단의식'이란 개념과 함께 살펴볼 필요성이 있다. 유임하에 따르면, 임헌영을 대표하여 쓴 '분단의식'은 "분단현실의 부정성에 대한 비판적 태도나 극복의 당위적 과제를 염두 해"둘 수 있다. 따라서 본고에서는 임헌영의 견해를 수용하겠다.

29) 1980년대 들어 부쩍 활발해진 분단 극복을 지향하는 국사학사, 사회학자들의 관심이 분단의 원인 또는 배경을 구명하는 데 집중하고 있는 것은 이런 인식에 근거한 것이다.

가능성이 있어야 한다. 이는 전후문학과 명백히 구별되는 점으로 전쟁으로 인한 정신적, 물질적 폐허 위에서 이룩한 불구적 상태에 머물러 있는 것이 전후문학의 전반적인 특징이라면, 분단문학은 그것을 한 차원 넘어서려는 의지의 반영이 있어야 한다. 학자들이 분단문학을 분단극복문학의 줄인 말이라고 할 만큼 '극복'은 분단문학에서 중요한 지점이 된다.

분단 문학은 일견 민족문학이나 민중문학의 하위 갈래로 이해하는 폐쇄성을 넘어서기 위해서는 보다 철저하고 진지한 분단에 대한 역사의식이 선행되지 않으면 안 되는데, 따라서 분단의 원인에 대한 깊이 있는 천착과 그 극복 의지가 작품 속에 내재되지 있는 것이 관건이다. 분단문학의 가장 핵심에 해당하는 내용이란 무엇보다 "분단과 전쟁으로 피폐해지고 뿌리 뽑힌 우리 민족의 삶, 그것의 과거와 현재 그리고 미래에 대한 문학적 형상화[30])라고 할 수 있다. 그러므로 분단문학이라는 용어는 오늘날 한국사회가 궁극적으로는 분단 상황에 의해 성격 지워지며, 또 그러한 상황은 마땅히 극복되어야만 한다는 인식을 담고 있다. 말하자면, "분단 상황의 극복이란 실천적 명제를 내포"[31])하는 것이다.

셋째, 그러므로 분단문학이란 모든 영역에 대해서 올바른 통일관을 가지고 통일의 필요성을 지적해 주는 문학이어야 한다. 즉, 냉전이데올로기와 분단을 고착화하는 모순된 상황들에서 탈피하여 문학을 통해 이질화된 민족의 공감영역을 확보하는 통일지향의지를 지니고 있는 문학이어야 한다는 것이다.

따라서 본고에서는 광복 이후의 문학 중에 분단의 원인 탐구, 분단으로 인한 상처와 아픔 등을 다룬 것으로서, 분단극복의 의지를 형상화하여 궁극적으로 민족공동체를 지향하는 문학을 분단문학으로 정의하고자 한다.

두 번째로, 분단문학의 하위 범주를 살펴보고자 한다. 분단문학의 범주는 크게 전쟁의 직접적 관련성과 서사적 형식의 문제, 이데올로기의 폐해와 폭력성의 사

---

30) 한수영, 「체험과 회상의 두 가지 양식」, 『실천문학』, 실천문학사, 1997 겨울, 171쪽.

31) 정호웅, 「분단극복의 새로운 넘어섬을 위하여」, 김승환 · 신범순 편, 앞의 책, 84-85쪽.

례, 세대의 시각에서 접근, 소재적 차원에서의 분단문학의 다양성 등으로 나누어 볼 수 있다.

첫째, 전쟁의 직접적 관련성과 서사적 형식의 문제는 앞서 살펴본 개념 규정에서 반드시 있어야 할 분단 문학의 요건인 분단 원인과의 관련성이다. 여기서 전쟁이란 한국전쟁을 가리키며, 한국전쟁이 분단문학에 직·간접인 영향관계에 있어야 한다는 것이다. 이는 굳이 전쟁 상황에서 뿐만 아니라 해방공간에서 영향 받은 원인으로 한국전쟁의 발생에 일조(一助)하는 것까지 포함하는 것이다. 또한 이 같은 사실은 분단 문제의 서사화에도 밀접한 관련이 있는데, 현상과 본질이 분리되어버렸지만 그럼에도 불구하고 그 둘을 통합하고자 하는 소설의 형식을 말한다. 즉 분단 원인에 대한 깊은 천착이 이루어지고 이를 통해 과거, 현재, 미래의 시간성[32] 위에서 어떻게 극복되어 본질에 접근하느냐 하는 것이다.

둘째, 분단은 모두 이데올로기를 문제 삼는다고 해도 과언이 아니다. 자본주의와 사회주의, 또는 미국과 소련, 민족 내의 식민지 유산처리 등은 모두 이데올로기와 긴밀한 관련성을 맺고 있으며, 분단문학은 이런 상황 속에서 폭압적인 상태에 놓인 민중들의 폐해와 이념의 폭력성을 담고 있는 것이다.

셋째, 작가 개인의 한국전쟁 체험을 중심으로 살펴볼 때, 전쟁 체험 세대의 문학, 유년기 전쟁 체험 세대의 문학, 전쟁 미체험 세대의 문학 등으로 나누어 볼 수 있다. 그를 통해 분단 문학을 구분 짓는 것이다. 작가의 전쟁체험시기에 따라 분단 제1세대, 제2세대, 제3세대의 문학으로 나누기도 한다.

제1세대 문학은 작가가 전쟁을 직접 체험한 세대로서 전쟁을 일방적인 수난으로 받아들여 전쟁의 비극을 고발한다.[33] 제2세대 문학은 작가가 유년기에 전쟁을 체험한 세대로서 주로 소년을 1인칭 화자로 내세워 순진한 아이의 눈을 통해

---

32) 모두가 무시간성의 세계에 폐쇄되어 있는 것은 지향 부재와 긴밀하게 연관되어 있음은 물론이다. 김윤식·정호웅, 앞의 책, 472쪽.

33) 1세대는 전쟁을 성인기에 겪었기에 1970년대 이후 분단 문학에서는 좀처럼 보기 힘든 경우에 해당한다.

비극을 조명하고 있다[34]. 이것은 한국전쟁에 대한 일방적인 피해의식을 극복하고, 분단 상황에 대한 객관성을 획득한다. 분단문학을 일종의 성장의 서사로 보는 경우와 귀향의 형식을 취하는 것[35]은 바로 유년기 전쟁 체험세대의 경험을 토대한 것이다. 제3세대 문학은 작가가 전쟁을 체험하지 않은 세대로, 체험의 부재를 메우기 위해 주로 부자(父子)의 축을 설정, 민족 동질성에 바탕을 둔 분단극복 · 통일지향 문학[36]류가 여기에 해당된다. 물론 이것은 철저히 작가의 체험에 따른 분류이지만 한 작가가 작품 속 화자를 자신의 체험 여부와 상관없이 설정하는 경우도 있다.[37]

넷째, 작품의 소재를 통한 분단문학의 다양성이라는 측면에서 살펴볼 때, 남로당 폭동, 빨치산 소재, 이산가족의 상봉문제 등으로 구별해 볼 수 있다.

김원일의 분단문학은 해방공간에서부터 발생한 민족 모순과 분단 모순을 추적하여 분단체제에 대한 비판적 성찰을 통해 분단 극복과 평화적 통일의 가능성을 형상화한 작품을 다루었으며, 분단문학의 하위범주에 해당하는 전쟁의 직접성과 서사적 형식의 문제, 이데올로기의 폐해와 폭력성의 사례, 세대의 시각에서 접근, 소재적 차원에서의 분단소설의 다양성 등을 작품 속에서 등장인물과 그들의 삶의 방식을 통해 구체적으로 형상화하는 것이다.

2. 분단문학의 전개와 김원일의 분단문학

전후문학[38]이 북쪽 체제와 이념, 사람에 대한 비판적 인식을 토대로 하여 전쟁

---

34) 윤흥길의 <장마>, 전상국의 <술래 눈뜨다>등이 있다.

35) 물론 이것은 소재적 차원의 분단소설의 다양성과도 연결되는 부분이다.

36) 임철우의 <아버지의 땅>, 신동엽의 <껍데기는 가라>, 김남주의 <진혼곡>등이 있다.

37) 김원일의 경우, 자신은 유년기 전쟁 체험세대에 속하지만 소설 속 등장인물을 전쟁 1세대부터 3세대까지 다양하게 하여 작품을 형상화한다.

38) 전후문학은 특정 시기를 막연하게 지시하고 있는 용어로, 장르적 개념이라기보다는 소재의 의미나 특정시기를 선취해 사용하는 용어라고 볼 수 있다. 1950년대 전쟁을 소재로 다룬 작품들은, 염상섭의 ≪취우≫처럼 전쟁 시기에도 지속되는 일상적 삶의 양태를 그려거나, 홍남

자체의 비극성과 전후의 폐허적 상황에 대한 휴머니즘적 인식을 주로 그리고 있다면, 분단 현실에 대한 문학인들의 관심이 본격화된 것은 전후 1960년대 이후라고 할 수 있다. 전후 경제복구기(1953-1958)를 거치면서 사회가 점차 안정되고, 또 민주주의에 대한 열망이 거족(巨族)적으로 표출된 4·19 이후 확보된 민주와 자유의 공간을 활용하여 분단 현실을 본격적으로 천착한 최초의 작품이 바로 ≪광장≫이다. 최인훈의 ≪광장≫[39]은 1960년 4·19 혁명이 열어놓은 자유와 평등을 향한 이념적 지향을 내포하면서 남북 분단의 실재성을 응시하고 이데올로기적 대립의식에 대해 비판적 거리를 확보한 기념비적 작품이라고 볼 수 있다. 남북분단과 1950년대 한국전쟁으로 방향성을 상실한 문학의 흐름은 1960년대 와서 새로운 모습을 드러내기 시작했고, 1960년대 문학은 1970년대에 확고히 나타나는 분단문학의 제 방향에 대한 출발점의 자리에 서 있다고 평가할 수 있다.

1970년대 분단문학은 1960년대 분단문학의 성과를 이어받으면서 한층 성숙된 면모를 보여준다. 이 시기에는 분단 현실에 대한 관심이 전체 문단(文壇)으로 고조되면서 앞 시기에 비해 훨씬 풍성한 양의 작품이 생산된다. 이호철·박경리·최인훈 등의 중견작가들이 왕성한 필력으로 분단 현실에 천착하였다.

김원일·윤흥길·박완서·문순태·황석영·이문구·조정래·전상국·이동하·신상웅·현기영·홍성원·한승원 등 신예작가들까지 대거 가세하여 분단

철수시기를 형상화한 김동리의 <홍남철수>나 전쟁 포로의 양심 문제를 다룬 박용준의 <용초도 근해>처럼 소박한 휴머니즘적 반공 이데올로기를 표명하거나, 황순원의 <학>처럼 이데올로기적 대립을 우정과 생명 존중의 정신으로 극복하려는 경향을 보인다. 이외에도 손창섭, 장용학, 이범선, 최일남, 이호철, 박경리, 서기원, 오상원, 선우휘, 송병수, 하근찬 등의 전후문학은 분단을 핵심적 모티브로 삼지는 않았지만 전쟁 이후 '폐허의 가난, 이산'이 고통스런 현실이 되어버린 1950년 삶의 피폐한 내면과 정신적 결핍을 추적한다.

39) 공동체적 목소리를 확인하는 '광장'과 개인의 사적 내밀함을 보장하는 '밀실'로 상징되는 분단 체제의 호흡법을 예리하게 파헤치고 있는 ≪광장≫은 남북의 현실을 모두 경험한 주인공 이명준을 통해 남북의 체제를 동시에 회의하는 관념어법의 최고치를 보여준다. 그리하여 이분법적 선택항을 벗어나 제3의 중립국을 선택할 수밖에 없었던 이명준의 선택적 고뇌와 회의적 번민이 그대로 남북의 대립체제를 반성하고 새로운 체제의 모색을 개방하는 단초를 제시하게 된다.

소재 작품들을 본격적으로 창작하여 분단문학은 일대 장관을 이루게 된다. 앞서 살폈듯이 분단문학이라는 용어가 구체적인 내포를 갖고 문학사에 정착한 1970년대는 분단문학의 형성과 내실을 갖춘 시기라고 말할 수 있다.

무엇보다 이 시기가 중요한 것은 1970년대[40] 들어서 소년시절에 전쟁을 체험한 세대들이 작품 활동을 본격적으로 시작했다는 데 있다. 그 이유는 그들이 자신들의 체험을 회고적으로 성찰할 수 있는 정신적 연령에 이르렀고, 그들의 삶의 근원에서 규정하는 한국전쟁에 대한 천착을 본격화할 수 있는 시간적 거리감을 확보하게 되었다는 데 있다.[41] 이들의 상당수가 '회상 기법', '성인과 어린이 시점의 병렬' 등의 기법을 동원했던 것도 과거와 현재를 계기적으로 이해하고 화해하려는 의도로 볼 수 있다. 성인이 되더라도 유년기의 체험에서 자유로울 수 없듯이, 한국전쟁이 여전히 현실적 삶을 가로막는 원체험으로 파악되고, 작가들은 그 원체험을 탐색함으로써 그것이 한 개인뿐만 아니라 민족 전체의 삶을 굴레 하는 요인임을 깨닫는 것이다. 이런 점에서 이 시기의 분단문학은 과거와 현재의 삶을 복합체로 파악하여 수용하는 주체적 시각의 정립 과정으로 정리할 수 있다.

1970년대 분단문학을 창작하기 시작한 김원일은 다른 유년기 전쟁 체험 세대 작가와 마찬가지로 좌익아버지를 가진 개인사를 중심으로 <어둠의 혼>(1973)과 이를 확대시킨 장편 ≪노을≫(1978)을 발표한다. 문학사에서 이 시기 김원일의 작품인 <어둠의 혼>은 유년 시절의 정서적 체험을 바탕으로 분단 상황을 재조명

---

[40] 고속 경제성장, 근대화와 산업화의 열기, 대중문화의 급팽창 등의 발전논리가 예상보다 급격하게 열려오게 된 1970년대는 뒷걸음치는 정치와 앞으로 뛰어가는 경제, 이는 1970년대 우리 사회가 만나야 했고 감당해야 했고 또 극복의지를 가져야 했던 두 겹의 상반된 현실이었다. 1970년대가 남겨놓은 사회적 초상들 중 가장 두드러진 것은 '뿌리 뽑힌 자들(the uprooted)'이다. 이 말은 피해 · 박탈 · 억울함 등의 뉘앙스를 짙게 안겨주는데, 특히 한국전쟁과 같은 과거의 역사적 사건으로부터 외상에서 헤어나지 못한 나머지 일종의 실조상태를 드러내는데 이는 한국사회의 종단면을 투명하게 보여준다고 하겠다.

[41] 이런 사실은 여러 작가들의 회고담에서 확인되는데, 김원일을 비롯하여 전상국의 「악령과의 교감」, 윤후명의 「미지수 속에 꿈꾸는 아름다운 글」(『한국문학』, 1985년 6월호)에서 이런 사실은 단적으로 확인된다.

하고 있는 작품[42], ≪노을≫은 이데올로기가 한과 만나면서 광포한 행동주의로 표출되는 과정이며 공적(公的)인 부(父)를 찾아가는 과정[43]으로 평가한다. 특히 ≪노을≫은 시대배경을 해방공간으로 소급하여 역사적 시각의 확장을 보여준 점, 또한 좌우 대립을 배경으로 분단의 원인을 사회·경제적인 측면에서 조망한 점, 시점의 병렬적 활용 등이 이후 분단문학을 창작하는 작가들에게 하나의 지침으로 작용한다는 점에서 의의가 있다.

1980년대 문학은 문학과 정치와의 상관관계가 극대화된 시대[44]라고 할 수 있으며, 이 시기 분단문학의 분단극복을 위한 반성적 자각은 지배 권력의 통치 근거였던 반공이데올로기의 한계를 절감하는 데서 출발한다고 볼 수 있다. 정치·사회적 변화는 우리 소설로 하여금 한층 고양된 역사의식과 미의식을 가지게 하는 계기가 되는데, 이 시기는 이데올로기의 허구성에 대한 폭로와 왜곡된 현대사에 대한 증언으로서의 한국전쟁과 관련된 많은 리얼리즘 소설들이 등장한다. 따라서 1980년대 분단문학은 1970년대 유년의 원체험을 바탕으로 전개되던 것에서 나아가 오늘까지 이어지는 한국전쟁의 후유증과 그 해결의 과제를 형상화하는 것[45]으로 나타난다.

1970년대의 소설과 비교하여 1980년대 소설의 특징과 성과를 드러내는 전세대의 이데올로기적 대립의 비극이 오늘날 우리의 삶과 어떻게 연관되는가를 묻는 계열, 둘째, 이데올로기 자체의 허구성과 이로 인한 비극을 형상화한 것, 셋째, 해방 직후의 삶을 통해 우리 삶의 비극적 원천을 형상화한 계열이 그것인데, 이 시기의 대표작이라 할 수 있는 김원일의 ≪겨울 골짜기≫는 산과 마을이라는 민중의 삶의 현장을 교차시키면서 당시 이데올로기에 무참히 희생된 삶을 그려내

---

42) 전영태, 「소설적 인식의 전환과 다양성의 확보-1960년대와 1970년대의 소설」, 권영민 편저, 『한국문학 50년』, 문학사상사, 1996, 170쪽.

43) 김윤식·정호웅, 앞의 책, 442-449쪽.

44) 김윤식, 「역사적 격변과 문학적 응전」, 권영민 편, 『한국문학 50년』, 문학사상사, 1996, 145쪽.

45) 조정래의 ≪태백산맥≫(88), 이동하의 <파편>(82), 임철우의 <아버지의 땅>(84), 이문열의 ≪영웅시대≫(84) 등의 작품이 그것이다.

고 있다. 이는 김원일 분단문학의 전체적 조망에서, 한국전쟁 당시 남한 내 분단 논리의 가장 구체적으로 적용한 사례로 평가받을 수 있다.

1990년대에 김원일은 자신의 분단문학을 총정리 하는 대작인 ≪불의 제전≫을 완성한다. 그러나 1980년대 초부터 꾸준한 상승세를 보여 오다가 1980년대 후반기에 이병주, 조정래, 김원일 등 분단 극복을 지향하면서 특히 좌익 집단에 대한 기존의 부정적 편견을 타파하는데 힘을 쏟으며 절정을 기록한 분단 문학[46]은 1990년대에 들어오면서 주류에서 밀려난다. 이는 소련을 비롯한 동구의 몰락으로 자본주의・사회주의의 대립구조가 무너졌는가 하면, 보수와 진보의 대립구도도 무너지기 시작[47]했다. 1990년대 소설[48]에서 분단을 제재로 한 작품을 거의

---

46) 이동하, 「고정 관념을 넘어서-1980년대 초 이후 소설사 이해를 위한 시론」, 권영민, 위의 책, 181쪽.

47) 방영이, 「통일민족문학시대」, 『한국현대문학사』, 한국문화사, 2004.

48) 1990년에 이르면 분단문학은 제3국에서의 이산가족 상봉과 남북 민간인의 조우를 다루게 된다. 월북했다가 탈북한 아버지와 프랑스에서 만나게 되는 것을 소재로 한 최윤의 <아버지 감시>, 바르샤바의 북한 교수와 월남한 남쪽 작가와의 만남을 다룬 이호철의 <보고드리옵니다>, 유복자로 태어난 주인공이 중국에서 북한에 사는 아버지를 상봉하는 이야기를 그린 홍상화의 <어머니의 마음>, 남한의 교수와 북한의 이복동생의 중국 두만강가의 만남을 그린 이문열의 <아우와의 만남>, 함경북도 혜산 출신의 사내가 압록강을 사이에 두고 중국 땅에서 강 건너 어머니의 집을 향해 절규하는 모습을 형상화한 이순원의 <혜산 가는 길>, 연해주에서 방송취재를 하며 자본주의적 남한 사람과 북한 벌목공과의 조우를 그린 이원규의 <강물은 바람을 안고 운다>등은 이산가족 상봉과 남북 민간인 접촉의 다양한 양태를 드러낸다. 전쟁 체험 세대인 선우휘의 <단독강화>에서 보여주었던 남북병사 간의 휴머니즘적 만남이라는 소재는 1990년대 후반 이후 전쟁 미체험 세대인 박상연의 ≪DMZ≫와 박청호의 ≪갱스터스 파라다이스≫에 의해 다시 한 번 주목을 받게 된다. 이외에도 탈북자들의 지난한 남한 생활 적응기를 다루고 있는 박덕규의 <노루사냥>, <기러기공화국>, <함께 있어도 외로움에 떠는 당신들>과 김지수의 <무거운 생>, 정을병의 <남과 북>등은 1990년대 이후 급속히 늘어나기 시작한 탈북자들이 남한사회에 또 다른 소외계층으로 자리 잡으며 형성되는 현실에 주목한다. 그리하여 시장 자본주의의 논리에 무장된 남한 사람들의 허위적 시선이 북쪽 사람들일 어리숙한 사기의 대상으로 여기거나 '탈북자'를 남한 사회에 적응하지 못하는 무능력자로 인식하고 차별하는 현실의 문제점을 드러낸다. 2000년대의 문학은 황석영의 ≪손님≫, 윤흥길의 ≪소라단 가는 길≫, 김하기의 <미귀>, 임철우의 ≪백년여관≫등의 소설을 통해 분단문학의 현재적 모습을 고찰해볼 수 있다. 이러한 작품들에는 6・15공동선언 이후 달라진 남북 관계에 대한 단상이 짤막하게 나오기도 하는 등 2000년대에 분단의 모순이 어떻게 해소될 수 있는지를 모색하면서 분단 문제에 대한 새로운 성찰을 진행하고 있다는 점에서 중요한 의의를 지닌다.

찾아볼 수 없는 것은 이런 시대 현실에서 야기될 수밖에 없는 필연적인 현상이다. 1990년대 대거 유입된 포스트담론, 몰(沒)주체적인 세계화의 이념은 우리 현실을 망각케 하고 이질화의 조건들을 더욱 부추기고 있다. 이런 상황에서 문학이 할 수 있는 일이란 이 현상의 이면을 관류하는 문화의 동질적 국면들에 대한 섬세한 천착과 분단 현실을 규율하는 세계 체제의 변화를 주시하고 능동적으로 대응하는 일이 될 것이다.

여기서 김원일 분단문학의 의미를 살펴볼 수 있다. 김원일 소설에서 암시되었듯이 분단 극복이란 사실 민족 내부의 경제적・신분적 갈등을 해소하고 평등한 삶을 누리기 위한 조건을 마련하는 것이라는 점을 명심할 필요가 있다. 최근 더욱 확대되고 있는 계층 간의 불평등과 위화감은 현실에 대한 허무주의적 사고를 만연시켜 분단 현실 자체를 망각케 할 수도 있다. 따라서 김원일의 분단문학이 현재에 그 유효성을 획득할 수 있다는 것이다.

둘째, 김원일이 1970년대 유년기체험세대 작가군에 속하면서 분단문학의 상황성을 가장 일관되게 드러내는 성실한 작가라는 것은 주지의 사실이다. 또한 매 시기마다 분단문학의 발전적 방향을 모색한 작가이기도 하다. 김원일 분단문학의 작중화자는 시대적 순서로 성장한다. 1970년대 아버지의 삶을 추적하던 ≪노을≫의 소년화자가 1980년대에는 청년화자로 성장하여 ≪겨울 골짜기≫에서 이데올로기에 참혹하게 희생되는 현장을 상세히 묘사하고, 1990년대 ≪불의 제전≫에서는 여러 명의 아버지가 되어 분단 현실을 객관적이고 가치중립적인 태도를 보이다가, 2000년에는 노인화자로 <손풍금>에서 이산의 문제를 검토하는 것이다. 이는 김원일이 자신의 분단문학을 통해 ≪노을≫에서 보인 난폭했던 자들은 좌익의 앞잡이가 되고 덕망 있는 자는 우익이 될 수밖에 없다는 식의 배치로 전락하기 않기 위해서 역사에 대한 균형 잡힌 시각과 분단극복에 대한 의식이 전제되어야 함을 깨닫고 자신의 한계를 넘어서기 위해 최종적으로 ≪불의 제전≫을 쓴 이유와 같은 맥락이다.

셋째, 김원일의 분단문학은 분단의 실체에 정면으로 맞서고 그 시각 또한 중립적이라는 사실은 우리로 하여금 분단문학의 전제라 할 수 있는 분단에 대한 근원 탐색과 그 극복에 신뢰감을 주는 분단작가라는 의미도 가능하게 한다. 김원일은 ≪광장≫이나 ≪태백산맥≫과 같은 큰 파급력으로 시대를 선도한 작가는 분명 아니다. 그러나 그는 매 시기 시대의 성숙과 함께 자신의 문학 또한 성숙하고, 자신의 성숙으로 아버지에 대한 이해를 성숙시켜나가는 작가다. 물론 ≪겨울 골짜기≫가 독서계의 반향을 불러 일으켰지만, 이 또한 가장 대표적인 민간인 학살의 사례를 적용한 것이다. 따라서 분단의 메커니즘과 비정성이 어떻게 개인의 자유를 속박하고 침식했는가를 시대의 역사인식과 나란히 하여 독자의 이해를 돕고, 그 잣대는 객관적이기에 신뢰감을 주는 것이다.

Ⅲ. 분단현실의 자기화와 주체적 인식 심화

산업화 과정에서 나타나고 있는 당대적 현실 문제가 소설의 양식을 통해 폭넓게 접근[49]하고 있는 것과 함께, 1970년대[50] 이후의 소설이 보여주고 있는 특징

49) 1970년대 소설은 도시인구집중으로 인한 농촌의 황폐화와 노동자들의 생활상의 난점을 크게 부각시키고 있다.

50) 1970년대의 경제적 상황은 다음과 같다. 1970년대 말 GNP의 수적 증가는 1970년대 초에 비해 7.8배나 증가되었으며, 1962년에 비해서는 무려 26배가 증가되었다. 그리고 경제 성장률에 있어서는 1970년대에서 1979년 사이의 10년간 연평균 9.54%에 이르렀으며, 1962년부터 따져볼 때 연간 10%를 넘는 성장을 기록한 해가 7년이나 되었다. 이 같은 1970년대의 고도성장은 경제적 근대화에 따른 공업화, 도시화로 말미암아 농촌인구의 이농 및 감소현상을 가져왔다. 1977년의 한 통계에 의하면 그해 한 해 동안 1970여만 명이 감소했다는 사실을 드러낸다.
이효재, 『분단시대의 사회학』, 창작과비평, 1979. 봄.
당시 정치적인 상황은 다음과 같다. 이 같은 고도의 경제적 성장에 비해 1970년대의 정치적 성장은 극히 부진했다. 왜냐하면 한국의 현대사 속에서 1970년대가 지닌 특징을 짚고자 할 때 우리는 불가피하게 '유신'이라는 한 마디 낱말과 맞닥뜨리지 않을 수가 없기 때문이다. 1971년 12월의 국가비상사태 선포를 거쳐 1972년 10월에 정식으로 그 막을 올린 유신체제는 1979년 10월에 그 수장이 암살됨과 더불어 막을 내릴 때까지 1970년대의 거의 전 기간 동안 한국 사회를 엄청난 힘으로 지배하였기 때문이다. 따라서 유신이라는 단어는 한국 현대사 속에서 1970년대라는 시기를 그 이전의 1960년대 및 그 이후의 1980년대 모두와 선명하게

적인 경향 중 하나는 민족의 분단과 한국전쟁의 비극적인 체험을 소설적으로 재현하고자 하는 노력이 지속적으로 전개되고 있다는 점이다. 즉, 민족분단의 현실에 대한 인식이다. 분단 현실에 대한 적극적인 인식은 1970년대에 접어들면서 불기 시작한 동서화해무드의 영향과 7·4 남북공동성명 발표를 전후한 남북한 간의 화해 분위기가 이루어지면서 좌파 이념에 대해 일방적으로 매도하던 이전 상황과는 달리 비교적 객관적[51)]으로 접근하려는 지적 논의들이 허용되었기 때문이다.

유신정권시기 가중되었던 정치에 대한 비판의식과 이즈음 학계에서 활발하게 논의되기 시작한 주체적 민족사관에 대한 현실적 요구가 높아짐에 따라 작가들은 분단현실에 대한 인식의 심화와 확대를 꾀하게 되었다.[52)]

이미 1950년대의 전후문학에서부터 민족 분단의 비극은 문학의 중심 테마가 되어 왔으며, 현실에 뿌리를 내리지 못하는 삶의 부동성과 의식의 억눌림 상태가 분단이라는 상황과 연관되어 있음을 깊이 있게 검토하고 있는 소설도 적지 않다. 그러나 이념의 대립과 민족의식의 이질화를 극복하기 위해 차원 높은 민족적 동질성의 회복을 꾀하고 있는 대부분의 소설들은, 1970년대 중반 이후부터 민족문학론의 논리적 전개에 근거하여 널리 등장하고 있다.

민족문학론이 민족의 삶에 대한 총체적인 인식을 문제 삼는 데까지 그 논리를 확대하게 되자, 민족의 삶의 총체성을 확립할 수 없게 만들고 있는 분단 상황에 대응하기 위해 문학의 새로운 지표가 논의[53)]된다. 그리고 분단 체제에 의해 훼손

구별 짓는 하나의 표지판 역할을 담당한다고 볼 수 있는 것이다. 물론 1960년대와 1970년대를 놓고 볼 때, 관료적 권위주의가 뿌리내린 시기라는 점에서 본질적으로 연속성을 가진 흐름으로 볼 수도 있으나 그 시대를 실제로 살았던 사람들에게는, 일체의 논리를 뛰어넘는 '삶의 실감'으로 스며들어 그들로 하여금 저절로 이 시기를 그 이전 및 그 이후의 시기들과 구별하지 않을 수 없게끔 만들고 있기 때문에 1960년대보다 더 높은 정도의 권위주의를 보여준다는 것에 대해서는 확실한 사실임에는 틀림없다. 문학사와 비평연구회, 「유신시대의 소설과 비판적 지성」, 『1970년대 문학연구』, 예하, 1994, 13쪽.

51) 여기서 객관적이라는 의미는 전대에 대비된 상대적 평가이다.

52) 임우기, 『살림의 문학』, 문학과지성사, 1990, 89-90쪽.

53) 분단문학에 대한 논의는 다음과 같은 글에서 그 방향을 확인할 수 있다.
김병익, 「분단의식의 문학적 전개」, 『문학과지성』, 1979. 봄.

된 민족공동체의 회복을 지향하는 문학을 적극적으로 요구하게 되었음은 물론이다. 그러므로 1970년대에 분단 극복의 의지를 구현하기 위해, 해방과 한국전쟁으로 이어지는 비극적인 역사의 현장을 다시 조명해 가는 소설들이 등장할 수 있게 된 것이다.

그렇다면 김원일은 왜 1970년대에서야 분단을 이야기하기 시작한 것일까? 우선 김원일에게 분단에 대한 이해는 자신의 월북한 아버지에 대한 이해와 동일선상에 놓이는 문제다. 아버지로 인해 핍박받았던 현실적 조건은 그로 하여금 금기에 대한 침묵을 강요했고 스스로 아버지를 의식적으로 떠올리지 않으려 했을 것이다. 억눌린 자의식이 그의 1960년대 소설에서 살인, 강간, 방화 등 우울한 실존주의 작품으로 드러나는 것은 그의 사고가 아직은 아버지를 거부하고 있다는 증거가 된다. 아이러니하게도 ≪노을≫에서의 갑수처럼 김원일도 정확히 29년이라는 시간차를 두고 자신의 아버지를 이야기[54]하기 시작한다. 이는 ≪노을≫이 단순히 사회적 여건만으로 이해되어질 수 없는 개인사적 문제임을 보여주는 것이다. 따라서 그가 소설 문단의 중진으로 성장하면서 폭넓게 문제 삼기 시작한 분단의 현실은, 단순한 과거의 사실이 아니라 자기 체험의 영역이라는 점에서 더욱 치열한 긴장 상태를 노정하게 한다.

둘째, 좌익 아버지를 둔 김원일에게 사회적 여건의 성숙은 자신의 의식의 성숙을 도모하고 또한 김원일 문학의 성숙으로 이어지게 한다. 김원일이 민족 분단의 현실을 소설적 관심의 대상으로 문제 삼게 된 것은 앞서 살핀 시대적 상황과 무관하지 않다. '남북대화'로 촉발된 민족 화합에의 열망, 분단 상황의 고착 상태를 기정사실화하는 여러 가지 사회적 조건에 대한 탐색은 화해 무드의 조성과 함께 김

임헌영, 「분단문학의 새 전망」, 『한국문학』, 1985. 6.
권영민, 「분단문학의 새로운 인식을 위해」,『한국문학』, 1986. 6.

54) 김원일의 아버지가 한국전쟁 직후 월북해서 이 소설이 써진 연대가 1978년임을 감안하면 29년이고, 갑수가 1948년의 아버지에 대한 기억을 1977년에서야 비로소 화해하기 시작하는 것은 우연의 일치라고 하기에는 너무 정확히 맞아떨어지는 부분이다.

원일로 하여금 현실 외면을 위한 실존주의 계통의 소설에서 자기의식의 본령이 분단의식으로 이어지게 하고 이를 시작으로 비로소 김원일의 문학은 성장을 시작할 수 있었던 것이기 때문이다.

셋째, 평범한 아버지를 통한 분단의 이해라는 민중적 인식에 기인한다. 그가 평범한 민중 입장이라는 객관적인 시선으로 분단을 이야기하는 것은 실제 분단 현실이 강대국의 패권주의적 세계전략이라는 시대적 상황이 작동하였다면, 작품 속에서 살아 움직이는 인물을 통해 적극적으로 살아낸 건강한 민중주의로 대항하고자 함이다.

사실상 분단은 특정 집단이나 특정인물의 문제가 아니라 대다수 국민이 안고 있는 포괄적인 문제다. 비록 해방은 강대국의 표면적 시혜 속 이념 대립의 산물이었지만 분단의 극복은 민중의 힘이 작동함을 드러내고자 하는 것이다. 결국 그가 그려내고 있는 분단의 현실은 역사적 사건으로 고정되고 있는 것이 아니라 당대적 삶의 조건, 즉 민중의 삶의 방식에 커다란 영향을 미치고 있는 셈이다.

따라서 소년기에 민족분단과 한국전쟁을 체험한 김원일은 한 세대를 넘어서는 시간적인 간격을 유지하면서 조심스럽게 자기 체험[55]을 객관화하고자 하는 의욕을 드러내고 있다. 이렇듯 객관적인 시간적 간격을 유지할 수 있게 됨으로써, 1950년대의 전후문학이 보여준 자폐적인 공간을 뛰어넘을 수도 있고, 1960년대 소설의 소시민적인 피해 의식도 극복해 낼 수 있는 가능성을 확보하게 된다. 더불어 사적 체험이 공적인 역사의 현장과 교호하는 과정을 통해 체험의 객관화와 인식의 확대, 보편적 체험으로의 전이와 그에 대한 밀도 있는 사색이 이루어졌다고

[55] 문학 논의에서 정체성 개념은 서사적 재현과 밀접한 연관성이 있는데 리쾨르는 자아의 정체성은 스스로 인지될 수 없고 문화적, 상징적 매개를 통해 이해되어야 하는데, 서사의 영역은 그것이 가장 잘 드러나는 공간이라는 것이다. 이는 시간이 흘러도 변하지 않는 항구한 부분의 자기 동일적 정체성과 시간 속에서 변화하는 부분인 공유된 자아로서의 정체성이 역동적으로 부합하여 형성되는 것이다. 본고에서 정체성 의미를 '타자와의 관계 속에서, 서사에 의해 매개되며 형성되는 정체성'으로 정의할 때 김원일 분단소설의 정체성은 <어둠의 혼>이 발표된 1970년대에 나타나기 시작했다고 본다. 폴 리쾨르(김한식 옮김), 『시간과 이야기 3』, 문학과 지성사, 2004, 471쪽.

할 수 있다.

이것이 김원일의 1970년대 분단소설에서 그려낸 <어둠의 혼>[56]과 ≪노을≫의 의미이기도 하다. 왜 당대의 의식은 철저히 소년의 시선에 의지하게 할까에 대한 해답은 첫째, 실제 김원일이 한국전쟁 전후 소년이었고, 둘째, 소년은 다 알지 못하고 따라서 다 말하지 않아도 되기 때문이다. 이것은 일종의 사회적 '안전장치'다. 셋째, 미래의 어느 날 아버지를 이해하기 위한 예비적 단계가 필요하기 때문이다. 이것은 앞서 본 김원일이 1970년대에 비로소 분단을 이야기하는 것과 유사한 맥락을 띤다.

따라서 ≪노을≫은 사회적 성숙과 이루어진 김원일 문학의 성숙을 보여주는 동시에 전후 문학에서 보인 전쟁체험 자체에 집착하기보다 당시의 전쟁과 그 비극적 양상이 오늘의 현실에서 어떻게 인식될 수 있는지 과거와 현재의 중첩, 상황성의 지속적인 대비와 결부시킴으로써 분단 현실의 정신적인 극복을 시작하고 있는 것이다.

1. 해방공간의 탐색과 민족 내부의 갈등 확인

상처의 원인을 진단하지 않고서 수술의 칼날을 들이댈 수 없듯이, 우리의 삶을 근본에서 왜곡하는 요인들에 대한 탐구 없이는 문제 해결의 진정한 실마리를 찾을 수 없을 것이다. 1960년대의 성과를 전제하면서도 그보다는 한층 진전된 인식

56) <어둠의 혼>(『월간문학』 50호. 1973년 1월)은 '갑해'라는 어린 소년의 눈으로 아버지에 얽힌 이데올로기의 문제를 다루고 있다. '분단 비극의 가족사적 경험'을 담고 있는 기억의 원점을 보여주는 작품이다. 이 작품에서 기억 속에 담긴 성장기는 '어둠'으로 비극의 모든 징조는 보라색으로 상징된다. 보라색이 물러나면 내려앉은 어둠의 세계는 참담한 처지와 결부된 시대현실을 환유한다. '어둠'은 궁상에 내던져진 어린 존재의 절박한 상황과 세계가 가진 폭력성, 어른들의 세계가 가진 수수께끼로서 아버지의 오랜 부재와 피폐한 성장환경과 직접 관련되는 키워드이다. 좌익 아버지로 인한 고초와 죽음으로 어린 존재에게 가해지는 폭력과 동심을 짓밟는 사회현실의 국면은 어둠의 진의가 세계의 폭력성이자 아버지의 삶에 감추어진 수수께끼와 같은 슬픔의 다른 이름이다. 유임하, 「아버지 찾기와 성장체험의 역사화」, 『실천문학』, 2001. 여름, 275-276쪽.

을 보여주는데, 앞 시대 작가들이 전시 하의 현실을 배경으로 이데올로기의 문제를 천착했던 것과 달리 김원일은 ≪노을≫[57]을 통해 시대배경을 해방 공간으로 소급해서 분단의 원인을 탐색하는 시각의 확장을 보여준다. 이는 분단의 원인이 1950년에 발생한 한국전쟁으로 본격화되었다기보다 그 이전의 상황적 조건이 중요하게 작동한 결과임을 보이는 것이다. 이것은 수정주의자들의 의견이 일부 설득력을 얻을 수 있는 부분이기도 하[58]지만 김원일이 분단문학의 범주를 확대한 것이라고 볼 수 있다.

≪노을≫은 주인공 갑수가 삼촌의 죽음으로 29년 만에 환고향하게 되면서 잊고 지냈던, 아니 잊고 싶었던 과거의 깊은 상처가 여전히 자신의 내부에 도사리고 있음을 지각하면서 출발한다. 이 모든 상처는 기억 속 아버지가 원인 제공자인데, 갑수의 아버지는 천시받는 백정이고 광포한 성정마저 지낸 인물이다. 술, 도박, 문란한 관계로 동네에서 김삼조라는 본명 대신 '개삼조'로 불리는 사람이다. 그는 노름판에서 붙은 시비로 비누장수의 팔을 끊어버리고, 술과 노름에 젖어 있으면서도 마을 사람들의 홀대를 의식하지 않는 인물이다. 즉흥적으로 화내고, 툭하면 아내를 구타하는 그가 달라진 것은 감옥에서 만난 배도수[59]에 의해 사상 교육을 받은 이후이다.

작가가 천민의식 가득한 백정을 주인공으로 내세운 것은 1970년대라는 상황

---

57) ≪노을≫(『현대문학』 273-285호. 1977. 9-1978. 9) 1973년 발표한 단편 <어둠의 혼>을 확대 개편한 것으로 해석할 수 있다.

58) 브루스 커밍스는 1950년대 6월 25일은 한국전쟁의 시작이 아니라 1945년 해방 이후부터 시작되었던 갈등에 대단원의 막이 이루어진 계기라고 주장하기까지 한다. 또한 메릴은 전쟁은 1948년 초부터 1950년까지 점차 고조-에스칼레이션 되었다고 주장한다. 커밍스, 『한국현대사』, 창작과비평사, 2001, 333쪽. 존 메릴(이종찬 역), 『새롭게 밝혀낸 한국전쟁의 기원과 진실』, 두산동아, 2004.

59) 임헌영은 ≪광장≫의 이명준과 ≪시장과 전장≫의 석산은 전후 분단문학의 인간상에서 한 전형을 이루어 그 뒤 1970-1980년대에로 그대로 전승되어 거듭 살아나는데, 이명준 같은 허무주의자는 ≪영웅시대≫의 이동영으로, 석산은 ≪노을≫에서 배도수로 변형되어 나타난다고 한다. 크게 보면 중도적 이상주의자요 허무주의자로 남북한에 대하여 다 실망할 수밖에 없다는 점에서는 일치하며 분단시대 남한 문학이 가장 많이 창출한 인간유형의 하나이다.

이 자체 검열을 은연중 요구한 결과일 수도 있겠지만[60], 분단문학의 출발점이 분단의 원인에 대한 점검에서 시작한다고 보았을 때, 김삼조의 정서적 불균형은 당시 농촌의 열악한 경제구조 속에서 오는 신분적 자포자기(自暴自棄)에 기반을 둔다고 이해할 수 있는데, 이는 작품의 배경이 되는 해방 전후에 팽배했던 극단적 사회주의[61]자들의 생각과 맞닿는 부분이 있었던 것이다.

---

[60] 김원일/권오룡. 「열정으로 지켜온 글쓰기의 세월」, 『김원일 깊이 읽기』, 문학과 지성사, 2002, 36쪽. "≪노을≫을 쓸 때는 내 속에 있는 이데올로기에 대한 경계심, 좌파에 대한 사회적인 억압과 공포, 이로 인한 불안에 내가 억눌려 있었으니까. 인물을 그릴 때에도 그렇게 폭력적이고 무식한 사람 정도로 그려야 반공 논리에서 조금 비껴갈 수 있지 않을까 하는 고려가 크게 작용했던 게 사실이에요" 위 대담에서 확인되듯, 좌파에 대한 사회적 억압과 공포에 억눌린 작가는 ≪노을≫의 아버지를 극단적인 폭력의 화신으로 묘사하고 있다.

[61] 사회주의(socialism)는 사회사상으로서 볼 때 자본주의의 경제적 원리인 개인주의를 사회주의로 대치함으로써 사회를 개조하려는 사상 또는 운동을 뜻한다. 해방 후 사회주의자들은 국가건설운동을 전개하면서 정치, 경제, 사회 등 다양한 영역에서 새로운 체제구상을 제시하고 발전시켰다. 국가건설이 당면 과제로 부상한 해방공간에서 사회주의 이행전략의 정당성을 인정받으려면 기존 자본주의 경제 질서를 대체하는 대안적 전망을 구체화하는 것이 필요하였다. 곧 사회주의자들은 자본주의와 사회주의를 대표하는 미・소, 그리고 좌・우가 대립하는 정치지형에서 우파와의 경쟁을 통해 사회주의 정치의 정체성을 확인하고 대중의 지지를 획득하려면 저항적 담론을 뛰어넘는 현실 가능한 대안적 전략이 요구되었다. 특히, 사회주의 경제구상은 국가-인민, 공업-노동, 농촌-농민 등 좌파정치의 핵심영역에서 대중운동의 에너지를 끌어내는 국가체제 기획과 직결된 지점이었다. 해방 후 사회주의자들의 경제구상의 특징과 의미는 다음과 같은 수준에서 접근할 수 있다. 첫째, 사회주의자들의 경제구상에서 나타나는 중요한 가치는 평등주의이다. 이는 경제의 다양한 영역, 곧 소유와 분배 등의 영역에서 평등과 정의, 민주주의를 의미하며, 구체적으로 경제에 대한 아래로부터 대중의 개입과 통제를 주요 내용으로 한다. 둘째, 사회주의자들의 경제구상은 모든 사람이 해방되고 행복한 이상사회를 건설하려는 유토피아적 전망과 연결되어 있다. 사회주의 유토피아는 자본주의 대안문화로서 역사적 위상을 지니고 있다. 해방 후 사회주의운동은 현실 사회를 부정하고 새로운 이상사회를 건설하려는 대안운동으로 등장하였다. 사회주의자들이 경제구상에서 제시한 대안은 평등주의와 민주주의였다. 셋째, 사회주의자들의 경제구상은 근대적 발전을 지향하는 발전주의 전략과 결합되어 있다. 특히 그들은 발전을 통해 평등주이를 실현하려고 했다. 결국 해방 후 사회주의자들의 경제구상에서 근대기획으로서의 평등주의와 발전주의 전략은 상호 공존하고 있었다. 중요한 문제는 해방 후 사회주의자들이 이 양자를 경제구상에서 어떻게 구체화시키고 결합시키려 했는가 하는 점이다. 평등주의와 발전주의 전략은 상호 대립하고 충돌할 가능성을 지니고 있다. 바로 여기에 근대를 달성하고 탈근대로 이행하려는 사회주의 경제구상의 딜레마가 존재한다. 정태현, 「해방 전후 경제계획론의 수렴과 전쟁 후 남북에서의 적대적 분화」, ≪한국사학보≫17호, 2004. 김성보, 『남북한 경제구조의 기원과 전개』, 역사비평사, 2000. 전현수, 「산업의 국유화와 인민경제의 계획화: 공업을 중심으로」, 『현대북한연구』 2권 1호, 1999. 윤덕영, 「해방 후 좌익진영의 농업개혁론」, 『한국 근현대의 민족문제와 신국가건설』, 지식산업사, 1997. 이혜숙, 「미군정기 농민운동의 성격과 전개과정」, 『해

김삼조는 '단순한 열정'을 가진 사람이기에 당시 사회주의자들의 의도와 전략에 자신의 나아갈 길을 정하고 따르는 인물이다. 단지 그가 알고 따르는 공산주의는 "서름 받는 사람 활개치는 시상을 만든"다는 것뿐이다. 따라서 그에게 공산주의는 그 진정성은 상실된 채 백정으로서 천대받은 세월에 대한 앙갚음, 배고픔을 준 세상에 대한 대항담론에 불과한 까닭에 이미 불행한 결과를 예비하는 것이다.

> "정말이지 밥만 세 끼 잘 먹여 준다면 나는 어디로 팔려가도 좋을 것 같았다. 그러나 아버지는 우리 형제를 굶겨 가면서까지 내 자식이라고 움켜안고 있었다. (중략) 아버지는 우리가 그렇게 농땡이쳐 버린 사실을 알면 화를 불같이 내었다. '조선이 독립돼서 핵교서 글 가르쳐 주는데 와 안 댕겨. 이 자슥아, 굶어도 핵교 나가 굶어라. 감옥소서 콩밥국이깨 서러운 놈이 까막눈이더라. 몬 배아 내 이 꼴인데 니늠도 칼잽이 될라 카나"[62]

> "하여간 장선상은 난인물인 기라. 내가 몇 달 전부터 그 사람한테 무신 공부를 쪼매 배우는데 우째 그래 하는 말마다 이치에 맞는 말인지, 내가 연방 무릎을 안 치나. 참말로 당달봉사가 훤한 시상 보는 기분이다 카인께."[63]

김삼조는 해방 전 부산 감옥소에서 배도수를 만나고 이후 장태문 선생을 알게 되면서 본격적인 혁명의 과정에 투신하게 된다. 이는 김삼조의 좌익 관련행위가 자발적인 것이기 보다는 다분히 상황적 필요에 의한 것으로 보는 경향이 짙다. 그것은 "빨갱이들이 성님이 칼잽이라고 실컷 이용하고 있능 거를 알아야 한다"고 꾸짖는 추서방의 목소리를 통해서도 드러나지만, 아버지가 배도수나 장태문 같은 인텔리 사회주의자의 지시를 받고 있다는 사실이 암암리에 보이기 때문이다.

방직후의 민족문제와 사회운동』, 1988. 박혜숙, 「미군정기 농민운동과 전농의 운동노선」, 『해방전후사의 인식』3, 한길사, 1987.의 선행 연구를 참조하였다.

62) 김원일, ≪노을≫, 문학과 지성사, 1997, 39쪽.

63) 같은 책, 42쪽.

그렇다고 아버지 자신의 깨달음이 없었던 것은 아니다. 무식자로 살면 백정의 자식이라는 꼬리표가 대물림된다는, 그리하여 자식들에게 자신의 열등한 신분을 잇게 하지 않겠다는 의지가 충성심의 과잉 표출로 나타나게 되는 것이다.

> "삼조행님, 행님은 공산주이가 먼지 제대로 알기나 해예? 제대로 알고 사람을 소 쥑이드키 쥑이나 말임더."
> "모른다, 와. 부자와 가난뱅이 차별 읎어지는 시상이 되고, 양반 상늠 차별 않고, 똑같이 일하고 똑같이 나나 묵는다 카는 기 공산주이라는 것쯤은 안다. 배선상도 장선상도 내한테 똑같은 말을 배아줬다. 와, 내 말 틀리나?"[64)]

> "자형 덕분에 나도 이 일에 끼여들었더이 우리 집안도 인자 고상 면하게 된데이." 외삼촌이 웃으며 말했다. "지주 땅을 우리 같은 작인들에게 나나준다 안 카나. 지 논에 지가 나락 심어 지 뒤주에 챙겨넣고 살밥 묵는 시상이 왔는 기라. 그래서 나도 배주사집부터 불 질렀지러. 내가 그 양반 논을 부쳐묵으이께."[65)]

> "니한테 한마디마 묻겠다. 니는 예태꺼정 백정으로 천대받고 살아온 시월이 원쑤 같지도 않나? 우리가 언제 사람 대접 한분 받아본 적 있나 말이다. 그러나 인자 시상이 바낐으이 나도 한자리 할끼데이. 우리 같은 사람을 더 떠받들어준다 카는 기 공산주이인께 얼매나 좋노"[66)]

김삼조가 주문처럼 반복하여 말하고 믿는 평등주의는 유토피아적 전망[67)]으로

---

64) 같은 책, 278쪽.
65) 같은 책, 268쪽.
66) 같은 책, 279-280쪽.
67) 하버마스(장은주 역), 『의사소통의 사회이론』, 관악사, 1995.
하버마스에 의하면 마르크스와 초기 비판이론가들은 현실사회의 분석과 유토피아적 전망을 연결시키지 못했다. 그 이유는 사회합리화 과정을 분석하는 적절한 개념적 틀을 가지지 못한 까닭에 사회 합리화가 목적 합리성만의 증대로 선택적으로 이루어진다는 것을 포착하지 못

소위 사회주의의 전통적 가치다. 그러나 평등주의는 단순히 사회주의자들의 전통적 이념이 독자적으로 표출된 것만이 아니라, 해방 후 탈(脫)식민과정에서 평등을 지향하는 대중들의 열망과 결합되어 나타난 것이다. 대중의 생활과 의식세계에서 평등주의, 그리고 유토피아 지향이 발전한 배경은 무엇보다 오랜 식민지배 아래에서 절대적 빈곤과 가난을 경험한 결과였다.[68] 대중들에게 평등은 극단적인 가난, 불평등한 현실에 대한 불만의 극적인 반전의 표현이었다. 대중들이 우리 모두가 일제 식민지배 때문에 빈곤하다는 의식은 사회적・경제적으로 불평등한 현실에 대한 전복을 통해 평등한 사회를 구현하는 열망을 촉발시켰던 것이다. 따라서 김삼조로 표상되는 당시 민중들이 사회주의 사상에 무분별한 경도라기보다 민중의 해방 전후의 열망이 단지 사회주의의 그것과 유사성을 띤 것이라고 보는 것이 더 타당하다.

김삼조에게 백정이라는 직업적인 소외감, 사회 계급적 한계에 대한 끝없는 절망은 스스로를 향한 존재론적인 회의가 있었을 것이고, 스스로 문제 해결 능력을 가지기 힘든 인간에게 삶이란 살아있어도 죽은 목숨에 다름 아닌 것이다.

따라서 김삼조가 새로운 이데올로기에 복무하며 보이는 피바람은, '가축을 도살하는 직업이니 사람을 죽이는 것도 쉬울 것이다'는 유추는 2차적인 것이다. 물론 직접적인 동기 부여자인 장태문이나 그의 애인이자 아들 갑수의 선생님인 주신례, 배도수 같은 지식인이 혁명 수행에 김삼조와 같은 사람을 필요로 했을 때에는 자신의 능력 밖인 어떤 것이 있었을 것이다. 그 이유는 인민의 불 같은 추동이 가능한 사람이어야 할 것이고, 혁명과정에서 반드시 필요로 하는 희생을 전담해 줄 사람, 즉 최전방에서 그들의 행동 대장 역할을 기꺼이 수행해 줄 수 있는 인물이 필요했기 때문이다. 그런 관점에서 보자면 도축업을 하는 김삼조가 적절하기

했기 때문이다. 여기서 사회주의자들의 평등주의는 혁명의 이념과 이상을 현실에서 구체화한 형태였다.

68) 김무용, 「해방 후 사회주의세력의 경제체제 구상: 평등주의와 발전주의 사이에서」, 『한국사학보』, 고려사학보, 2005.

때문이다. 게다가 앞서 살폈듯이 계급투쟁에 적합한 저항정신도 넉넉히 지니고 있을 만큼 김삼조가 열정 많은 사람이었기도 하다.

자신의 현실에 대한 절실함과 장태문, 배도수 두 사람의 도움으로 김삼조는 별다른 이념적 갈등과 고민 없이 단지 모든 인간이 가지는 대등한 지위의 획득이라는 소박한 생각만으로 사회적 혁명의 선봉에 서는 인물인, 다시 말하면 운동의 적극성에 비해 사고의 수동성을 보이는 인물이다. 그의 발화에서 반복적으로 나타나는 '차별 없음'과 '똑같음'은 결국 그가 나약한 민중으로 이데올로기에 희생될 수밖에 없는 울분의 다른 표현이다. 김삼조가 진정으로 소망하는 것은 '계급적 균형 감각이 있는 세상'이라는 것이고, 반대로 이러한 소망이 사실상 현실에서는 불가능하다는 인식을 뜻함이다.

> "그라모 부자 논을 뺏아서 작인한테 나나주는 사람은 누군교? 그렇게 논 나나주고 그 문서 맹그는 사람, 즉 지도하는 사람이 높은 사람되서 세력 잡는 기 아이겠소. 그기 우째 공평한 시상인교? 사람을 개 쥑이듯 쥑이미 서로 동무, 동무 카모 단교?"
> "이 자슥아, 말이라 카모 다 말인 줄 아나? 순사나 남조선 군대는 좌익하는 사람 안 쥑이더나? 남조선 개늠들, 해방되고 좌익하는 사람들 오죽 많이 쥑있나. 좌익하는 사람 근처에마 가도 혬으를 잡아서 고문하고 쥑이고 안 했나. 그래 쥑인 사람이 수만밍도 넘을 끼라."(중략)
> "그러이 어데 우리만 쥑이는 기가? 우리도 원쑤 갚는다고 반동늠들 처단하는 기제. 핵명 첨에는 다 이런 법이라 카더라. 반동분자 처치하는 기 내한테 맽겨진 일이데이." (중략)"도수(刀手)개삼조가 이래 인민으 영웅이 될 줄 몰랐지러. 하눌님도 몰랐을 끼라! 인자 앞질이 신작로같이 탁 트인 내 앞에 어느늠도 대가리 쳐들고 몬 지내갈 끼다!"
> "행님이 속은 기요. 좌익들이 행님 칼잽이라고 이용하고 있는 거를 알아야 돼예!" 추서방이 외쳤다.

"읍장 집이 내 집 되고, 저 들판 곡식이 내 꺼 한가지데이. 얼시구 조오타……"아버지는 추서방 말이 귀에 들어오지 않는지 길길이 뛰며 노래 아닌 노래를 읊었다.[69)]

사상을 맹신하지 않는 추 서방을 통해 폭력을 정당화하는 김삼조의 발언은 그동안의 설움을 갚는 것은 당연하다는 것이다. 누구에게도 균등한 기회를 주는 사상은 그를 짐승 다루듯 갈등 없이 사살케 했고, 이렇게 자신이 꿈꾸는 이상적 세상에 가까워지는 작업을 수행하면 할수록 자신을 아끼는 가족과 동료로부터 김삼조는 점점 멀어져 간다.

김삼조는 대중의 개입과 통제를 바탕으로 평등과 정의를 실현하는 방식 또는 만인에게 고른 세상을 만들겠다는 호혜평등 사상이 점점 추악한 치부로 변모함으로써 진정한 사회주의성을 상실한 좌익의 모습을 보인다. 이러한 그에게 혁명적 열정이란 허황한 영웅심 내지 과시욕과 구별될 수 없는 것임이 그려진다. 단순하고 또한 저돌적인 만큼 무엇이든 그에게 요구되는 것을 행동에 옮기기에 주저함이 없는 그는 결국 무자비·무자각한 고삐 풀린 폭력의 하수인으로 전락하는 것이다.

따라서 김삼조의 모습에서 당시 대다수 민중의 울분이란 '같지 않음'과 '차별'을 내면화하고 있었다는 것이고 이는 김원일이 해방공간으로 분단문학을 소급한 이유를 밝히는 부분으로 해석할 수 있다.

"사람이란 거는 백정이고 양반이고 다 똑같은 거를 모르나. 코 하나 달렸고 눈 두 개 달렸고 불알 두 쪽 달린 것는 양반도 마찬가징기라. 조선이 해방된 거만 해도 그렇제. **왜놈이 폭삭 망해서 반도 땅을 떠났다고 해방이 된 줄 아나? 택도 없어. 양반하고 지주가 몽지리 없어지능 기 진짜 해방**인 기라."[70)]

69) 김원일, 앞의 책, 279-280쪽.
70) 같은 책, 124쪽. 글자의 진함은 필자의 임의 표시임.

역사적으로 볼 때 농민으로 대변되는 농촌생활에 기반을 둔 직업군은 봉건제 해체 이래 동학을 거쳐 일본강점기, 광복, 미군정, 단정수립에 이르기까지 항상 정치적·경제적으로 억압받고 착취당해 왔다. 사회구조적으로는 일제가 붕괴되면서 광복을 맞았지만 외세의 점령으로 인해 저지되면서 식민통치기구의 부활로 식민지 시대의 사회경제적 모순과 착취가 지속되거나 오히려 강화[71]됨으로써 민중들의 삶은 더욱 피폐해졌고, 결국 분단을 초래했기 때문이다.

그것은 자멸의 길로 들어선 김삼조를 통해 민중의 입장에서 분단의 원인을 우리 민족 내부의 갈등이 폭발한 것으로 보는 내인(內因)론에 닿아 있으면서 이것이 한국전쟁 이후 분단체제의 강화라는 필요성을 가져온다는 것을 증명하는 것이다. 내적인 원인을 사회적 측면과 정치적 측면으로 구분한다면, ≪노을≫은 전통적 인습사회와 서구적 개조사회라는 사회적 측면에 분단의 원인을 근접시켜 규명하고 있다. 즉, 김삼조는 전통적 인습사회에서 분명 환영받지 못하는 숙명을 갖고 있는 인물이었다. 그러나 해방이 되고 서구적 개조사회라는 새로운 이념인 사회주의와 자본주의에서 자신이 환영받는 사회주의에 경도되는 것은 자연스러운 결과다.

따라서 김원일은 김삼조를 통해 양반과 지주라는 전통적 사회의 권력에 시달리고 있던 당시 남한 농민들의 불만을 상당 부분 반영하였다고 볼 수 있다. 이는 해방 공간의 민중의 열망과 당시 사회적 불평등이 이미 분단 원인으로 작용하기 시작하고 더불어 1977년 현재에도 아들 갑수에게 지속적인 분단과 사회적 불평등은 영향을 주고 있는 것이다.

사실상 김삼조를 통해 상징적으로 보이는 분단의 내적 원인은 지속적인 반복을 통해 동족 간의 이념갈등임을 환기시켜 확대되는 양상을 띤다. 이는 '사상'이라는 이데올로기가 전제되어 있음을 명백히 드러낸다.

---

71) 박명림, 「태백산맥과 '1980년대' 그리고 문학과 역사」, 『문학과 역사와 인간』, 한길사, 1991, 85쪽.

> "그놈으 **사상이 먼지**. 물보다 피가 진하다 카지마는 피를 가르고 혈육조차 쥑이는 기 사상인 기라. 거기에 한분 빠지모 사람이 하루새 약오른 고추처럼 매바지니……"[72)]

> "참말로 **동족끼리 쥑이고** 뽁고 그기 무신 도깨비 놀음입니껴. 행님도 저 유복자 치모도 다 그 희생자들 아인교."[73)]

> "보통 사람하고 똑같애도 그 사람들은 맘씨가 빨갛단다. 어무이가 말하는데 **빨간색은 피색이고 피를 좋아하이께 좌익패를 빨갱이**라 칸다 카데. 그 사람들이 사람 피도 마시기 때문에 빨갱이들이 무섭다 카는 거 아이가."[74)]

해방 공간의 좌·우익의 팽팽한 이데올로기 대립은 이 소설의 배경이 되는 남로당 폭동을 차단하기에는 무리가 있었고, 이후 한국전쟁과 사상적 측면에서 연속성을 지닌다. 왜냐하면 이데올로기는 기본적으로 두 진영의 신뢰를 쌓기 힘든 기저(基底)로 작용하였고, 해방공간에서 분단을 표면화한 한국전쟁 발발 시점에도 두 진영의 화해와 중재가 힘들었기 때문이다. 따라서 추 서방이 말하는 '사상'은 두 진영의 양보 없는 대립이 분단 내적 요인으로 크게 작용하는 것에 대한 불만과 더불어 무분별하게 사상에 기대어 맹신도가 되어가는 김삼조를 대표로 하는 동족에 대한 일종의 경고로 작용하는 것이라 보아도 무방하다. 결국 김원일은 ≪노을≫을 통해 분단의 내적 원인의 전제로 동족 간의 이데올로기 대립을 말한다 할 수 있다.

> "**동족끼리 이 무신 망신살인교**. 이제 왜정 때보다 다리 뻗고 자기 더 심드니 말입더. 말이 났으니 말이지, **와 이 조선 땅은 북은 로스께가, 남은 미국이**

---

72) 김원일, 앞의 책, 97쪽.
73) 같은 책, 102쪽.
74) 같은 책, 145쪽.

점령했노, 이 말이거던예. 일본맨쿠로 한 나라가 점령했으모 이래 동족끼리 찌지고 뽂지 않을 꺼 아이겠어예. 인자 삼팔선인가 먼가 꽉 막히서 넘나들지도 몬 한다 카인께예. 잘몬하다간 나라가 두 쪽으로 아주 쪼개지모 왜정 때 만주까지 괭하게 나댕기던 기 꿈같은 세월이 되지 않을런지……"[75]

이는 미국과 소련으로 대표되는 강대국의 이해관계와 무관한 것은 아니다. 그러나 보다 분명한 것은 그럼에도 불구하고 민족 내부의 분쟁이다. ≪노을≫에서 해방공간을 상정하고 당시의 상황이 극한의 대립으로 치달으며 화해의 기미를 보이지 못하는 것과 마찬가지로 김삼조는 추 서방과 가족의 충고에도 불구하고 자신의 의지를 굽히지 않는다. 이는 김삼조가 무엇과도 화해하지 못하고 처절한 최후를 맞는 것을 통해, 좌・우의 대립으로 한국전쟁과 분단으로 이어지는 일련의 통로는 결국 민족 내부의 화해불능 상태의 이념을 향한 맹신을 김원일은 상징적으로 처리한다.

이상에서 살펴보았듯이 김원일이 김삼조를 통해 ≪노을≫에서 지적하는 분단의 원인은 과거 오랫동안 우리의 삶을 구속해온 봉건적 인습사회와 서구적 개조사회의 수용이라는 민족내부의 문제, 즉 내인(內因)론에 기초한다고 볼 수 있다.

2. 분단현실의 자각과 민족사의 재인식

분단문학이 분단극복지향의 문학이라면, 분단의 원인을 추적하는 것은 분단이 어떻게 극복되는가를 보이는 것이다. 앞서 살핀 김삼조를 통한 민족 내부의 문제는 극단으로 치우친 1948년에는 어떠한 해결의 실마리도 찾지 못하고 그의 아들 갑수의 정신적 각성과 성장을 통해 극복의 가능성을 보이게 된다.

≪노을≫은 진영이라는 조그만 지역에서 일어났던 폭동을 일면 기술하고 일면

---

75) 같은 책, 164쪽.

해석하고 있다. 이 소설은 모두 7부로 분할 구성되어 있는데, 이 중 2, 4, 6장은 주인공 갑수가 14살이던 1948년에 목격한 소위 남로당 폭동을 기술한 것이고, 1, 3, 5, 7장은 그 때로부터 29년이 지난 1977년에 주인공이 숙부의 별세로 고향을 찾아가서 돌아오는 며칠 동안의 기록이다. ≪노을≫의 가장 큰 형식적 특징은 1인칭의 과거와 현재의 교차방식을 취하는 것이다. 좀 더 구체적으로 말하자면, 현재의 관점에서 과거를 지속적으로 재조명해 나가는 방식으로, 1인칭[76] 소설에서 화자인 '나'는 자신의 주위에 일어나는 많은 일을 기억하고 현재의 사건과 관련된 과거를 회상하는 것이다. 한 개인이 문학 작품 속에서 동일한 인격체로 묘사해 내기 위해서는 기억과 회상이라는 것은 불가결한 요소가 된다.[77]

그렇다면 김원일이 이러한 방식을 채택한 이유가 자명해진다. 성찰과 반성의 객관적 거리를 통해 서술자아는 자신의 과거를 객관적[78]으로 바라보고, 과거의 경험자아를 자신 속에 재통합하여, 자신의 과거와 객관적 통일을 형성하는 것이다. 결국 외적 시점과 내적 시점[79]의 넘나듦이 서사 텍스트의 전체적인 틀을 형성하는 것이다.

---

76) 시점은 서술에 대한 두 가지 중요한 사실을 제공한다. 하나는 무엇인가가 관찰되거나 고찰되는 위치, 즉 입각점이고 두 번째는 사물을 바라보는 방식, 즉 태도이다. 1인칭 시점의 관찰자가 바라보는 대상의 범위는 협소할 수밖에 없다. 따라서≪노을≫에서는 '나'가 대상에 대해 어떠한 태도를 갖는 지가 보다 중요하다. 수잔 랜서(김형민 역), 『시점의 시학』, 좋은날, 1998, 21쪽.

77) Hans Meyerhoff(김준오 역), 『문학과 시간현상학』, 삼영사, 1987, 66-67쪽.

78) ≪노을≫의 시간을 달리하는 두 서사, 즉 현재와 과거의 교차가 가지는 의미를 과거의 현재성이라는 문제와, 한 인물에게서 이루어지는 각성의 상승효과로 보고 있다. 이것은 과거의 사실을 재평가하고 현재의 입장에서 새로운 인식의 변화를 가질 수 있게 하는 객관적 거리를 조성하고 있는 것이다.

79) B, Uspensky(김경수 역), 『소설구성의 시학』, 현대소설사, 1993, 245-257쪽.
우스펜스키는 틀을 이야기의 열고 닫는 기능이라고 정의하고, 예술적 재현에 있어서 기본적으로 가장 중요한 요소로 보고 있다. 이러한 이야기의 틀은 주로 시점의 교체에 의해 만들어지는데, 외적인 시점으로부터의 시작과 내적인 시점으로의 전이가 틀을 형성하는 일반적인 공식이다. 여기서 내적/외적이라는 대립은 공간적・시간적 수준에서 분명하게 드러난다. 특히 공간적 특징에 있어서, 묘사하는 사람의 위치와 특정인물의 위치의 일치는 내적인 시점(인물에 대한 관계에 있어서)의 사용을 나타낸다. 그리고 일치하지 않는 위치들은 외적인 시점(침묵의 장면)의 사용을 나타낸다.

과거 회상 서술의 소설에서 중심적으로 표현되는 부분은 물론 유년 인물의 이야기다. 이 부분에서 소설은 묘사되는 소설의 시간에 비해 서술의 속도는 상대적으로 느린 반면, 서술자아의 위치에 와서는 묘사되는 소설의 시간에 비해 압축과 생략 그리고 요약을 통해 서술의 속도가 빨라진다. ≪노을≫의 경우 특히 7장에 와서 배도수 부부와의 재회, 치모의 아버지에 관한 이야기, 한충구의 소식, 장태문 선생의 모친인 통일 할머니와의 재회까지 여러 이야기가 한꺼번에 서술된다. 그러나 이 부분은 서술자아가 고향에서의 일들을 정리하는 데 중요한 역할을 하고 있다.

결국 이러한 교차 방식의 스토리 구성은 과거 회상 서술이 과거는 현재의 관점에서 재정리하며, 또한 현재의 관점에서 해석이 된다는 특징을 가지고 있다. 이는 아들 갑수의 관점에서 아버지로 대표되는 1948년의 폭동을 객관적으로 조형하기 위한 서사전략으로 작용한다.

작품의 배경은 1977년 여름에 대면하는 1948년 여름의 기억이다. 아버지 김삼조의 죽음 이후 갑수가 겪어낸 29년이라는 시간차 속에는 한국전쟁이 있고, 우리의 부조리한 정치 형태가 있는데, 이는 분단으로 야기된 채 여전히 우리 삶을 지배하는 것이다. 유소년체험세대인 김원일은 ≪노을≫의 갑수와 마찬가지로 이때까지 아버지의 기억을 철저히 발설치 않고 있는데 이런 과정은 다름 아닌 분단 상황하의 반공이념[80]때문이다. 1948년 아버지로 대표되는 이데올로기는 자본주의

---

[80] 강경성, 「반공주의」, 『역사비평』, 역사문제연구소, 1999 여름호.
반공주의의 단초는 일본제국주의의 식민지 지배전략으로서 등장하였다. 1919년 3・1운동을 전후하여 고조되었던 식민지 조선의 사회운동과 민족운동은 마르크스-레닌 사상의 영향을 조숙한 형태로 보여주기 시작했다. 이런 운동의 객관적 영향력이 당시의 식민지 지배체제를 직접적으로 위협할 정도는 아니었지만, 일본제국주의는 공산주의 사상이 참담한 식민지 사회상황과 결합할 가능성을 사전에 방지할 필요성을 강하게 인식하였다. 일제는 노동자와 농민의 사회운동이 사상운동의 성격을 띠고 민족해방운동의 주체로 발전하지 못하도록 공산주의 운동을 폭력적으로 탄압하는 한편, 사회운동을 온건한 경제주의의 틀에 가두려 했다. 일제는 공산주의가 유기체적 가족질서라는 동양의 미풍양속을 해치고 '소요', '파괴', '불화'를 일으키는 사악한 것이라고 선전했다. 이런 일제의 반공주의는 식민지에서 공산주의 사상을 억압하는 데 한정된 것이 아니라 민족해방운동의 분열과 내부갈등을 유발하였다. 이러한 과정

와 사회주의라는 양 진영의 팽팽한 대립이었다. 그러나 막상 분단 상황이 되어 눈앞의 적(敵)은 선 밖으로 물러나 있지만, 그 선 안의 사람들 간의 유대감과 질서를 공고화하기 위해 더 혹독한 분단의 폐해인 반공이데올로기가 도사리고 있는 것이 갑수가 성인이 된 1977년의 현실인 것이다. 따라서 누구보다 이데올로기의 폐해를 절감한 갑수에게 반공의 서슬은 그저 외면하고 싶고 자신과 무관했으면 싶은 이데올로기로 인해 또 다른 비극을 초래하고 있는 것이다.

그렇기에 살아남은 자신은 분단이 지속되고 있는 사회에서 계속 목숨을 이어가기 위해 이념에 무조건 복종한다. 갑수가 자신이 속해있는 사회의 이념에 반하는 일을 했을 경우 참담한 결과를 얻게 되리라는 사실은 이미 잃어버린 아버지에 의해 확인된 바 있기 때문이다. 이것은 경직된 관료적 입장에서의 자세가 아니라 피해 받아 온 민중의 시각에서 형성되었다는 점에서 ≪노을≫이 돋보이는 부분이기도 하다. 전향자의 녹음과 같은 차원이나 피해 없이 부귀영화를 누려온 계층

에서 우익민족운동세력은 좌익노선으로 인한 피해를 비난하고 좌익 민족운동세력은 우익노선을 불신하게 됨으로써 민족운동진영의 좌우갈등이 심화되었다. 1945년 일제로 부터 해방된 한국사회는 일제 통치하에 형성된 반공주의가 사회 곳곳에 일정하게 존재하고 있었지만, 해방 직후 한국 민중들은 반공보다는 오히려 친공 쪽으로 기울고 있었다. 그러나 1945년 12월 모스크바3상회의의 결정을 계기로 상황이 역전되기 시작했다. 임시정부 수립과 한시적인 신탁통치의 결정을 둘러싼 사실의 왜곡과 날조가 횡행하면서 반탁이 거세게 일어났다. 신탁통치에 대한 즉자적인 민족감정을 대중적으로 동원하는 데 성공한 반탁운동은 점차 반공반소운동으로 확산되었다. 우익은 좌익의 주장을 반민족적인 것으로 몰아붙임으로써 반공주의의 영향력을 구사하기 시작했다. 강력한 좌익의 뒤에 소련의 지원이 있다고 믿었던 미군정은 좌익헤게모니의 강화를 저지하는 과제에 초기정책을 집중하였다. 무엇보다 한국전쟁의 체험은 이러한 반공주의를 내면화하는 결정적 계기가 되었다. 한국전쟁을 계기로 이승만 정부는 보도연맹 가입자들을 전시상황이란 이름으로 처형하였다. 가장 잔인한 것은 이웃들을 연대책임으로 묶어 부역자를 적발하도록 만든 일이었다. 대다수의 남한사람들에게 전쟁 체험은 이성적으로 사고할 성질의 것이 아니었다. 사회를 정신병적 상황으로 내몰았던 이데올로기의 폭력은 남한 사람들로 하여금 반공주의를 수용하도록 강요하였다. 그러나 여기서 끝이 아니었다. 군부쿠데타를 통해 집권한 박정희는 자신의 용공 이력에 대한 미국과 국내 수구세력의 의구심을 잠재우기 위해 반공주의에 집착하였다. 박정희 정부는 독재체제에 대한 저항을 탄압하기 위해서 반공논리를 활용하고 전쟁세대들의 대북 적대감을 악용했다. 1970년대 들어 경제적 자신감을 회복하고 북한과의 경쟁을 선언할 정도로 민중들의 경제적 성취욕을 정권에 대한 지지로 돌려놓는 데 성공했으나 경제성장의 신화를 이용하여 정권을 지탱하던 반공주의는 경제구조의 발전에 따라 내부로부터 도전에 직면하게 되었다.

차원이 아니라 가족적 비극체험으로 어렵게 살아가는 사람이 느끼는 이데올로기적 반감을 잘 드러내는 대목이다.

갑수는 이념을 자각하고 그 이념에 의해 체제 순응적으로 살아오다가 삼촌의 죽음이라는 계기로 인해 자발적으로 이데올로기에 종속된 자신의 모습을 발견하게 된다. 아버지의 죽음으로 고향을 등져 애써 외면하고 살아왔는데 결국 삼촌의 죽음으로 아버지를 이해하고 이를 통해 분단을 이해하기 시작한다. 따라서 갑수에게 고향 진영은 일종의 제의(祭儀)적 공간이라 할 수 있다. 이때 과거의 기억이 현재의 상황과 병존하면서 점진적으로 벗어나려는 저항이 진행됨을 보여준다. 현재에 매몰되어 있지 않고 적극적으로 외상의 기억을 소급하면서 절대적이라고 믿었던 이념에 대해 재고할 기회를 갖고, 분단의 상처를 치유해 나가는 것이다.

앞 장이 아버지 1948년 김삼조를 통해 해방공간에서 분단의 원인이 탐색되었다면, 분단 극복의 과정은 1977년 아들 김갑수를 통해 남북한의 분단 상황 속에서 이루어지게 된다. 즉, 아버지 김삼조가 봉건적 사회의 빈농 또는 천민이라는 봉건적 신분에 대한 불만으로 표출되는 민족 내부에서 발생한 문제를 아들 김갑수가 어떻게 인식, 변화하여 자신의 정신적 조형을 새롭게 하느냐 하는 일련의 과정이 바로 분단극복의 논리가 되는 것이다.

김삼조로 상징되는 민족내부의 원인이 막연한 전통사회의 신분적 불평등은 당시 지주와 소작인의 관계와 비슷한 논의선상에 놓인다. 이는 당시 좌・우의 대립과도 같은 대치상황이었다. 이러한 민족내부의 대립적 관계의 원인을 29년 후 갑수의 조화・균형의 사고로 전환하는 것이 극복이 되는 것이다. 따라서 갑수로 대표되는 전후 세대의 세계관이 아버지로 표상된 분단의 현실을 인식되고 자각되어 민족 공동체의식의 회복을 바라는 일련의 과정이 바로 분단극복[81]의 논리라

[81] 김원일은 삼촌의 장례를 치르고 돌아오기까지의 나흘 동안의 40대 갑수의 시점과 1948년 여름의 며칠간의 소년 갑수의 시점이라는 동일인물의 교차서술은 작품의 과거와 현재의 사건이 긴밀하게 연결되어 있어서 아버지가 점점 파멸의 길로 접어드는 과거를 통해 성인 갑수는 점점 아버지의 시대를 이해해가는 구조를 취한다. 즉, 과거의 사건에 대한 회상은 현재의 귀

고 할 수 있다.

이 모든 과정은 오로지 갑수의 의식에서 이루어지게 되는데 오랜 시간 갑수는 자신의 아버지가 백정이라는 사실은 누구에게도, 자식에게 조차도 발설하지 않고 가슴 속에 묻어든다. 이것은 자기 자신과도 화해하지 못하고 아버지로 상징되는 분단의 근원과도 단절되어 있음을 의미한다. 갑수에게 분단 극복의 시작은 바로 29년 동안 단절되어 있던 분단 현실에 대한 자각에서 시작되어야 함은 당연한 사실이다.

따라서 첫 번째 극복의 논리는 '분단의 인식'에서 출발한다. 갑수는 29년이라는 긴 시간적 단절과 갑수의 의도적인 과거사 외면에도 불구하고, 갑수의 아버지가 연루된 과거의 남로당 사건이 여전히 현재에도 영향을 미침을 깨닫게 된다. 이미 어엿한 중산층 신분을 확보한 갑수는 언뜻 과거의 상처를 치유하고 현재의 삶에 충실한 것처럼 보이지만 사실은 여전히, 잠재적으로 과거의 사건에 여전히 종속되어 있고 그로부터 계속적인 억압을 받아왔다. 그리하여 갑수는 아주 잊어버렸고 이미 떠나 있다고 생각해온 과거의 상처에서 한 치도 벗어나지 못 하고, 과거의 환부가 현재의 현실과 맞물려 쓰라린 것을 배도수의 출판 부탁 건으로 조사를 받게 되면서 느낀다.

> 아버지 시대와 달리 그런 쪽과 담을 쌓고 살려는 나에게까지 남북의 극단적인 대치 상황이 그렇게 가깝게 영향력을 미칠 줄 나는 미처 몰랐다. 서로 책상 하나를 가운데 두고 설왕설래 하는 정전 회담 장면을 텔레비전이나 신문에서 더러 볼 때 남의 일 같이만 여겨졌던 분단의 아픔이, 현실로서 나의 와해된 의식을 새로이 휘저을 줄 나 역시 예측조차 하지 못한 일이었다.[82)]

향 체험과 통합되는 구조를 보인다. 이러한 과거와 현재의 유기적인 관계는 갑수가 불우한 시골 소년에서 분별력을 갖춘 지식인으로 성장해 온 개인사의 형상화인 동시에, 분단의 고착화 과정에서 역사의 불행을 가족의 비극으로 짊어지게 되었던 이 땅의 보편적인 소년이 자라나서 과거의 부정적 · 체념적 세계관을 벗어나 긍정적 · 낙관적 세계관으로 발전해 가는 과정의 형상화이기도 한 것이다. 그러한 형상화가 바로 분단 극복의 과정이다.

아버지의 과거의 행적과 자신이 영원히 무관하길 바라는 성인 갑수는 그저 중산층 소시민으로 시국에 대해 말을 아끼고 검열이 까다롭다는 이유로 "마르크시즘이나 계급투쟁을 원문에서 빼자"는 소시민으로 살아가고 있던 사람이었다. 형사가 다녀갔다는 이유만으로 아버지를 떠올리는 것은 현재 남부럽지 않게 살고 있는 갑수에게 과거의 기억이 여전히 유효하다는 암시이다. 성인 갑수는 신념을 내세우거나 하는 일과는 의도적으로 거리를 두었지만 배도수의 지인이 출판을 부탁한 원고가 좌익 성향이라는 이유로 조사를 받게 되자 과거의 의도적 외면과는 상관없이 여전히 과거의 기억이 자신을 옭아매고 있음을 새삼스럽게 느낀다. 그저 묵묵히 반공 이데올로기에 순응하면서 자기 밥벌이만 하며 살아도 갑수처럼 누구나 가슴 깊이 분단을 느낄 만한 일이 찾아오기 마련이다. 과거 분단을 겪은 누구나 아직도 분단 상황이 지속되고 있는 상태에서는 모두 분단의 희생자이기 때문이다. 이는 과거의 현재성[83]으로 드러난다.

고향으로 와서 과거의 익숙한 사물을 보고 아버지와 아버지의 일을 떠올리지 않을 수 없게 된 현재의 갑수는 미루나무 아래의 피를 흘리는 아버지가 용서를 비는 꿈을 꾸는 것으로 과거와 진실로 대면한다. 물론 그 대면은 직접적이지 않고, 꿈의 기제를 통해서 가능하지만 우선 과거와의 대면 자체가 이루어졌다는 점이 치유의 가능성을 열어둔다고 할 수 있다. 비극에 대한 각성은 과거의 기억에서 잠재적으로 억압받았던 갑수를 자유롭게 하고, 아픔으로만 남아 있을 듯이 보였던 과거의 상처가 치유될 수도 있으리라는 희망을 담보하기 때문이다. 따라서 '분단의 인식'은 그 자체로 희망적이라 할 수 있다. 그러나 아직 여기까지의 과거의 용서는 피상적이고, 치유의 가능성이 암시되는 것에서 끝날 수 있다면 실질적인 분단의식의 전환은 다음에서 일어난다.

두 번째 극복의 논리는 '구체적 현실의 자각'이다. 이는 배도수와 치모를 만나

---

82) 김원일, 앞의 책, 127쪽.
83) 김병익, 「비극의 각성과 수용」, ≪노을≫초판 해설, 문학과지성사, 1987, 349쪽.

면서 부터다. 우선, 배도수의 사상 전향에서 오는 경계의 풀어짐이다.

> "나이 오십 줄에 들자 내가 이십대 초반부터 몸바쳐온 사상 운동에 뿌리부터 회의가 시작되었습니다. 볼셰비키 혁명 육십 년을 바라보는 이 마당에서 그들의 사적유물론이 오늘날 공산주의 제국가에서 어떤 정치 사회 형태로 나타났냐는 역사적 과정을 따져 볼 때, 그들 프롤레타리아 관료 국가는 계급 없는 사회를 만들겠다는 원칙론에서 실패했고, 노동자 생활을 지나치게 억압함으로써 인간을 진정 인간다운 삶의 터전에서 소외시켰다는 결론에 도달했습니다……"
>
> "내가 신봉하던 사상을 회의하기 시작하여 반성하고 비판하고, 다시 원점으로 생각을 돌렸다 또 회의와 반성을 거듭한 그런 되풀이 과정을 말씀드리자면, 정말 회고록을 써도 한 권 분량은 족히 될 겁니다."[84)]

천민 신분의 아버지를 이념에 맹신하도록 유도한 사람마저 지금은 고향에서 과수원을 하며 부끄러운 과거에 대한 속죄의 의미로 바깥출입을 하지 않는 배도수를 보면서 아버지 세대의 '현신(現身)'을 마주하는 것이다.

또한 이중달의 아들 치모를 만나면서 자기 자신을 마주보게 되는 것이다. 왜냐하면 이중달도 아버지와 같은 천민출신의 맹렬 반공일변도의 사람이었기 때문에 그 아들의 현재 모습과 자신의 모습을 비교해봄으로써 자신의 위치를 가늠해 보는 것이다. ≪노을≫에서 표면적으로 아버지를 마음으로 용서하게 되는 계기로 작용하는 것은 고향에 내려가서 만난 치모를 통해서다. 고추대장 이중달의 유복자인 치모는 힘겹게 편모슬하에서 공부해 서울대에 진학하지만, 시국 사건에 연루되어 제적당한 뒤 낙향하여 농민의 편에서 일하는 건실한 농촌 청년이다. 무엇보다 갑수와 같은 좌익 아버지의 처참한 이념적 최후를 맞은 선의의 피해자인 것이다. 그러나 그는 광적인 도취 끝에 끝내 파멸을 자초한 아버지로 인하여 시키는

84) 김원일, 앞의 책, 109쪽.

대로 고분고분 시대와 살아가는 나와는 다른 방식으로 아버지와 그 시절을 치유하고 있다. 농민의 편이 되어 억울한 송사를 도맡아 해결하는 농촌후계자의 모습이었다.

> "우리 세대는 이데올로기 차원을 넘어서서 우선 서로가 서로를 증오하지 않는 마음부터 배워야 되겠지예. 이것은 흑이고 저것은 백이다. 이렇게 둘로 갈라놓는 단세포적 단견만은 지양돼야 할 줄 압니더. 이 점 적십자 정신이래도 좋고 다른 이름으로 불려져도 무방하겠지예. 만약 선생님이나 저까지 원수지간의 옛 악몽을 되씹으며 앙숙으로 이빨을 간다면 서로의 이질감은 분명 우리 당대를 넘어서게 되고, 통일은 그만큼 더 멀어질 낍니더."[85)]

≪노을≫에 등장하는 운동권 학생출신인 치모는 빨치산이었던 자신의 아버지 이중달과 역사적 동질성을 가진 인물이다. 1948년의 이중달이 소신으로 뭉친 좌익복무자로서 자신의 시대의 이념에 최선을 다했다면, 1977년의 치모 또한 민중을 위하여 투신하는 자신의 믿음에 최선을 다하고 있다.

그렇게 같은 부류의 아버지와 다른 치유방식을 가진 아들이 존재하는 것이었다. 아버지가 몰두했던 이념과 의도적으로 멀리하며 상처가 봉합되지 않은 채 29년을 살아온 나와는 달리 치모는 아버지 이중달이 꿈꾸는 세상처럼 만인이 평등하기 위해 가장 낮은 곳에서 아버지의 시대를 치유하고 있었던 것이다. 왜냐하면 천민 아버지의 희망이었던 '평등한 세상'을 위해 스스로 여전히 열등한 농촌의 현실에서 치모는 평등하기 위한 사회적 실천을 담당하고 있었기 때문이다. 이는 성인 갑수에게 '구체적 현실의 자각'으로 작용한다.

세 번째 극복의 논리는, 아들 현구와 함께 진행되는 귀향길에서 마주하는 '세대 의식'이다. 김원일은 백정 아버지의 좌익 경도로 고통 받고 지냈던 '나'가 마

---

85) 같은 책, 237-238쪽.

주한 그 시절 아버지의 시대, 그리고 '나'가 서 있는 지점을 바라보는 아들 세대라는 3세대를 동시에 그 시절, 그 역사의 장소에서 맞닥뜨리게 함으로써 당시의 분단 모순에 매몰된 아버지를 아들 세대에는 어떤 방식으로 치유하고 극복할 수 있는가 그리고 전쟁 미체험 세대인 다음 세대에게 분단을 어떻게 전할 것인가는 상당히 중요하다.

나는 아버지와 그 시대를 아버지이기 때문이라는 '당위'로 이해한다. 그러나 현구의 할아버지를 향한 시각은 나쁜 짓을 했기 때문에 죽었다는 현대적 교육의 산물로, 이는 선악의 이원론적 논리로 비판하는 것이다. 이러한 현구의 시각을 중재하는 것은 결국 중간 세대에 놓은 '나'의 역할이고, '나'의 아버지 세대에 대한 극복이 없다면 그 간극은 점점 더 확대되어 갈 것이 자명하다.

≪노을≫이 장르적으로 성장 소설[86]의 범주에 드는 것은 작품의 주된 초점이 개인이 과거와 화해하고 미래를 지향하는 성장을 이루어 가는 데에 모아지기 때문이다. 따라서 '나'는 다음 세대인 아들 현구에게 핏줄의 논리, 즉 민족의 이름으로 이해를 구한다.

> "어떤 시대나 둘로 쪼개질 땐 다들 자기 쪽 주장이 옳다고 고집하는 법이지. 그때도 이쪽 편이나 저쪽 편이나 자기네 주장만이 옳다고 서로 헐뜯은 거다. 그런데 현구야, 공산당이 나쁘다고 북한에 사는 사람들 모두 악독한 사람이라고 볼 순 없어. 사실은 **그들도 우리와 한 형제고 핏줄이야**. 다만 그들이 저쪽 공산주의 땅에 떨어져 살고 있는 뿐이지. 그러니 저쪽 백성도 마음 속으론 자유를 사랑하는 거란다. 예로 하늘에서 내리는 비를 보자. 비는 구름 위에 실려 한 덩어리가 되었다 내릴 때는 제가끔 헤어져 여기도 내리고 저 멀리 보이는 들판에도 내린다. 풀에도 내리고 돌에도 떨어진다. 그러나

86) "미성숙한 주인공이 어떤 경험을 통하여 자아를 발견하고 성숙해 가는 과정"을 형상화하는 것이 일반적인 성장 서사의 틀에 근접하고 있는 것은 분명하다. 남미영, 『한국 현대 성장소설 연구』, 숙명여자대학교 대학원 박사논문, 1991, 9-10쪽 재인용.

마지막은 저 멀리 보이는 낙동강에서 함께 만나게 되지. 그렇지만 처음 한 동안은 서로가 그렇게 만나게 될 줄 모르고 흘러가는 거야. 그와 마찬가지로 할아버지대나 아버지 대는 만나고 싶어도 만날 수 없어 한 민족이 다른 곳에서 따로 흘러가는 셈이지. 그러나 너희들이 어른이 될 땐 반드시 큰 강에서 합쳐질 거야. 남한과 북한이 말이야. 반드시 그래야 된다."[87]

갑수가 아버지 김삼조로 대표되는 불평등한 봉건적 신분사회라는 분단 원인을 해소하는 상징적 부분은 현구에게 할아버지의 직업이 백정이었음을 고백하면서 그것은 천한 신분이 아니라 먹고 사는 하나의 방법이라고 설명하는 부분에 있다. 그것은 더 이상 갑수에게 아버지가 부끄러운 사람이 아니고 부끄러운 역사가 아니라는 의미가 된다.≪노을≫의 주제의식과 연결되는 핵심적인 의미 구조는 갑수의 가족사적 비극에 대한 단편적인 인식이 민족사적 비극 인식으로 확대되어 가는 과정이다. 이 과정 자체가 주인공이 분단극복의식을 형성하는 과정이라는 점에서 주목되는데 갑수가 분단문제를 인식하고 자신의 세계관을 변화시키게 만드는 매개 고리를 통해 분단극복 의식이 점진적으로 형성되는 것을 살펴보았다.

요컨대 갑수가 백정 신분에 대한 불만으로 촉발된 봉건적 질서에 저항했던 아버지의 존재를 통한 민족 내부의 분단의 원인을 있는 그대로의 아버지와 있는 그대로의 역사로 이해하고 자신의 아들에게 이해시키는 일련의 과정이 분단극복논리이며 그 과정이라 할 수 있다.

3. 민족적 자원의 화해와 공동체적 삶의 긍정

앞서 갑수의 세 가지 분단의 극복논리와 방향을 살펴보았다. 분단극복의식의 실상은 주인공과 주변인의 언술이나 배경 묘사에 있는 것이 아니라, 1948년과 1977년을 모두 경험한 주인공 갑수의 세계관 변화[88]에 따라 획득된 필연적 결과

[87] 김원일, 앞의 책, 215-216쪽.

물이라는 점이 중요하다. 따라서 이 소설은 1948년보다 1977년의 사회상을 중심으로 접근해야 궁극적인 주제 의식을 제대로 밝힐 수 있다. 1948년의 민족내부의 불화가 분단을 가져왔고 1977년에도 반공으로 인한 정부와 민중의 불화는 여전히 같은 영향권임을 드러낸다.

물론 1948년의 폭동은 분단의 직접적인 계기인 한국전쟁을 초래하였고 적대시할 대상은 금 안쪽에서 사라졌지만 대신에 보이지 않는 분단의 내면화인 반공은 곳곳에 배치되어 삶을 압박한다. 1948년의 아버지 세대가 사라진 자리에 1977년 아들 세대인 갑수가 성실한 소시민으로 중산층을 지향하게 되는 것도, 치모가 학교를 그만두게 된 계기도 모두 분단의 연장선상이다.

또한 김원일이 좌익인물 중 지식인인 배도수가 아니라 백정 김삼조를 주인공으로 채택한 이유는 개인의 가정사가 보편적인 민족사의 문제로 전환하기 위해서는 필연적으로 민중을 대변할 수 있는 입장의 인물을 선택할 수밖에 없었던 것이다.

따라서 ≪노을≫이 민중의 입장에서 분단의 상처를 드러내고 있기에 대다수의 민중의 반공 논리를 살펴보면 다음과 같다.

> "행님도 조심하이소. 산다는기 따로 있습니껴. 첫째는 절대로 전쟁이 안 나야 하고, 둘째는 그저 등 뜨시고 배부르게 사는 기 제일이라예."[89]

> "(중략)쫄자 백성이사 굿만 보고 떡만 묵으모 될 일이지, 지가 무신 용빨 장사라고 데모가 다 멉니껴.(중략) 간땡이 부은 시건방진 새끼들이 하라는 공

---

88) 오생근은 과거의 '나'와 현재의 '나'는 의식과 기억의 지속에 의해 일체를 이룬다고지적하고 있다. 어린 시절의 체험은 생생히 재현되고 어른이 된 '나'의 입장에서 반추되어 알게 모르게 현재적인 상황의 이해와 해석의 조명을 받는다면, 또한 어린 시절의 '나'는 기억하고 싶지 않은 여러 부분들이 환기됨으로써 현재의 '나'의 의식과 상념을 어둡게 짓누른다고 분석한다. 오생근, 「분단문학의 확장과 현실인식의 심화」, 『한국소설문학대계』57권, 동아출판사, 1995, 532-533쪽.

89) 김원일, 앞의 책, 102쪽.

부나 할 일이제, 남으 젯상에 배 놓아라 감 놓아라 카미 지랄병 칠때라도 지는 지 아부지를 바서라도 오히려 그게 끼이드는 기 아이라예."[90]

갑수의 동생 갑득은 1977년 반공주의와 발전주의를 체득(體得)한 당시 대다수 민중을 대변하면서 오늘날에도 유효한 인물이기도 하다. 잘 먹고 잘 사는 법을 전쟁에서 체험했고, 그로 인한 불이익을 소거하는 방법은 학업 성취를 통한 출세의 길이다. 이는 아이러니하게도 치모를 퇴학시킨 입장의 대변이며, 제 2의 혼란 조성자의 극단적인 논리이고, 극열(極熱)파만이 지배하는 역사가 빠지기 쉬운 함정의 경고이기도 하다. 그러나 되짚어 생각하면 이념으로 고통 받은 평범한 민중의 가장 즉각적인 반응을 갑득을 통해 형상화한다고 볼 수 있다. ≪노을≫에서는 갑득을 통해 1977년 한국이 당면하고 있는 가장 심각한 단면을 암시하고 있는 것이다.

두 서사인 1948년 아버지의 계급적 봉쇄와 1977년 나의 참여적 발언의 봉쇄는 29년이라는 시간적 단절[91]을 매개로 하고 있으며, 이는 1970년대 한국 사회의 모습과 상응한다는 것은 작품에서 생략된 세월은 이데올로기에 금압(禁壓)된 나의 내면을 상징하며 군부 정권에 의해 빚어진 한국 사회의 근대적 모순들이 분단 현실에 근거한다는 작가의 의식을 드러낸다.

따라서 1970년대에 지속적으로 틈입하는 1940년대는 1970년대의 모순적 상황을 예증하는 서사적 전략으로 작용하는 것이다. 1940년대의 다양한 사상의 각축과 그 좌절은 1970년대 반공 사회, 즉 근대화 과정에서 드러난 문제점의 중요

---

90) 같은 책, 91-93쪽.

91) 김원일이 분단문학에서 6·25선후사를 기본 소재로 취하지 않을 수 없는 이상 소년의 시선이라든가 회상의 시점을 채택하는 것이 당연하게 보일 수 있다. 분단문학은 이제 통일지향문학으로 환골탈태해야 한다는 주장이 자리잡아가고 있는 시점이지만, 김원일과 비슷한 연배의 작가들이 크게 의지하고 있는 회상의 방법을 단순한 회고취미나 과거복원작업 정도로 치부하는 것도 마땅한 일은 될 수 없다. 기억의 구체적 형태로 복원, 재인, 상기, 잔류기억 등이 있는 것처럼 분명 기억은 과거에 대한 이해만을 겨냥하는 것은 아니다. 과거를 돌이켜 보고 옛날을 회상하는 것은 현재에 대한 이해력을 심화시켜 주는 결과를 낳기도 한다. 이처럼 기억 또는 회상의 관점은 과거와 동시에 현재를 위해서라는 의식에서 출발하는 것이다. 조남현, 김원일론」, 『예술과 비평』22, 서울신문사, 1990. 12., 255쪽.

한 원인이 되기 때문이다. 화자에게 29년이라는 시간차를 줌으로써 해방공간에서의 사회적 불평등이 1970년에도 비슷한 양상으로 존재함을 보여주는 것이다.

그렇다면 반공이라는 악재 속에서 분단 역사와의 화해라는 새로운 지향점은 보이지 않는가라고 하면 그렇지는 않다. 위 인용문에서 보이는 바와 같이 김원일이 제시하는 궁극적인 화해는 첫째, "한 핏줄이기에 용서하고 화해해야 한다"는 당위성의 화해이다. 봉화산에 오르며 아버지이기 때문에 모든 죄를 용서하겠다고 다짐하는 어린 '나'처럼 성인 갑수에게는 내 나라, 내 핏줄이기에 내가 안아야 한다는 것이다. 사람들에게 핏줄이란 이념보다도 더 우위에 있는 것으로 간주되며, '민족'은 '핏줄'의 확대된 방식으로 간주되기 때문이다. 이는 통일할머니로 불리는 장태문의 어머니에게는 비록 이 나라에서 환영받지 못한 좌익 아들과 며느리의 재회를 학수고대하는 '기다림'의 화해다. 이는 ≪노을≫에서 보이는 가장 미래지향적인 비전의 제시로 좌익 아들은 확대된 의미의 북한을 상징할 수 있다. 또한 갑수의 고향에 대한 재인식의 화해다. 이는 갑수에게 더 이상 상처 깊은 고향이기 보다는 내일 아침을 예비(豫備)하는 다시 오고 싶은 고향으로 형상화된다. 아픈 한 자리인 고향은 미래의 하나 된 국토를 상정해 볼 수 있기 때문이다.

한때 아버지를 선동하여 투쟁의 선봉에 섰던 배도수가 과거를 참회하며 문밖출입을 안 한다는 것[92] 또한 시대의 죄와 피바람으로 희생당한 개인이며, 그래서 '나'와 '배도수', '치모'와 '장태문'의 유가족 등 모두가 희생자라는 인식과 그에 대한 연민은, 나에게 용서를 촉발하고 이러한 용서를 통해 일종의 안도감을 느낀다. 결국 모두가 피해자라는 결론은 반공이든 공산주의이든 이념의 구도를 초월하지만, 아무도 단죄할 수 없다는 귀결로 이어져있다.

---

[92] 임헌영은 작가들이 이데올로기 문제를 다루고 있는 방법은 그 시각이 항상 전향자의 입장에 고착되어 있다는 점을 지적한다. ≪노을≫의 경우는 적어도 이런 점에서 볼 때 분명 이데올로기 소설의 새 지평을 열고 있다. 소위 입산파들을 통하여 전향이란 결말이 아닌 소실 단절의 막을 내리게 한 것은 지금까지의 도식적인 사건 구성에서 한 발 앞선 것이라는 것이 그의 생각이다. 임헌영, 「문학작품에 반영된 한국전쟁에 대한 인식의 변모」, 『분단시대의 문학』, 태학사, 1992, 204-207쪽.

그러나 민족에의 귀의는 나의 소멸을 의미한다. 또한 민족이라는 추상화된 대안은 진정한 전망이 되지 못하고 이러한 해결은 불완전하다. 그러나 이러한 한계는 김원일의 한계이기도 하겠지만 시대의 한계로 볼 수도 있다. 1960년대 북한의 빠른 경제성장에 위기감을 느끼던 박정희 정부는 1970년대 들어 경제적 자신감을 회복하고 북한과의 경쟁을 선언할 정도로 민중들의 경제적 성취욕을 정권에 대한 지지로 돌려놓는 데 성공했다. 그러나 경제성장의 신화를 이용하여 정권을 지탱하던 반공주의는 경제구조의 발전에 따라 내부로부터 도전에 직면하게 되었는데 이것이 박정희 정부의 반공주의를 대북의식에 부분적으로 변화를 주게 된다. 박정희 정부는 국내외 변화와 도전에 대응하기 위해 7·4 남북공동성명을 발표하고, 통일에 대한 국민적 열망을 동원하며 유신체제를 수립하였다. 그것은 남북한 양 체제가 서로 상대방을 이용하여 지배구조를 구조화하는 과정이었다. 즉 반공주의가 내면화되기 시작한 것이다. 주인공의 회상을 매개로 해방 공간과 1970년대를 교차적으로 조명한 것은 1970년대 한국 사회에서 군부 정권에 의해 빚어진 근대적 모순이 '분단'에 근거한다는 작가의 의식을 드러내며, ≪겨울 골짜기≫에서처럼 '인간'을 고려한 화해는 아직 성급한 시대이기 때문이다.

둘째, 궁극적인 화해는 제목인 ≪노을≫과 미송의 비행기에서 확인할 수 있다.

> "아, 노을이 곱다. 아부지도 어무이도 다 밉다. 아부지가 노을색이라면 어무이는 하늘색일까. 두 가지 색을 보태모 보라색이 되겠제. 그런데 어무이나 아부지는 왜 합쳐지기를 싫어하노. 노을은 저래 아름다분데 말이다."[93]

> "그런 데는…… 내사 몬 간다." 미송이는 짧은 한쪽 다리를 내려다보았다. "그 대신 나는 하늘로 날라댕기는 기라."
> 미송이가 종이 비행기를 날렸다. 비행기는 포물선을 그리며 날아가 술도가

---

93) 김원일, 앞의 책, 195쪽.

함석문에 부딪혀 떨어졌다.94)

불구의 몸인 미송에게 자신의 꿈을 대신하는 비행기가 바닥으로 떨어진다. 그 하늘은 양극에 서 있는 부모님으로 대표되는 좌·우익인 것이다. 영원한 평행을 가는 그 노을 아래에서 나는 비행기는 당연히 땅으로 곤두박질 칠 수밖에 없는 한계상황에 놓여있다. 작게는 나와 아버지가 화해하지 못하고, 진영의 아버지와 지주가 화해하지 못하고, 민족의 양분된 이념이 화해하지 못하는 것처럼 당시의 불구적 상황을 대변하기에 충분한 것이다. 그러나 작품의 종국적 메세지에서 작가는 이 양자의 통합을 희망한다.

> 노을은 산과 가까운 쪽일수록 찬란한 금빛을 띠고 있다. 가운데는 벌겋게 타오르는 주황색, 멀어질수록 보라색 쪽으로 여리어져, 노을을 단순히 붉다고 볼 수만은 없다. 자세히 보면 그 속에는 여러 가지 색이 섞여 있음에도 사람들은 노을을 단순히 붉다고 말한다(중략)사람들은 무엇인가 한 가지로 뭉뚱그려 말하기를 좋아한다. 문득 아버지와 헤어져 봉화산에서 내려온 저녁이 생각난다. 장마 뒤끝이라 노을이 아름다웠다. 폭동의 잔재도 소멸되고, 백태도 기수도 죽고 없는 텅 빈 장터마당에서 절름발이 미송이만 홀로 종이 비행기를 날리고 있었다. 제대로 걷지 못하기에 하늘로 날고 싶은 꿈을 키우던 병약한 미송이가 그날따라 날려올리는 종이 비행기는 유연하게 포물선을 그리며 노을빛 고운 하늘을 맴돌았다. "갑수야, 저 노을 있제? 저 노을꺼정 이 비행기가 날아올라간데이. 내 태우고 말이데이." 미송이가 웃으며 말했다(중략)미송이가 그렇게 날으는 희망을 키우는 만큼, 그의 눈에 비친 하늘은 어둠을 맞는 핏빛 노을이 아니라 내일 아침을 기다리는 오색찬란한 무지개빛일 터이다.95)

---

94) 같은 책, 176쪽.
95) 같은 책, 345쪽.

사람들을 한 가지로 묶어 이것 아니면 저것이었던 이념 갈라 세우기보다 노을처럼 결합하면 훨씬 아름다운 결과를 만들어낼 수 있고, 그러한 하늘에서 띄울 비행기는 오랫동안 절름발이 불구여서 이내 꺾일 희망이 아니라 오랫동안 높이 나는 민족의 꿈이 될 수 있을 것이다. 그리하여 1948년 김삼조의 삶이 타락을 향해 나가가는 서사였다면, 1977년 아들 갑수는 그것을 감싸며 용서와 속죄를 통한 화해를 지향하고 있다.

≪노을≫은 한국의 '분단'과 '근대화' 과정에서 개인이 체험한 고난의 역사적 보편성과 그것의 의미를 깊이 있게 파헤쳤다는 점에서 의의가 있다. 또한 이 보편성은 관료주의가 아닌 민중주의이기에 그 의미가 더 크다 하겠다. ≪노을≫은 민족 공동체적 삶을 긍정하고 분단의 과정에서 일그러진 현실의 문제점을 개혁하려는 의지를 가진 인물들을 형상화함으로써, 통일의 과정이 어떠해야 하는가를 보여주는 작품이다.

기법적인 측면에서도 1970년 당시로서는 획기적인 소년의 시점은 다른 분단작가에게도 상당한 영향력을 주었다는 것, 과거와 현재의 교차서술을 통한 점진적인 화해의 모색도 서사구조가 의미를 구현해내는 긍정적 선례를 남기게 되었다. 무엇보다 ≪노을≫에서 좌익의 아버지를 소재로 삼은 자체의 진정성도 높이 살만하다.

그러나 분단의 원인을 규명함에 있어 민족내부의 문제, 즉 내인(內因)론만을 고려함으로써 외인(外因)론을 함께 고려한 균형 있는 시각을 견지하지 못했다는 점, 또한 그 문제성에 비해 좌익 아버지 김삼조의 광포한 행위가 설득력을 얻기 힘들다는 점, 극복의 과정으로 볼 수 있는 아들 김갑수의 세계관의 변화도 구체적 매개를 갖지 못한 채 민족주의로 함몰됨으로써 화해를 시도했다는 점은 분단문학으로 볼 때 아쉬운 점으로 지적할 수 있다.

Ⅳ. 은폐된 역사의 구체화와 비판적 인식의 심화

1980년대는 우리 사회의 모순과 이의 타개를 향한 움직임이 첨예하게 대립하면서 부단히 금기(禁忌)를 파괴해 온 쟁점의 시대였다. 함부로 접근하거나 입에 올릴 수 없던 반공 이데올로기와 성장 이데올로기의 부정적 음영(陰影)에 대한 과감한 비판이 분출되고 있었다. 1980년 중반까지만 하더라도 작가들은 반공주의의 사슬로부터 자유롭지 못한 근본 원인은 아직도 분단이 해소되지 않고 있기 때문이다. 해방 이후 남과 북이 서로 다른 체제로 대치하는 상황이 지속되면서 공산주의는 여전히 적의와 부정의 대상일 수밖에 없었던 것이다. 전쟁 이후 오랫동안 우리 문학사에서 이른바 순수문학과 대중・통속문학이 주류를 이룬 것도 그런 사실과 무관하지 않을 것이다.[96]

하지만 그런 억압 속에서도 한편으로 그와 정면으로 맞서고, 그 고투를 통해서 숨겨진 진실을 파헤치고 창작의 영역을 넓혀온 작가들도 엄연히 존재하였다. 조정래의 경우처럼 목숨을 건 대결을 통해 반공주의에 과감히 저항하고 소설사의 새 지평을 개척하기도 했는데, 가령 ≪태백산맥≫을 쓰는 과정에서 겪은 해프닝은 억압에 맞선 작가의 고통을 단적으로 말해준다.[97]

그러나 남북관계에 돌파구가 마련된 것은 1980년대 후반 동구 공산정권이 무너지면서부터였다. 베를린 장벽이 붕괴되면서 독일이 통일을 이루었고, 옛 소련의 붕괴[98] 등 사회주의 진영에 속했던 국가들이 해체되면서 과거 국제 질서를 규정했던 이데올로기 대립이 크게 약화되었다.

---

96) 반공의 칼날 앞에서 수많은 작가들이 사회 현실과 대결을 포기한 채 통속의 길을 걷을 수밖에 없었던 것이다.

97) 강진호,「분단 현실과 소설사의 지평」, 앞의 책, 342-343쪽.

98) 1989년 베를린 장벽이 붕괴되고 10월 동유럽의 민주화로 동독의 강경보수지도부가 해체되면서 11월 9일 서독과의 국경선이 개방되었고, 28년간 서로 분단했던 정치 장벽의 기능이 정지되는 순간이었고, 다음 해 10월 독일은 통일을 이룬다. 연이어 1991년 소련이 붕괴되면서 사회주의 사회는 북한만이 유일한 사회주의 국가로 남겨지게 된다.

공산주의의 붕괴는 우리에게 세 가지 사실을 의미했다.[99] 첫째는 자유민주주의가 체제경쟁에서 승리함으로써 남한이 북한에 비해 체제의 정당성을 확보하게 되었다는 것이다. 둘째는 한반도가 국제적 냉전의 굴레에서 벗어남으로써 한반도의 진정한 평화와 통일을 위한 남과 북의 노력이 구체적 결실을 맺을 수 있는 외적 환경이 조성되었다는 점이다. 셋째는 경제력이 앞선 남한이 남북관계를 리드할 수 있는 여건이 마련됨으로써 앞으로 통일이 이뤄진다면 남한주도의 통일이 될 것이라는 점에 국제적 공감대가 형성되었다는 사실이다.

이상을 배경으로 1980년대 후반 노태우 정부의 북방정책과 대북정책을 동시에 추진해서 어느 정도의 결실을 맺게 되었다. 중국과 러시아와 국교를 정상화한 것은 국제적 냉전구조[100]의 해체가 우리에게 가져다 준 큰 선물이었다.

또한 그동안 금기시되어왔던 공산주의 운동에 대한 연구가 본격화되고 1980년대 후반에 들어 통일 운동의 고양, 북한 학계의 연구 성과 소개 등에 고무되어 남북통일을 위한 통일적, 역사적 수입에 따라 본격적인 고민이 민족적 모순을 노정한다. 계급적 민족적 모순을 노정하자, 그 모순을 해결할 수 있는 사회적 실체로서 노동자, 농민을 중심으로 하는 민중세력의 등장은 자연스러운 일이었을 것이다.

국내와 국외 사정으로 볼 때 1987년 민주화 투쟁, 1989년 동구의 몰락과 같은 탈냉전의 분위기는 분명 김원일의 분단문학에도 영향력을 행사한다.[101] 물론 사회적 변화를 그대로 문학의 변화로 반영하는 것은 무리가 있지만 급변하는 국제정세, 국내의 억압된 사회 분위기 그리고 광주에서 자행된 폭력적인 민중 학살 사

---

99) 황병덕 · 김학성 · 박종철 · 전성훈, 「한반도 · 독일의 냉전구조 해체방안 비교연구와 정책적 함의」, 『한국과 국제정치』, 2002 봄호, 111쪽.

100) 한국에서 반공주의가 힘을 가질 수 있었던 것은 자본주의와 사회주의라는 두 체제의 대립구조가 중요하게 작용했기 때문이기에 국제적인 탈냉전의 기류는 그 고리를 이완시키고 있다. 물론 남한과 대치하는 북한이 엄연히 존재하고 있고 또 이런 현실을 정치적으로 이용하려는 세력 또한 완강하게 버티고 있다.

101) 그의 개인사로 보자면 1980년대는 다니던 직장을 그만두고 전업 작가로 정착한 시기다.

건 등은 ≪노을≫에서 시도된 민족문제의 추상적인 화해로 분단을 극복한 김원일로 하여금 분단문학에 대한 보다 구체적이고 실체적 작업을 요구했을 것이고, 자신의 고향인 진영 부근으로 한국전쟁 당시 국군에 의해 자행되어 국가적 차원에서 금기시되어 있던 민간인 학살인 거창양민학살사건을 떠올리게 하는 계기가 되었을 것으로 추정해 볼 수 있다. 이런 배경 하에 ≪겨울 골짜기≫는 창작되었으리라 짐작된다.

분단극복을 위한 반성적 자각은 지배 권력의 통치 근거였던 반공이데올로기의 한계를 절감하는 데서 출발한다. 그러나 작가들은 반공이라는 시대의 금제(禁制)에 맞서면서 숨은 진실을 파헤쳤고 소설사의 영역을 넓혀왔다. ≪겨울 골짜기≫나 ≪불의 제전≫이 해방 정국의 좌우 대립을 통해서 분단 현실을 천착한 것은 극우적인 시각에서 벗어나 민족사에 가한 좌익의 의미를 적극적으로 해석, 평가하고자 하는 의지의 표현이었다. 그래서 반공주의는 작가들의 창작과 상상력을 제약한 근원적 요소였으나 한편으론 작가들의 창작적 열정을 촉발시킨 동력[102]으로 기능하기도 했음을 알 수 있다. 따라서 ≪겨울 골짜기≫는 1980년 김원일 분단문학의 대표성을 띨 만큼 문제성을 가진 작품으로 평가받고 있다.

우리의 해방 반세기는 어느 측면에서 '살육의 현대사'라고 이름 붙일 수 있다. 이민족에서 해방되어 동족끼리 살아가면서 이데올로기의 대립과 권력투쟁 과정에서 피비린내 나는 살육의 역사를 지나왔다. 일제 강점기 동안 나라를 잃은 망

---

[102] 1980년대 이후의 분단소재 소설은 1970년대 유년의 원체험을 바탕으로 전개하던 것에서 한 발 더 나아가 오늘까지 이어지는 6·25의 후유증과 그 해결의 과제를 형상화하는 것으로 나타난다. 조정래의 <유형의 땅>, ≪태백산맥≫, 박완서의 ≪그해 겨울은 따뜻했네≫, 임철우의 <아버지의 땅>, 이문열의 ≪영웅시대≫, 김주영의 ≪천둥소리≫등 다양하게 변주되었다. 전대의 소설과 비교하여 1980년대 이후 소설의 특징과 성과를 드러내는 작품 경향은 첫째, 전세대의 이데올로기적 대립과 비극이 오늘날의 우리의 삶과 어떻게 연관되는가를 묻는 것이다. 둘째, 이데올로기 자체의 허구성과 이로 인한 비극을 형상화한 것이다. 마지막으로 해방 직후의 삶을 통해 우리 삶의 비극적 원천을 형상화한 계열로 산을 중심으로 한 빨치산의 모습과 마을을 중심으로 한 농민들의 삶의 현장을 교차시키면서 거창사건 당시 이데올로기에 의해 무참히 짓밟히는 삶을 그려낸 것으로 대표적으로 ≪태백산맥≫을 꼽는데 주저하지 않는다.

(亡)국민으로 숱한 희생을 치르면서도 동족상잔을 벌인 일은 없었다. 그런데 오히려 해방 후 우리 손으로 나라를 세우고 정치를 하게 되면서 집단학살 · 처형 등의 민족상잔이 빚어진 것이다.

이런 일이 일제를 비롯한 한국 점령과 분단에 책임이 큰 외세 때문이라는 이유도 있지만 제대로 알지 못하는 '이념'에 휩쓸리고, 권력놀음에 휘말려 함부로 참사를 하여 동포를 죽인 처사는 어떻게 설명할 것인가는 우리의 책임이 회피될 수 없는 부분이다. 내전과 이데올로기 싸움을 벌인 나라[103]는 세계 각처에 존재하나 1945년 해방에서 '공비토벌'이 끝나는 10여 년 동안에 한국전쟁으로 인한 군인과 군속 등 전쟁 관련 희생자를 제외하고도 줄잡아 백만의 양민이 학살 · 실종되었다.

해방 직후의 미군에 의한 양민학살을 시작으로 좌우 이데올로기 대립이 심화되면서 동족끼리 학살극이 자행되었다. 좌익에 의한 우익세력의 처단은 말할 것도 없고, 국군과 경찰 · 특무대 · 서북청년단 등 우익세력에 의해 '빨갱이', '통비분자'로 몰려 헤아릴 수 없이 많은 민간인이 죽었다. 김원일은 ≪겨울 골짜기≫를 통해 전쟁 중에서도 가장 비참하고 변명의 여지가 없는 내전, 즉 동족간의 학살극이라는 분단의 구체적 소재를 통해 불행하고 비참한 일인 이 사건을 민족적인 자성과 참회가 선행되어야 함을 분명히 한다.

이러한 희생의 형상화를 극대화하기 위해 거창양민학살사건을 소재로 한 이 소설은 정밀한 세부 현실묘사로 좌우 이념에 대한 허구성과 선량한 민중의 희생을 드러내고 있다. 물론 치밀한 묘사로 가득한 서사 방식은 현존하는 비참을 그려내는 데에 머물고 있으며 보다 나은 미래로의 길을 제시하지 못한다. 세계의 내적

---

[103] 내전으로 골육상쟁을 벌인 나라는 많다. 스페인 전쟁은 프랑코 독재세력과 공화주의 세력간의 국제화된 내전이고, 남아공의 내전은 흑백간의 인종분쟁이며, 보스니아의 내전은 백인간의 종족분쟁이다. 레바논 전쟁은 이교도간의 종교내전이며, 베트남과 라오스의 전쟁은 이데올로기 전쟁이었고, 한국전쟁 역시 마찬가지로 이념 싸움이었다. 김삼웅, 「양민학살의 변증적 이데올로기」, 『해방 후 양민학살사』, 가람기획, 1996, 14쪽.

본질 속에서 파악할 수 있을 때에 비로소 사실주의는 혁명적 힘을 발휘할 수 있을 것이다.[104] 자연주의 스타일의 사실주의는 현실 폭로의 비애, 환멸의 애수 또는 인생의 암흑, 추악한 일면의 묘사, 이상주의에 대한 반동으로 요약할 수 있는데 ≪겨울 골짜기≫에서 보이는 추하고 비윤리적인 소재의 선택은 '추한 진실'[105]로 요약할 수 있다. 추한 것들을 통해 진실을 묘사할 수 있다는 주장은 사회의 그늘진 곳, 인간의 부정적인 모습의 묘사를 통해 냉정성(impassibilite)[106]의 수법을 취한다. 전망 상실을 통해 현상의 실체를 드러내는 것이다.

따라서 김원일이 당시로서는 논의조차 금기시되었던 민간인의 학살[107]에 대한 사회적 관심을 환기시켜 살아남은 자의 수난을 사실적으로 드러내는 것은 총체적인 분단 문학의 형상화인 ≪불의 제전≫에 선행한 분단의 가장 구체적인 사건을 살피는 작업으로 선택한 것이 바로 ≪겨울 골짜기≫인 것이다. 이 작품은 한국전쟁 상황 속 한정된 공간인 산과 마을의 선량한 민중에게 무엇을 남겼는지를 통해 이념의 맹목성과 허구성을 동시에 비판하고 있고, 오늘날에도 완전한 진상규명이 온전히 이루어지지 않은 민간인 학살이 한국사회에 어떤 영향을 미치고 있는지에 대한 문제를 해명하고자 한 것이다.

---

104) 차봉희, 「한국에서 리얼리즘의 수용과 영향」, 『비교문학』, 한국비교문학회, 70-94쪽.

105) 홍진호, 「자연주의와 객관적 진실의 묘사-독일자연주의의 자연과학수용」, 『독일어문화권연구』15집. 서울대학교 독일어문화권연구소, 2006, 29-55쪽.

106) 자연주의의 묘사는 냉정성의 수법으로 불리는 서술방법과도 연관되어 있다. 작가가 직접 나서지 않고 언어의 선택을 통해 은밀히 개입하는 방법을 말한다. 나병철, 「리얼리즘의 두가지 근대성」, 『근대성과 근대문학』, 문예출판사, 1995, 63쪽.

107) 노근리 사건이 대표적인데 충청북도 영동군 노근리에서의 미군의 민간인 학살에 관한 AP통신의 문서 공개와 방선주 선생의 문서발굴로 전쟁 체제와 인권에 대한 문제가 관심을 끌었던 것이다. 방선주, 「한국전쟁 당시 북한자료로 본 '노근리 사건'」, 『정신문화연구』, 2000. 여름. 최상훈, 찰스 헨리, 마사 멘도사 공저(남원준 역), 『노근리 사건 : 한국전쟁의 숨겨진 악몽』, 잉걸, 2003.

1. 분단 논리와 인간의 희생

≪겨울 골짜기≫는 1950년 11월부터 몇 달 간의 이야기로, 1987년에 출간되지만 이미 <적>, <빼앗긴 사람들>, <내부의 적>[108]등으로 각각 전체 내용의 일부가 1985년부터 연재되었다. 이 작품은 ≪노을≫과 시간적 연장선상에 있는 작품으로 ≪노을≫에서 1948년 2·7 구국투쟁으로 입산한 빨치산의 그 이후의 이야기라고 보아도 무방하다. ≪겨울 골짜기≫는 1951년 2월 거창군 신원면에서 발생한 이른바 '거창양민학살' 이라는 실제 사건을 다루고 있다. 이는 공비 토벌을 명령받고 신원면에 진주한 군 병력이 부녀자와 노인·어린 아이를 포함한 부락 주민 오백여 명을 무차별 학살하고 이를 공비 소탕의 전과로서 왜곡 발표한 사건이다.

먼저 이 사건이 일어나기까지의 실제 상황을 살펴보면 다음과 같다.

한국전쟁 초기에 영남 일대를 제외한 남한의 전 지역을 점령한 북한군은 9·28 서울 수복으로 퇴로를 차단당하여 덕유산과 지리산 등 산간 지역에 잠복하였다가, 1950년 12월 중공군의 참전과 함께 게릴라전을 펼치게 된다. 특히 진주, 마산, 창녕 방면에 주둔했던 북한군 제2사단, 제6사단 등 패잔 부대들은 지리산의 험준한 지역에 근거를 마련하여 순창, 남원, 구례 등 호남 일대와 거창, 산청, 함양 등에 출몰하여 보급품을 착취해 가고, 군경에 기습을 가했다.

이러한 상황에 대처하기 위해 남한 정부는 1950년 10월 공비 토벌을 위한 육군 11사단을 창설하여 사단본부는 남원에, 전주에 13연대, 광주에 20연대, 진주에 9연대를 배치했다. 그러나 험준한 산악 지역을 근거로 주로 밤에 활동하는 공비의 토벌은 용이하지 않았다. 그리하여 낮에는 국군이 밤에는 게릴라가 지배하는 양상이 반복되었다.

≪겨울 골짜기≫의 배경이 되는 거창군 신원면도 이런 지역의 하나였다. 9·

---

108) <적>은 『외국문학』 7에 1985. 12월부터, <빼앗긴 사람들>은 『문학과지성신작소설집』, 1985. 12월. <내부의 적>은 『문예중앙』, 1987. 3월에 각각 발표된다. 따라서 ≪겨울골짜기≫는 <내부의 적>이 완결됨에 따라 완전한 모습으로 출간된다.

28 서울 수복 이후 한 달이 넘도록 공비의 세력 하에 있다가 1950년 10월 하순에서야 경찰이 신원지서에 진주하여 치안을 유지하기 시작했다. 그런데 중공군이 대거 남하하기 시작한 무렵인 1950년 12월 5일 약 400~500명의 공비들이 신원지서를 습격하여, 당시 신원지서를 방위하던 50여 명의 경찰과 청년 의용대원을 대거 살상하는 사태가 일어났다. 이 사건이 있는 후 경찰은 수차례 신원면 탈환을 시도했으나 번번이 실패하였다.

1951년 2월 초 제11사단 9연대(연대장 오익경)는 거창, 산청, 함양 등 지리산 남부 지역 공비 소탕 작전을 펴기로 하고, 함양의 제1대대, 하동의 제2대대, 거창의 제3대대는 경찰과 청년 의용대 등과 함께 1951년 2월 7일 신원면에 진주했다. 군대가 진주하자 공비들은 산 속으로 퇴각하여, 제3대대는 경찰과 의용군만 신원면에 남기고 작전 계획에 따라 거창으로 진군했다. 그러나 그 날 밤 공비들이 신원면을 기습하였고, 군경이 큰 피해를 당하게 되었다. 이 일로 연대장으로부터 신원면으로 회군하라는 명령을 받은 제3대대는 2월 10일 신원면을 장악하고 주민 700여 명을 공비와 내통하였다며 집단 학살하게 된 것이 사건의 실체이다.[109] 이상과 같이 양민 학살과 그 배경을 ≪겨울 골짜기≫[110]는 문학적으로 수용하여 형상화하고 있는 것이다.

결국 ≪겨울 골짜기≫는 이승만 정권의 대 좌익 강경 노선이 빚어낸 처절한 살육 사건이었던 '거창 사건'을 전시라는 특수 상황에 의해, 더 근본적으로는 냉전의 현실과 논리에 의해 무고한 인간이 희생되는 사건의 실체에 접근하게 되는 것이다. 이는 곧 분단의 근본을 해명하는 열쇠로 작용하게 된다.

첫째, 당시 이승만으로 대표되는 극우반공체제의 형성에 있다. ≪겨울 골짜기≫에서 이러한 당시 상황에 대한 안목을 갖고 배경을 설명해주는 유일한 사람은 빨

---

109) 진덕규 외, 『1950년대의 인식』, 한길사, 1980, 419-420쪽.

110) 각 장의 제목을 소개하면 다음과 같다. 제1장 겨울들머리-산1, 제2장 들피진 삶-마을1, 제3장 첫 경험-산2, 제4장 빼앗긴 사람들-마을2, 제5장 하루살이-산3, 제6장 먼 봄, 겨울 끝-마을3 구체적 시간의 순서에 따라 공간이 교차하면서 문한득과 문한돌의 시선에 따라 그려지고 있다.

치산 대원이면서 비교적 중립적 입장에 서 있는 김익수라는 인물을 통해서다. 김원일은 김익수를 통해 이승만 정권의 정치적 과오를 지적한다.

> "나는 이승만이 하는 짓이 도무지 못마땅해서, 제발 그 양반 어떻게 좀 됐으면 좋겠다고 늘 생각해 온 사람입니다. 이승만 하는 짓 좀 보오. **일제 때 고등계 형사까지 앞잡이로 쓰는 짓하며, 그 권력욕은 못말겨요. 미국 원조 물자는 고관들 배나 채우니, 도 · 농 할 것 없이 빈부격차는 일제 때보다 심해졌소.** 도시는 온통 실업자와 거지떼들이오. 나는 전쟁이 터졌을 때 정말 환영했다오. 인민군이 파죽지세로 남한 땅을 점령하곤 곧 조국통일이 되는 줄 알았지요."[111]

여기에서 중요한 지점은 이승만으로 표면화되는 권력구조 속에는 그들의 정치적 기반인 친일파 경찰과 자본주의 체제, 그리고 미국의 경제적 지원이 함께 포함되어 있음을 나타낸다. 사실상 남한의 극우반공체제를 다지는 전환은 1949년 후반기로 5, 6월경부터 반공체제의 강화 움직임이 두드러지게 나타났다. 이러한 움직임 속에서 경찰의 반민특위 습격테러사건, 국회프락치사건, 김구 암살사건[112] 등이 일어났고, 보도연맹조직[113] 등을 통해서 한층 강력하게 좌익을 통제하고 좌익조직을 무너뜨려갔다.

보도연맹은 1949년 6월 5일 대한민국을 절대지지 수호하고 공산주의를 박멸

---

111) 김원일, 『겨울골짜기』, 이룸, 2004, 53쪽.

112) 경찰들이 반민특위를 습격하여 반민법 시행을 유야무야로 만들고 친일파 활보의 대로르 터놓았다. 국회에서 민족주의적 진보적 성향을 보이던 소장파의원들의 주력이 국회프락치사건으로 구속되어 극우반공주의를 견제할 국회 내의 대항세력이 해체되었다. 김구가 육군 소위의 테러에 암살된 것은 특히 큰 손실로 받아들여졌다. 그에 대한 암살이 한 계기가 되어 정치의 폭이 좁혀졌고 남과 북의 첨예한 대결에 완충 역할을 할 세력이 축소되었다. 동족상잔을 우려하는 정치세력은 약화되었다. 자유민주주의와 민족주의의 퇴축을 가져온 것인데, 김국의 서거는 민중한테 따뜻한 혈육의 세계가 사라진 것으로 받아들여졌다.

113) 1949년 6월에는 해방 공간에서 인민위원회, 좌파 청년단체, 전평, 전농 등의 노동 · 농민단체에 관계가 있었던 인물들을 묶어놓는 국민보도연맹이 조직되었다는 점에서도 주목된다.

하기 위해서 과거에 좌익 단체에 들었거나 좌익운동한 사람을 모두 가입시켜 일정한 심사와 교육을 받게 만든 단체였다.[114] 곧 공산당을 근멸(根滅)하기 위해서는 공산당원이나 그 추종자들을 전부 감옥에 넣어 엄벌로 다스리는 것만으로는 부족하므로, 그 추종자들을 협박 이외의 방법으로 선도하여 공산당의 행동이 국가와 민족에게 얼마나 해로운가를 잘 인식시켜 건국노선에 끌어들인다는 취지에서 만들었는데, 이와 함께 좌익을 분열·이간시킨다는 목적도 중요하게 포함되어 있었다. 해방공간에서 공산당이나 좌익 관계 정당은 물론 건국준비위원회나 인민위원회, 치안대, 전평, 전농 등의 단체나 좌익계 청년단체·부녀단체·문화단체에 든 사람들은 모두 보도연맹 가입대상이 되었다.

실제로 ≪겨울 골짜기≫에서 산과 마을의 두 주인공인 문한득과 문한돌의 형인 문한병은 보도연맹에 가입한 것이 빌미가 되어 사살(射殺)되고 그로 인한 가족의 고통, 즉 어머니가 실성하게 되고 마을에서의 좁아진 입지 그리고 동생의 빨치산으로의 행보 등은 불안한 가족사의 단면이다. 또한 학살을 모면하기 위한 강제 진압하는 경찰들을 향한 처절한 동정의 몸부림은 당시 남한이 군인이나 경찰가족만의 세상을 꿈꾸었던 것이 아닌가하는 의구심을 들게 할 정도로 잔혹하다.

> "큰성님은, 소작농한테는 공산 시상이 이승만 시상보다 살기가 괜찬타 하면서 그런 일을 하다가……." 문한득은 입을 닫았다. 한병 형의 죽음이 자신에게 닥칠 공포로 엄습해 왔다. 해방 직후 한병 형은 남로당 한재리 부책일을 보았다. 여순 반란사건 이후 그 항쟁이 흐지부지 끝나고 지서의 단속이 심해지자, 형은 그 일에서 손을 떼었다. 중새터에 사는 자형도 마찬가지였다. 49년 **보도연맹이 창설되자, 한병 형은 남로당과 결별했기에 연맹**에 가입했고, 자형은 끝까지 시침을 떼었다. **그 결과 한병 형은 과거의 옭으로 죽**

---

114) 보도연맹은 1949년 4월 21일 서울시 경찰국 준비회의를 거쳐 전향자 5백여 명을 발기인으로 하여 결성작업에 들어갔다. 한지희, 「1949~50년 국민보도연맹 결성의 정치적 성격」, 『숙명한국사론』2, 1996, 468-469쪽.

임을 당했으나 자형은 무사할 수 있었다.[115)]

> "여기 군인이나, 경찰, 방위대 가족 있으면 나오시오!" 앞쪽 몽우리돌에 섰던 군인이 말했다. 그 말이 뒤에까지 잘 들리지 않는데, 쪼그려 앉았던 무리 중에 누군가 편지봉투를 들고 외쳤다.
> "이게 우리 아들 편집미다. 지금 국군에 나가 있심다.!" 문남수였다.
> 그는 처 손을 잡고, 옹구골댁은 아들과 딸 손을 나꿔채 사람 사이를 가르고 앞으로 나갔다.
> "우리 동생이 순사요." "방위대원에 뽑힌 아들이 입대했심다."
> "나도요." 대여섯 사람이 가족을 이끌고 무리 속에 뛰쳐나왔다.[116)]

문한병처럼 당국에서는 각 지역에 지정된 숫자를 채우기 위해서 과도하게 억지로 보도연맹에 가입시켰다. 해방 직후 민족 혁명적 고양된 분위기에서 인민위원회나 노동조합, 농민 조합에 좌익 우익을 따지지 않고 새 나라 새 사회를 건설하자는 의욕으로 들어갔던 사람들도 모두 다 강제로 가입시켰다. 극우의 시각에서 좌파로 분류되는 단체의 소속원을 일률적으로 모두 가입대상으로 했기 때문에 무리가 따를 수밖에 없었다. 보도연맹 가입자들이 한국전쟁 발발 초기에 최소한 수만 명이 학살되는 엄청난 희생을 치른 것을 생각해 볼 때, 작품 속 산과 마을의 농민이든 빨치산이든 모두 선량한 민중의 희생으로 기억될 수밖에 없는 것이다.

따라서 이승만과 한민당은 전반적으로는 미・소의 냉전체제에 적극적으로 순응함으로써 결정적인 힘을 배경으로 하고 있었고, 직접적으로는 경찰 등의 물리력을 보유하고 있었다. 그리고 비판세력이나 반대 세력, 민중을 제압하는 데 상황에 따라서 위력적일 수 있는 특수한 법을 정부수립 얼마 후에 마련하였다. 이 법에 의해서 형성된 체제는 국가보안법체제[117)]라고도 부를 수 있는데 이 법은 또한

[115)] 김원일, ≪겨울 골짜기≫, 52쪽.
[116)] 같은 책, 384쪽.

극우반공체제를 이루어내고 수호하는 임무를 맡았다. 이러한 상황은 개인이 국가로 부터 자유롭지 못하고 국가에 매여서 복종을 다짐하여야 했다.

그러나 이승만 정부의 이러한 극우반공체제의 형성에 미국의 역할은 지대하였다. 굳이 커밍스의 말을 빌리지 않더라도, 미국은 대한민국의 탄생과 그것의 생존에 결정적인 역할을 하였다. 미국은 반공만 철저히 하면 그 정부가 어떠한 성격의 정부인지를 따지지 않고 그 정부를 지지하고 지켜주었으며, 대부의 위치에서 상황을 조정・조절하는 기능까지 맡아 그것의 안정을 도모하였다.

> "사실 지금, 우리 민족도 두 적과 싸우고 있어요. 저쪽 편에서 보자면 중공군이 되겠고, 이쪽 편에서 보자면 미제가 되겠지요. 그리고 우리 민족은 거대한 관념의 두 적과도 싸우고 있어요. 서구에서 만들어진 이데올로기 둘 중 어느 쪽두 체험하지 못한 상태에서, 강대국이 나눈 삼팔선을 경계로 각각 한쪽 이데올로기를 선택했지요……."[118]

> "문 동무, 내 총만 하더라도 이건 제국시대 일본놈이 쓰던 무기요. 강 동무가 들고 다니는 **카빈총은 미제놈들이 만든 총**이오. **따발총은 또 어느 나라 무기겠소. 쏘련제 아니오**. 우리는 남의 총대를 잡고 통일전쟁을 벌이고 있는 참이요."[119]

위의 인용문에서 김원일은 경험해 보지 않은 이데올로기를 수용할 만한 여건의 성숙 없이 받아들일 수밖에 없었던 민족 현실에 대한 안타까움과 더불어 '카

---

117) 1948년 9월 20일 내란행위특별조치법을 제정할 것을 동의하여 여순사건이 진압되어가던 10월 27일 본 회의에 제출된다. 기존 내란죄와 명칭이 중복되어 국가보안법으로 불리게 되었고, 이 법은 여순사건 직후의 상황에서 한민당을 중심으로 한 극우단정세력이 추진하여 제정된다. 이는 극우적인 반공주의의 논리를 기본속성으로 하고 있었다. 박원순은 이를 '분단의 법제화'라 명명한다. 박원순,『국가보안법연구』1, 역사비평사, 1989.

118) 김원일, ≪겨울 골짜기≫, 328쪽.

119) 같은 책, 53쪽.

빈총'과 '따발총'이라는 전쟁의 무기로 상징되는 한 강대국의 이념 굳히기를 비난하고 있는 것이다. 이는 근본적으로 그들의 무기로 상징되는 권력에 수동적으로 반응하며 민중의 안위보다 그들의 정권유지에 맹목적으로 반응하는 이승만 정부에 대한 부정적 견해가 내포되어 있는 것이다. 이러한 내부 사정의 구체적 사건이 바로 '거창양민학살'의 원인으로 작용하고 있음을 작가는 분명히 한다.

둘째, 미국과 소련은 각자 그들이 채택한 자본주의와 공산주의의 세계적 성취를 위하여 남과 북을 '철천지원수지간'으로 만든 것도 미약하게나마 분단의 원인으로 지적할 수 있다. 또한 양극의 이데올로기에 대한 비판적 태도는 그 필연적 결과로 발생한 전쟁에 대한 부정적 인식으로 이어지고 있다.

> "문동무, 군대나 전쟁에 대해 생각한 적 있나요?" 꾸부정한 자세로 뒤따르던 김익수가 물었다. "인간이 군거생활을 시작한 구석기시대 이후부터 전쟁이 있어 왔으니 군대 역사 역시 참 길어요. 그런데 인간이 만든 조직체 중 가장 비인간적인 집단이오. 전쟁이 무엇이겠소? **전쟁 앞에는 싸워서 이겨야 한다는 승부 근성 외, 그 어떤 정의로운 원칙이 없소. 상대가 무조건 굴복하도록 폭력행사를 하는 게 바로 전쟁이오.**(중략) 나는 군관 자격이 없소. 전사로서도 자격이 없구. 한마디로 나는 평화주의자요. 나는 군대를 증오하오. 근대 조직과 통솔방법을 볼작시면 인간을 가축 이하로 학대하는 걸 원칙으로 삼고 있소. 전쟁이란 폭력행사이기에, 군대 역시 인간을 무작하게 다루는 쪽으로만 연구가 발달되어온 거요. 동무도 보다시피 군대란 실상을 위한 절대 복종의 명령과 야만적인 혹독한 훈련을 신조로 삼고 있소. 군대란 전사를 얼마만큼 용맹하고 잔인한 짐승으로 길러내느냐에 달린 겁니다. 전쟁의 속성이 비도덕적인 무력으로 치러지니깐 조직 역시 개개인에게 인간다운 대접을 해주면 허약한 집단이 되니, 그 이치 또한 묘하지 않아요?"
> "전쟁이란 그럴싸한 명분을 만들어 강국이 자기보다 약한 국가를 공격하게 마련이지만, 전쟁은 무조건 악이오. 전쟁은 우리에게 인간을 미워하라는 증

오심을 가르치고 있어요. **동족이 동족을 이념이 다르다는 이유만으로 죽이는 이런 전쟁이 왜 어서 종결되지 않고 희생만을 강요하는지 모르겠어요.**"[120]

해방공간의 이데올로기 대결과정에서 빚어진 양민학살, 그 과정에서 좌・우 양측으로 부터 빚어진 보복적인 양민학살, 한국전쟁 전후로 나타난 미・소의 이념 대립의 양민학살과 같은 논의선상에 놓인다. 한반도에서 전쟁의 참상이 발생 ≪노을≫에서 분단원인에 대한 추적에서 미・소의 이념대립에 대한 언급을 놓치고 있는 것은 1980년대 들어 반공주의에 대한 더 이상의 언급이 무의미하다는 판단이 작용했기 때문이고, 김원일이 가지는 분단에 대한 기본적인 사고의 틀이 좌・우 어느 쪽에도 손을 들지 않는 상당히 중립적인 시각의 견지에 있었을 것으로 추측할 수 있다. 이는 ≪노을≫보다 확장된 분단의식이 보여주는 대목이다.

결국 인간을 살리기 위한 '이념'이 인간을 죽이는 '수단'으로 취급될 때, 김익수를 비롯한 좌익 내 선량한 민중은 점점 군대와 전쟁에 대한 환멸이 커져 간다. 단지 이념을 달리한다는 이유만이 총을 겨누는 이유의 전부라면 인간은 그저 이념의 허수아비에 불과할 뿐 짐승의 혈투와 다름없기 때문이다. 인민군인 3소대장이 송 중대장의 시신을 확인하고 그들 손에 있던 포로를 향해 무차별 총탄을 난사하는 것과 국군이 견벽청야(堅壁淸野)[121]를 위해 부락민 성분을 조사하면서 우리 쪽이 무자비하게 당했으니 쳐야 한다는 것, 적성지구 주민을 즉결처형하지 않아서 과정리 경찰과 방위대가 혼이 난 얘기를 주고받는 것은 모두 좌・우 이념의 극단적인 대립각을 읽을 수 있다.

요컨대 김원일은 ≪겨울 골짜기≫를 통해 이승만으로 대표되는 남한 내 반공주의를 위한 국군과 경찰의 강제적 권력행사를 질책한다. 또한 한 민족을 둘러싼 거대한 관념의 두 적을 조장한 미・소 패권주의로 발생한 전쟁에 대한 허구성도

---

120) 같은 책, 57-59쪽.

121) 지켜야 할 거점은 벽을 쌓듯이 확보하는 주의로 나가고, 부득이 적에게 내놓게 되는 지역은 인력과 물자를 이동시킨 후 집들은 불 지르고, 깨끗이 청소해 버린다는 것을 일컫는 말이다.

문제 삼는 것이다. 이러한 권력층과 남의 나라 이념으로 발생한 당시 상황에 마을 사람들은 '국군이나 인민군이나 군인들 하는 짓거리는 어느 쪽도 믿을 수가 없었'다는 판단을 내리는 것이다. 그저 이들의 싸움에 개인은 철저히 희생되고 있었음을 지적한다.

또한 겨울 산의 열악한 환경 속에서 생존을 담보로 전쟁을 준비해야만 하는 좌익마저 실은 철저히 이데올로기에 희생되고 있는 민중의 일부였음을 보이고 있는 것이다. 따라서 남과 북이 서로를 강제하기 위한 최후의 수단으로 전쟁이 실현되는 것으로 보고 있다. 자신이 죽기 전날 한득의 꿈속에 마을에 화재가 발생한다. 한득은 마을의 불을 누가 질렀냐고 묻자 어머니 실매댁은 '전쟁귀신'이 그러하였음을 말한다. 전쟁이라는 귀신은 바로 남과 북을 가르는 이데올로기의 상징인 것이다.

2. 희생 논리와 역사적 실체 접근

사실상 ≪겨울 골짜기≫는 김원일에게 ≪노을≫의 대안으로 써진 소설이다. ≪노을≫이 29년이라는 시간차를 두고 구성되었다면, ≪겨울 골짜기≫는 산과 마을이라는 공간차를 두고 구성되었다.[122] 또한 ≪노을≫이 '민족'이라는 대안을 발견을 발견함으로써 서사가 확장되었다면, ≪겨울 골짜기≫는 보편적이고 개별화된 '인간'이라는 대안을 발견하게 한다. 이러한 변화나 치환이 가능한 것은 두 작품이 공유하는 희생의 논리에 기인한다.

그러나 ≪노을≫에서 이념에 의해 무고한 민족이 희생되었다는 인식의 전제는 민족 공동체 의식을 회복하면 되지만, ≪겨울 골짜기≫에서 이념에 희생된 양민은 이념적이지 않은 것, 순수하고 본원적인 것으로 거창사건 외에 아직도 민간인

122) ≪노을≫이 주인공 갑수의 의식의 추이를 따라 현재와 과거를 맞물리게 함으로써 과거와 현재가 조응하는 서사를 구현하고 있는 것과 달리 ≪겨울 골짜기≫의 공간은 동일한 시간대를 가정하고 있으면서도 별개의 서사로 꾸려진다.

학살에 대한 진상규명과 관계자의 사과 그리고 배상의 문제가 완결되지 못한 상태로 남아있는 것이 사실이다.

김원일이 ≪겨울 골짜기≫의 공간을 산과 마을로 분리하여 서술하는 것은 그들이 다른 이념의 통제에 더 지배받고 있고 그리하여 소통과 교감이 차단되어 있음에도 불구하고 결국 그들이 금 그어 놓은 소통불능의 공간을 넘어 산의 빨치산이나 마을의 양민이나 모두 이념에 희생된 선량한 민중이었음을 부각시키기 위한 전략으로 작용한다. 그리하여 김원일은 ≪겨울 골짜기≫에서 대표적인 민간인학살인 거창사건으로 한국전쟁과정에서 민간인이 희생된 참상의 책임소재를 명확히 밝히고 이를 반성하는 '역사바로세우기'를 통해 분단의 극복을 도모하고자 하는 것이다.

김원일은 ≪겨울 골짜기≫에서 당시 국군의 냉혹한 모습과 산과 마을의 선량한 민간인의 극명한 대조를 통해 은폐된 역사의 실체에 대한 바른 인식을 발견하게 한다.

우선, 산생활을 대표하는 문한득을 통해 산사람들의 희생을 살펴보도록 한다. ≪노을≫의 좌익은 자발적으로 이념을 선택했다면, ≪겨울 골짜기≫의 좌익은 삶의 긴박성이 이념을 선택하도록 강제한다.

> "내사 무슨 주의가 뭐 하는 주의인지 알기나 합미꺼. 인민공화국 세상이 되자 죽은 큰성님 대신에 분주소 일이나 봐달라 해서 심부름을 쪼매 하다가, 안 피하면 죽는다길래 부랴부랴 산으로 올라온 게 이래 됐지요."[123)]

문한득은 공산주의가 좋아서 빨치산이 되었냐는 김익수의 물음에 죽음을 피하기 위한 부득이한 선택이었음을 밝히는 부분에서 당시 대다수의 좌익 복무자가 생존을 위한 최선의 선택으로 산사람이 되었음을 암시한다. 전쟁 연습의 공간인

---

123) 김원일, ≪겨울 골짜기≫, 52쪽.

산은 빨치산들이 전투 훈련과 사상 학습, 전략 모색 등을 하며 제한적인 범위에서나마 일상을 유지하는 곳인 반면, 마을은 빨치산의 보급품 수탈과 국군의 핍박, 불안, 공출과 강제 부역으로 일상적인 생활이 부재하는 강제의 공간이다. 문한득은 소년병으로 거창군당과 팔로군 부대를 오가며 혹독한 훈련을 감당한다. 대다수의 부대 구성원들은 삶의 의미는 생존 그 자체임에 비해 송 중대장과 김풍기[124)]로 대표되는 좌익은 유일하고도 절대적인 기준인 그들만의 이념적 발현을 위하여 치명적인 강박증에 빠져든다. 그들은 개개인의 자유, 고향에 대한 그리움, 가족을 향한 열정, 생활 감정, 개성 등은 모두 규율 바깥의 쓸모없는 것으로 받아들이고 인정하지 않는다.

> "빨치산은 남녀가 없어. 볼셰비키 유격대나 중국 모택동 군대에도 여성대원이 많았지. 그러나 누구도 그들을 여자로 대우하지 않았어. 남자들과 똑같이 굶주림을 참고, 똑같이 고된 훈련을 받고, 전선에서 총들고 싸웠지. 만약 빨치산 사이에 연애사건이 생기면 비판 정도가 아니라 일벌백계로 현장에서 처단했어."[125)]

송 중대장은 전공(戰功)을 위해 광기에 가까운 행동을 보이고 자신들의 열의를 증명하기라도 하듯 더욱 거센 억압을 자행한다. 기본적인 생활의 감정은 그들에겐 사치고 죄목이 된다. 인간의 한계 이상의 능력을 기준으로 삼고 있으며 마치 신적인 존재에서나 가능한 고통의 감수를 타인에게 강요한다. 그 결과 그들에겐 아픈 것도, 느린 것도, 배고픈 것도, 발 시린 것도 모두가 정신의 힘으로 극복 가

---

124) 북쪽 출신의 정규군들의 남쪽 출신들에 대한 차별도 군데군데 드러내 보이고, 송 중대장과 팔로군 출신의 분대장 김풍기를 통해서는 전형적인 상면하복의 폐쇄적인 군대생활과 폭력성을 보여주고 있다. 작가는 이들을 통해 빨치산들이 이념적인 동지애로 뭉친 집단이 아님을 보여주고자 한다는 의견이 있다. 정찬영, 「김원일의 『겨울골짜기론』」, 『현대소설연구』 15호, 2001. 12., 8쪽.

125) 김원일, ≪겨울 골짜기≫, 26쪽.

능한 간단한 일일 뿐이다. 혁명의 투지나 의지가 부족해서 고통을 느낀다는 것으로 치부된다.

> "김 동무, 어데가 그리 아픔네?" 중대장은 김익수의 민주대는 꼴이 아니꼽다는 투로 물었다.
> "발 뒤쪽 아킬레스건이 영 어찌 되었는지……."
> "아키라스? 내 무식해서 동무 말을 알아듣지 못하겠음메."
> "위장이 나빠 먹지를 못하는 데다가……." 서슴거리며 죽는 시늉을 하던 김익수의 마른 얼굴에 황기가 퍼졌다. 그는 독 오른 중대장의 눈을 본 것이다.
> "총 벗어!"
> "내일부터는 필히 훈련에 참가하겠습니다." 힘을 조금 세운 김익수의 다급한 목소리였다.
> "무시기 말이 많음네. 동무는……."중대장 말이 채 끝나기 전이었다. 김익수 몸이 공중잽이를 돌며 땅바닥에 패대기쳐졌다. 중대장이 모두거리를 걸며 지휘봉으로 김익수 허리를 내리친 것이다. "간나새끼, 죽잲이쿠 어째 살아. 이 간나새끼야말로 인민으 씽췬이(식충이)임네. 황천길 가버려!"
> "아닙니다. 정말 아픕니다!" 땅바닥에 쓰러진 김익수가 손으로 중대장 매질을 막으며 엉절거렸다.
> "네 놈이 정치부 심문반에 있을 때 토론깨나 즐게서 종파주의로 비판받엣다는 것 내 다 알구 있다이. 인테리 반동놈으 새끼, 네놈이 인민군 전사야?" 중대장 지휘봉이 김익수 마른 몸에 사납게 떨어졌다. 손으로 머리통을 싸안은 김익수가 불을 댄 지렁이처럼 요동쳤다. "다른 전사느 어데메 성한 데가 있어서 훈련으 받겠니. 우린 사방이 적이야. 그래도 버티내고 있음네. 이 부르좌 반동놈으 새끼. 지식 반동이 더 악질이지. 네놈같은 반동으 아주 줴여뿌려야 하겠음네!"
> 누구도 송 중대장을 말릴 수 없었고, 그의 몰강스러운 삿매질은 계속되었다. 그렇잖아도 작았던 김익수 옷이 어깻죽지부터 터지고 찌든 내복에 피가

> 비쳤다. 김익수의 꿈틀거림이 차츰 무뎌지더니 길다란 몸이 넉장거리로 늘어졌다.[126]

송 중대장에게 공산주의는 세계 인류 역사상 가장 이상적이고 훌륭한 제도와 장치이기에 다른 제도는 고려의 대상이 되지 못한다. 그러나 문제는 ≪겨울 골짜기≫대다수의 좌익은 그런 골수분자보다 살기 위해 산 속으로 들어온 '민중'이 대다수라는 데 있다. 아이러니하게도 그들은 '인민을 위하여' 인민을 착취하고, '인민을 위해서' 인민에게 가혹한 고통을 가한다. 그들이 만들고자 하는 체제는 단지 그들의 머릿속에서만 존재하는 것이지, 현실에 존재하는 민중의 염원을 반영한 것은 아니다.

K. 클라우제비츠에 의하면, 전쟁이란 적을 굴복시켜 자기의 의지를 강요하기 위해 사용되는 일종의 폭력 행위로 정의된다.[127] 결국 그들은 현실에도 존재하지 않는 세상을 건설하기 위하여 민중들의 염원을 은폐하고 배제할 뿐만 아니라 때로는 물리적 폭력까지를 동원하여 그 염원들을 잠재워버리게 된다.

그러나 문한득을 비롯한 나머지 사람들은 투철한 이념에 입각해 빨치산이 된 경우가 아니기에 그들은 '아군의 포로'가 된 채 혹독한 산 생활을 감당할 수밖에 없는 것이다. 그들은 자신이 싸워야 하는 이유도 모른 채 전투 훈련을 받고, 전쟁에 이겨야 집으로 돌아갈 수 있다는 일념 아래 고된 훈련을 이겨나간다. 김익수 역시 오직 살아남아 가족을 만나기 위해 싸운다는 명분 외에는 빨치산으로 살아가야 할 이유가 없다. 강철규와 비역질을 일삼는 김풍기나 처녀를 추행하누 위기에 몰리자 상관에게 총을 겨눈 방수억 등, 이들에게 산 생활이란 지독한 추위와 굶주림과 혹독한 훈련 이상이 아니다. 배가 고프기 때문에 민가를 습격하는 것이고, 여자 대원들과 춤판을 벌이는 모습은 사실상 그들이 좌익이라는 외피만 입고

---

126) 같은 책, 33-34쪽.

127) 칼 본 클라우제비츠(이종학 역), 『전쟁론』, 일조각, 1987, 2쪽.

있는 '소박한 민중'에 다름 아님을 증언한다.

그들의 비참한 산생활의 충실한 재현을 위해 김원일은 묘사를 통해 자신의 서사 스타일을 십분 발휘한다. 일반적으로 서술은 행동적인데 반해 묘사는 관조적이고 다음에 이어지는 사건을 지연시킴으로써 사건을 밀도 있는 결말로 만들기도 한다.[128] 이 작품에서 인물들의 사소한 갈등이 빚어지는 현장과 공간 및 정황에 대한 묘사는 '거창양민학살'이라는 대단원을 지연시켜 사건의 충격성을 심화시키고 있다. 산 · 마을을 오가는 꼼꼼하고 지속적인 묘사는 서사의 진행을 방해하여 독자들로 하여금 소설적 재미를 약화[129] 시키고 지리는 느낌을 주는 것이 사실이다.

> 대열에서 따로 불려나온 전사들은 총과 배낭을 내려놓고 빈 터 가장자리에 박힌 말뚝 하나마다 전사 한사람씩 다리를 올려붙여 물구나무를 서고 있었다. 하급 군관이 소총 총대로 전사들 엉덩짝을 사정없이 쳤다. 기합 받는 전사가 거꾸로 짚은 손을 떨다 못해 모자를 땅에 박고 무너지면, 군관이 구둣발로 차며 다시 물구나무를 세우고 매질했다. 군관이 한 전사마다 열 대씩 엉덩짝을 갈겨댔으나 비명을 질러서는 안 된다는 엄명이 있었던지 신음 소리를 내는 자가 없었다.[130]

---

128) 롤랑 부르뇌프 · 레알 월레(김화영 옮김), 『현대소설론』, 현대문학, 1996, 198-199, 221쪽. 묘사가 이어지는 사건을 보다 밀도 높은 결말로 만들기 위해 그 사건을 지연시키는 서스펜스 효과를 지니며, 흔히 주인공인 어떤 인물에 대한 직 · 간접 정보를 제공함으로써 작품에서 '인물 중심적인 통일성'을 기하는 데에 도움을 준다는 것이다. 그러나 김원일 소설의 묘사는 결말을 향한 조직보다 극한적 상황에 대한 정황 제시로 기능하며 판단은 독자에게 유보한다.

129) 조남현은 그의 소설이 독자들의 기대지평을 요란하지 않게 그러나 분명하게 이끌어 올린 힘은 창작 태도중 그 어느 것보다도 '긴장의 능력'에서 찾아내야 한다고 한다. 이는 소설의 전체구조를 끝까지 팽팽한 '긴장'의 구조로 세워 놓는데 능한 작가라고 했는데, 이는 '재미'의 차원에서가 아니라 분명한 인물의 대립항을 가지고 그의 소설이 출발하기 때문이라고 본다. 조남현, 「김원일론」, 『문학과 사상』, 1990, 10월호, 251쪽.

130) 김원일, ≪겨울 골짜기≫, 33쪽.

먼동이 터올 때야 산막으로 돌아온 중대원은 여성대원이 해놓은 잡곡밥 한 덩이를 먹고 눈 붙일 짬도 없이 기동훈련에 출동했다. 고된 훈련을 받으면서도 식사래야 하루 두 끼였고, 끼니 때는 식기 뚜껑에 차지 않는 잡곡밥 한 덩이와 뜨물에 소금을 풀어 시래기 건더기를 조금 넣고 끓인 멀건 국이 찬이었다. 중대원들은 변변치 못한 식사와 고된 훈련을 운김으로 참고 견뎠다. 낮 훈련에는 여성대원도 참가했다.(중략)저녁식사 뒤에는 취침할 때까지 어둠 속 훈련장에서 추위에 떨며 야간학습을 받았다. 야간학습은 중대장과 소대장 셋이 돌아가며 담당했다. 소련과 중국공산당사·해방투쟁사·인민투쟁사·조선정치경제학·지도원의 실전 경험담 따위였다. 전사들의 당성을 진작시키기 위해 '나의 경력, 오늘의 비판'이란 시간도 가져, 전사들로 하여금 중대원들 앞에서 자기비판의 기회도 마련했다. 한편, 문화공작대 요원으로 내려왔다가 퇴로가 막혀 야전군으로 현지 편입된 여성대원 넷은 '문화 지도원'이란 칭호가 붙여져, 전사들에게 군가나 가곡을 가르쳤고 남장(男裝)한 대원과 어울려 간단한 소극(笑劇)을 벌여 전사들을 잠시나마 즐겁게 했다. 여성대원 중에는 서울에서 여중학교를 다닐 때 남로당 '민주학맹' 세포원 출신인 봉순이가 노래를 잘해 '가요훈전사'로 불렸다. 취침 전에는 반드시 오락회 시간을 마련했다. 오락회 시간은 전사들 노래로 때웠고, 그럴 때면 전사들이 틈틈이 만든 악기가 동원되었다. 호적 ·피리 ·퉁수 종류도 있었지만 해금·월금·만돌린을 닮은 악기도 있었다. 그들의 그 악기를 전중에 만들었다 해서 화선악기(火線樂器)라고 불렀다.[131]

> 야간학습이 시작되었다. 교관 목소리만 듣는 학습이었다.(중략)학습 과목은 '중국공산당사'였다.(중략)학습시간 중에 전사들이 잡담을 하거나 고개방아를 찧는 자가 있으면, 일차 경고를 하고 두 번째는 따로 집어내어 벌을 세웠다.(중략)벌은 발가벗겨 한데에 십 분 정도 물구나무를 세웠기에 모두

131) 같은 책, 40-41쪽.

그 벌을 끔찍이 여겨, 옆에 앉은 전사가 서로서로 감시 역할을 해서 조는 자를 깨웠다.[132)]

문한득의 시선에서 그려지는 산생활의 묘사는 정교하고 치밀하다. 작가는 빨치산의 무늬를 입은 민중들의 산막생활, 굶주림, 극심한 훈련과 보초근무, 가혹한 구타와 처벌, 오락회에서 전사들의 망중한, 사상 교육, 심지어 이 잡기와 비역질[133)]까지 꼼꼼하게 추적함으로써 그들의 삶의 실상을 객관적으로 보여준다. 생리적인 욕구 또한 인내하고 심지어 전투에서 발생하는 전우의 인육으로 배를 채운다.

추한 것을 통해 진실을 묘사할 수 있다는 주장은 사회의 그늘진 곳, 인간의 부정적인 모습을 묘사[134)]함으로써 활기를 잃은 정물화에 떨어진다고 한다. 생생하고 구체적인 묘사를 통해 삶의 긴박감을 표현하고 이런 사실의 근저에는 양자의 대립을 통해 이념이라는 허구의 실체로 말미암은 전쟁의 비극성을 심화하려는 창작 의식의 산물인 것이다. 이는 이론적 인식에 의해서가 아니라 구체적 삶의 영역을 접근함으로써 살아있음의 극한 고통을 보여줌과 더불어 이데올로기의 정체를 드러내는 장치다. 따라서 문한득을 비롯한 산사람들은 송 중대장으로 대표되는 소수의 열렬좌익으로 말미암아 고통스러운 생존을 연명하게 된다. 결국 이들은 국군과의 교전으로 희생됨으로써 억울한 최후를 맞게 되는 것이다.

둘째, 이러한 희생의 논리는 문한돌로 대표되는 전근대적 규율에 길들여진 마

---

132) 같은 책, 76쪽.

133) 이런 표면 현상의 묘사를 통해 독자들은 고통의 극한을 생생하게 체험할 수 있는 것이다. 팔로군 부대의 산 생활 묘사의 상당 부분은 빨치산들의 구체적인 생활을 그리고 있는데 특히 이(虱) 묘사가 반복적으로 등장한다든지 비역질과 매 맞는 부분의 피가 튀는 묘사는 홍미로운 장면이다. 작가가 불결하고 누추한 빨치산의 생활을 구체적 세부까지 집요하게 드러내고 있는 부분은 사실상 독자들로 하여금 불쾌감을 유도한다. 불쾌감은 문한득을 비롯한 빨치산 전사들의 열악한 삶 또는 작가가 말한 "살아남음에 따른 고통의 극한"을 표출시키기 위해서다. 더 나아가서 이는 단순히 빨치산 생활이 열악하다는 것을 강조하려는 것만이 아니라 삶의 열악함이 그들이 그렇게 되도록 방치했다는 역설을 강조하려는 작가의 심리와 맞닿아 있다.

134) 홍진호, 앞의 책, 29-55쪽 참조.

을 사람들의 일상 또한 훼손한다. 국군이나 의용군으로 자식을 내보내고, 부역과 공출 등으로 경찰과 빨치산에 의해 이중고를 당하는 이들에게 이념은 인륜의 배반이다. 각기 반동과 빨갱이를 고발하라는 강요는 죽음으로 몰고, 질시와 반목을 조장한다. 마을 사람들에게 이념은 생존을 담보로 가해지는 위협이며, 살기 위해 빨치산에게 식량을 조달하고, 초소 보루대를 쌓은 부역에 동참한다. 그저 생존을 위해 동조하는 척 할 뿐이다.

> 뱃속에서 주리를 틀며 꼬르락대던 소리도 찬물 한 바가지를 들이켜자 잠잠해졌으나 떼어놓는 두 발은 물 속을 헤매듯 했다. 생각은 집에만 매여 아내가 자형집에 수수나 밀을 몇 되나 갖다주었는지 궁금했고, 어서 돌아가 시래기죽이라도 배를 채우고 따뜻한 방에 누웠으면 싶은 마음뿐이었다. 이제 서른 초반을 넘긴 문한돌이 그럴진대 남정네를 대신해 나온 아녀자들의 모질음 쓰는 모습은보기가 딱했다. 손등이 터져 피가 비치는 손으로 자갈을 갈퀴질해서 바구니에 담아선 미리에 이고 걸었다.[135)]

> 몸풀 때를 두 달 정도 남긴 그네는 요즘 헛헛증이 더욱 심해 애오라지 먹는 생각밖에 없었다. 하루 두 끼를 잡곡밥 한 종지와 시래기죽으로 떼우다 보니, 늘 그저 이드거니한 감투밥만 눈앞에 훤했다. 종님이가 차 던진 이불깃을 다독거려주곤 그네는 쉬 잠이 들었다.[136)]
> 원대현의 장개똥 노인과 상대현의 세 살배기 계집아이가 어느 날, 약속이라도 한 듯 죽었다. 병명이라면 장노인은 칠순에 가까운 병추기로 천수를 누린 노환이었고, 어린아이는 오랜 기침 끝의 폐렴이었다. 그러나 마을 사람들 의견은 달랐다. 두 집이 곡기라고는 하루 한 끼를 이를 처지가 못 되어 감자와 고구마를 빌리러 다니더니 버틸 힘없는 식구부터 굶어죽었다는 쑥덕거림이었다.

---

135) 김원일, ≪겨울 골짜기≫, 116쪽.
136) 같은 책, 186쪽.

"대현만 해도 월동 나기 전에 굶어죽은 집이 어데 한두 집인가. 우리 집 막내도 죽을란지 비실비실하는 게 어째 시원찮다 하인께."
"모진 게 목숨인데 그렇게 쉽게 죽을 리야 없지러. 도토리라도 줏으러 다녀 봐야제." "편안히 저승길로 잘 갔제. 더 살아 무슨 낙 볼 세상을 만내겠다고." 장노인 상가댁에 들른 아낙들이 부엌 뒤꼍에서 나눈 푸념이었다. 그런 푸념처럼 대현리 사람들은 보릿고개 철까지 어떻게 넘길까 하는 걱정이 태산 같아서. 모여 앉으면 먹는 타령이었다.[137]

하룻밤 눈만 붙이고 나면 음력설이었다. 대현리 사람들은 제사상에 죽그릇 · 나물반찬 · 냉수 사발밖에 올릴 수 없는 처지여서, 아무 집도 제사음식 준비를 엄두 내지 못했다. 태평양전쟁 말기, 그 심한 공출에 볶일 때도 이렇지는 않았다며, 조상을 제대로 못 모시는 죄로 가슴을 썩였다. 그런 와중에서도 종님이 엄마는 해산달이 차서 언제 시작될는지 모르는 산기(産氣)로 늘어져 누운 채, 동자짓기마저 못하고 있었다. 그네는 얼굴 비치는 멀건 죽조차 한 끼를 겨우 때워 그 허핍함이 극에 달해 있었다.[138]

국군과 산 사람들의 양식을 조달하고, 각자가 원하는 훈련과 부역에도 동참해야 하지만 정작 그들은 무엇 때문에 그 같은 고통을 감내해야 하는지를 알지 못한다. 또한 어느 쪽에도 적극적으로 가담하지 못하는데 그것은 어느 쪽도 그들의 안전을 보장해주는 신뢰감을 주지 못하고 오로지 희생만을 강요하기 때문이다. 따라서 마을 사람들에게 바깥 세상과 단절된 채 국군과 산 사람, 양쪽의 수탈을 이겨내며 겨울을 보낸다는 것은 '애옥살이'이며 '지옥살이'에 다름 아니다. 생존을 위해 어느 편이든 되어야만 하는 그들에게 이념은 그저 삶을 구속하는 족쇄일 뿐이었다.

지금까지 산과 마을의 극소수를 제외한 나머지 빨치산과 사람들이 모두 이데

---

137) 같은 책, 270쪽.
138) 같은 책, 291쪽.

올로기가 무엇인지도 모르는 무고·무관한 양민이었음을 살펴보았다. 김원일은 그들의 희생을 통해 독자들에게 억울한 사람이 희생되었다는 사정을 살피게 함으로써 국군과 경찰·우익단체에 의해 자행된 학살극이었다는 비극의 본질을 더욱 극명하게 전하고자 한다.

그렇다면 셋째, 한국전쟁을 전후하여 남한 땅에서 공비토벌이라는 명분아래 군경과 우익단체에 의해 무차별 학살의 실상을 알고 반성할 수 있도록 하기 위해 잔혹한 당시 상황을 긴박하게 전달한다. 통비분자를 가려낸다는 명목하게 간단하고 허술하게 진행되는 심사과정, 짐꾼들로 하여금 시체를 감추기 위해 석유를 부어 불 지르는 등은 당시 군인들이 신원면 전체가 빨갱이 물이 들었다는 상부의 명령에 얼마나 철저했는지를 알 수 있다. 말 그대로 그들에게 신원면은 견벽청야(堅壁淸野)지역이었던 것이다.

> "지켜야 할 거점은 벽을 쌓듯이 확보하는 주의로 나가고, 부득이 적에게 내놓게 되는 지역은 인력과 물자를 이동시킨 후 집들은 불 지르고, 깨끗이 청소해 버린다는 것 아냐. 그러니 신원면 이 산골짜기는 청야 지역에 해당되는 셈이 맞잖아." 키 작은 사병이 말했다.
> "그렇다 치자, 청야 지역에 해당된다면 주민을 안전지대로 이동시키는 게 원칙 아닌가.(중략)부락민은 일단 이동시키고 봐야지."
> "무슨 소리야. 부락민 성분부터 따져봐야지. **순수한 우익가족들이라면 물론 읍내로 이동시켜야겠지. 그러나 신원면이 공비들 세상으로 두 달을 보낼 동안 부락민 전체가 통비분자로 변하고 말았잖아.** 우익은 그전에 다 탈출했을 테구. 남아 있는 빨갱이들은 이동 대상이 아니라, 문자 그대로 말끔히 청소할 대상인 셈이지.(중략) **여기 수용된 인간종자는 빨갱이들 가족이 맞아.** 공비들과 내통하다가 기회만 오면 또 언제 우리 쪽으로 총부리를 겨눌는지 누가 알아"[139]

---

[139] 같은 책, 403-404쪽.

작품에서는 문한돌이 죽음의 일보직전에 출산한 자신의 아이로 인해 탈출에 성공하는 부분에서 끝이 난다. 열린 결말로 ≪겨울 골짜기≫가 맺는 것은 김원일이 양민의 적나라한 희생과 군인의 맹목적 공적 보여주기로 독자 스스로 그 희생의 원인과 더불어 극복까지 유도한 것이다. 즉, 이승만 정부의 지나친 반공일변도를 여과 없이 보여줌으로써 무엇이 진정한 역사의 모습이고, 분단의 해결이란 우선 묻혀있던 역사의 바른 인식과 그 진상을 통한 내부적 모순을 들여다보는 것이다.

3. 역사의 증언과 분단극복의 구체성 획득

≪겨울 골짜기≫는 숨겨진 역사의 진실에 접근함으로써 1980년대 독서계의 반향(反響)을 불러일으키며 분단 상황에 대한 문학적 관심을 제고시켰다. 이는 분단현실의 극복이라는 시대적 열망에 실천적으로 대응하려는 작가 의식의 산물이기도 하겠지만 우선 고려되어야 할 것은 사회적 여건이 성숙된 결과라는 점을 주목해야 한다. 즉, 1980년대 이후 이념적 경향이 강화된 학생 운동의 부단한 전개, 노동자·농민운동, 재야 세력들과 연대한 민중 운동 등은 금기의 영역이었던 반공 이데올로기의 완고한 장벽을 허물어뜨리는 데에 큰 역할을 담당하였던 것이다. 다시 말해서 운동은 작가들에게 '분단 문제'에 대해서 제재 선택의 폭을 넓혀주고 좌우익에 대해서 객관적으로 접근할 것을 허용했으며 독자들에게는 반공 이데올로기의 허구를 반성적으로 인식할 수 있는 단초를 제공했던 것이다.

'거창양민학살'은 정부의 좌익에 대한 과잉진압과정에서 발생한 민간인 학살이다. 따라서 마을 사람들이 좌익에 동조했기 때문에 모두 통비분자라는 논리와 함께 이는 이승만정부의 과도한 반공주의로 말미암아 발생한 비극이다.

그렇다면 김원일은 이런 국가적 차원에서 자행된 학살[140]이라는 ≪겨울 골짜

140) 정부의 무차별한 진압과 학살에 대한 진상을 살피기 위해서는 우선 학살의 개념에 대한 이해가 전제해야 할 것이다. 학살은 다양한 동기로부터 발생하였다. 일반적으로 대량으로 사람을 죽이는 행위를 학살로 규정하고 있지만, 전투에서 많은 사람이 죽었다고 해서 이것을

기≫를 통해 획득하고자 하는 의의는 무엇인가.

첫째, 인권 유린을 통한 역사의 증언이다. ≪겨울 골짜기≫의 배경이 되는 거창사건은 1950년 12월에서 1951년 2월까지 '반공주의'에 대한 배타적 처리가 문제였으며 이는 분단모순의 가장 극단적인 발현이었다. 이는 합법을 가장한 억압적 체제, 권력의 횡포, 집단적인 광기의 폭력, 훼손당하는 인간성, 윤리·도덕의 상실, 무력한 민중의 힘 등 1980년대를 바라보는 작가의 현실 인식과 맞물려 가장 대표적인 민간인 학살인 거창사건을 통해 보다 적극적인 진상규명을 촉구하는 외적인 성과를 얻어낸다.[141] 그러므로 작가에게 포착된 질곡의 역사인 거창양민학살사건에서 국군과 경찰의 과잉진압은 1980년대 현실인식에서 나온 저항의 의미가 있음을 밝힌다. 바로 훼손된 세계와 부조리한 역사의 질곡에 대한 형상화를 통하여 거창양민학살을 비로소 역사의 전면에 다시 등장시킬 수 있었던 것이다. 즉 한국전쟁 전후를 배경으로 분단소설이 심각한 문제성으로 다가간 작품이

학살로 규정하지는 않는다. 1944년 라파엘 렘킨은 "한 민족 또는 종족 집단의 박멸"을 뜻하는 '제노사이드'(genocide)를 고안하였고, 이후 '제노사이드'는 '대량살해·대량 살육·집단학살·종족말살·민족말살'등으로 통칭되었다. 1948년 유엔에서는 '제노사이드의 방지와 처벌에 대한 유엔협약'을 체결하여 1951년부터 국제법적인 효력을 갖게 되었다. 1971년에는 사회과학적 접근에 따른 새로운 인식 아래 학살의 개념을 세분하였다. 그리하여 '제노사이드'는 종족적·민족적 학살로 국한하고 정치적 이유에서 행하는 학살은 '폴리티사이드'(politicide)로 규정하였다. 위의 학살 규정에서 볼 때, '거창양민학살'은 비무장한 민중을 상대로 한 '대량학살'의 범주에 속한다. 동시에 이승만 정권의 정치적 동기를 수반한 '폴리티사이드'로 규정할 수 있을 것이다. 또한 국가의 공권력을 부당하게 사용한 '국가폭력'의 전형이 될 수 있다. 강정구, 「한국전쟁전후 민간인학살의 실태」, 『민간인학살심포지엄-전쟁과 인권』자료집, 2000년 6월 21일, 서울 프레스센터에서 민간인학살모임(대표 강정구)과 전국유족협의회(준) 주최 심포지엄, 4쪽. 김영범, 「집단학살과 집합기억 : 그 역사화를 위하여」, 『냉전시대 동아시아 양민학살의 역사』, 제주 4·3연구소, 1999, 24-26쪽. 김동춘, 『전쟁과 사회』, 돌베개, 2000. 참조.

141) 강상대는 거창양민학살의 폭력적 상황을 1980년대적 광주의 폭력적 상황과의 연장선에서 파악한다. 그는 이 작품의 중요성을 역사적 사건 자체에 두기보다도 바로 인간의 문제를 함축적으로 제시한 데서 찾는다. '거창이든 광주이든 거기에는 인간에 대한 폭력이 있었으며, 그 폭력을 감내하는 인간이 있었다'고 보는 것이다. 그리고 더 나아가 "이 작품은 악몽과 같은 근친살해적 폭력을 증언하고 극복의 힘을 꿈꾸는 휴머니즘으로 읽혀진다."고 결론 내린다. 강상대, 「시대적 광기의 증언과 극복」, 『문학의 표정과 화법』, 한불문화출판, 1999, 177-191쪽.

라 할 수 있다.[142)]

따라서 작품의 제목이 암시하는 '겨울 골짜기'는 학살의 현장이었던 '탄량골', '민간인 학살의 현장'을 의미한다. 작가가 학살의 현장을 실증적으로 그린 것은 전쟁의 이름으로 자행된 학살의 현장을 사실로 증언하기 위함이다.[143)]

'거창 사건'은 산과 마을을 각각 세 번째 교차 서술하면서 꼼꼼하지만 지루하게, 구획된 범위 속 규율과 이념으로 길들여진 사람들의 비참한 생활상을 묘사한다. 그러다 소설이 끝나기 직전 학살의 긴박한 상황만이 기술되어 있을 뿐 학살에 대한 일체의 언급은 없다. 다시 말해서, 작가가 ≪겨울 골짜기≫에서 목표로 하는 것은 거창 사건 그 자체를 소설화함으로써 비극적 역사의 현장을 보여주는 것만으로도 그 임무는 충분한 것이다.

실제로 양민학살은 거창뿐 아니라 산청, 함양, 남원, 순창 등 지리산 주변 산악지방에서 유사하게 일어났는데 이것은 '양민 학살'이 하나의 우발적 사건이 아니라는 사실을 증명한다.[144)]

> 사람이 군경 가족이 있다면 나오라고 했습니다. 10여명이 우루루 몰려 나났지요. 이들이 빠져 나가자 군인들이 골짜기 주변을 빵 둘러섰어요. 나는 모든 것을 포기하고 땅바닥에 엎드렸어요. 그때 내 옆에 있던 문판대가 손을 번쩍들더니 고함을 질렀습니다.
>
> **"대장님 죽어도 한 마디 하고 죽읍시다. 국민없는 나라가 무슨 필요가 있소?" 군인들은 문씨를 향해 총을 쏘았습니다.**[145)]
>
> 뒤쪽에서 누구인가 소리쳤다.

---

142) 조남현, 「분단소설의 새 지평」-≪태백산맥≫과 ≪겨울 골짜기≫, 『삶과 문학적 인식』, 문학과지성사, 1988, 96쪽.
143) 정찬영, 「김원일의 『겨울골짜기론』」, 『현대소설연구』15호, 2001. 12., 『한국 증언소설 연구』, 부산대대학원 박사논문, 2000. 2.
144) 노민영 · 강희정, 『거창양민학살: 그 잊혀진 피울음』, 온누리. 1988, 152-153쪽.
145) 차석규, 『남부군과 거창사건』, 창작과예술사, 1988, 78-79쪽.

"대장님 죽어도 말 한마디 하고 죽읍시다. 백성이 없는 나라가 무슨 필요가 있소!" 문한돌씨가 돌아보니 상대현에 사는 삼종 문판대 형이었다. **그의 말이 끝나자마자, 뭉우리돌 위에 서 있던 이등상사가 칼빈총을 드르륵 갈겼다.** 총알이 용케 문판대씨를 피해갔으나 그 옆에 앉아 있던 열 여섯 살 난 그의 딸에 어깨죽지와 가슴팍에 꽂혔다. 광목저고리에 금세 피가 배어 나왔다. 총소리에 이어, **한순간에 골짜기가 침묵 속에 빠져들었다.** 사람들이 땅으로 윗몸을 숙였다.[146)]

위의 지문은 당시 상황을 직접 체험한 사람의 증언이고, 아래 지문은 소설 속 내용이다. 국민을 백성이라는 말로 전환했을 뿐 의미상의 차이는 존재하지 않는다. 실제로 ≪겨울 골짜기≫를 쓰기 전 김원일은 실제 사건 속 주인공을 찾고, 신문기사를 검색하여 최대한 현장성을 살리기 위한 노력을 아끼지 않는다. 그 이유는 희생의 현장성을 최대한 고스란히 독자의 몫으로 남김으로써 그 희생으로 역사를 증언하고자 하기 위해서다.

둘째, 대표적인 민간인 학살인 거창사건을 통한 구체적 진상규명의 촉구와 더불어 우리의 정신적 각성을 촉구한다. 실제로 거창사건은 1951년 당시 책임추궁은 일단락되었지만, 지금까지도 완전하게 종결된 것이라 보기는 어렵다.[147)]

≪노을≫에서 밝힌 바 있지만 김원일의 분단소설은 시대의 성숙과 함께 작가

146) 김원일, ≪겨울 골짜기≫, 384-385쪽.

147) 직접적인 가담자가 1년 만에 석방되고 현역으로, 경찰 고위간부로 재기용되면서 많은 의혹을 남겼다. 4 · 19혁명 후인 1960년 5월 유가족에 의한 신원면장을 생매장하는 보복이 발생하고 이를 계기로 국회는 진상조사에 나서, 거창을 비롯한 함양 · 산청 · 문경 · 함평 등지에서도 국군에 의해 저질러진 양민학살 사건들이 잇따라 폭로되었다. 유족들은 4 · 19후 진상조사와 합동묘비건립 추진위원회를 구성하여 각계에 진정했으나 5.16쿠데타로 된서리를 맞고, 1988년 1월 민주화합추진위원회에 진정서를 제출하는 등 여러 질의서나 청원서 등을 냈다. 그해 11월 야당의원 발의로 '거창사건 관련자의 명예회복 및 배상에 관한 특별조치법안'을 국회에 제출하였으나 이 법안은 흐지부지돼 사실상 폐지되었다. 산청군의회는 1993년 5월 22일 즉각적인 명예회복과 함께 진상규명을 촉구하는 대정부 건의안을 채택했고, 현재 거창사건은 종결된 상태다. 그러나 아직 민간인학살에 대한 적절한 보상이 해결되지 않았다. 김삼웅, 앞의 책, 152-153쪽.

의식의 성숙을 함께한다. 당시 거창사건은 어떤 민간인 학살보다 가장 활발하게 진상규명이 선행되었고, 이는 나머지 밝혀지지 않은 민간인학살에 일정한 영향력을 행사할 수 있었으리라 짐작된다. 따라서 김원일은 분단 극복에서 가장 먼저 우선시되어야 할 것으로 민간인 학살 사건을 통해 우리의 문제점은 없었는가를 되짚는 기회로 삼고자 한 것이다. 이는 민중의 희생을 통해 실증에 입각한 정신적 · 도덕적 각성제가 되어준다.

요컨대, 분단 상황은 ≪겨울 골짜기≫의 양민을 모두 빨갱이 폭도로 규정하였고, 좌익운동과 반체제운동으로 만들고, 비민주적인 각종 악법을 만들어내는 빌미가 되었다. 거창 사건은 한국전쟁 과정의 국가의 잘못된 공권력 남용을 규명하고 있다. 이는 국가가 국민들의 정당한 요구를 억누르기 위해 공권력을 동원해 국민들의 생명과 재산을 해쳤던 '국가폭력'이나 '국가테러'의 전형이었다. 따라서 섬세하게 복원된 '거창양민학살사건'은 '반공 이데올로기'의 이름 아래 자행되었던 인권 유린의 현장을 대변한다. 분단 과정에서 보여준 집권자들은 민중을 억압하는 반민중적인 지배세력을 조장하고, 그 편에 서서 민중적인 열망을 체계적으로 억눌러 왔다고 볼 수 있다.

이념은 그것이 인간이 자기 삶의 주체로서 살아있을 때 구속력을 갖는다. 전쟁 속에서는 살기 위해 몸부림쳤던 산사람이든, 이 쪽 저 쪽을 이유 없이 분주히 오가다 참혹하게 몰살당하는 마을 주민이든 이념으로 인간이 희생되는 폭력적 현실을 드러낸다. 이런 역사의 증언을 통해 인간이 고안한 이념에 인간 삶이 희생되고, 그 극단적 발로인 전쟁이 인간을 파편화시켜 인간성 자체를 말살한다는 논리가 작품을 관류함으로써 분단 역사 속 남한 정부의 잘못에 대한 진상규명과 분단 이념의 향한 반성을 통해 분단 극복의 구체성을 획득하고자 한 것이다.

이로써 김원일은 ≪노을≫에서 맹렬 좌익 아버지의 아들 세대와 그 다음 세대를 잇는 핏줄의 논리로 이루어진 용서라는 포괄적 의미의 민족 공동체의 회복에서 남한 내부에서 자행된 민간인 학살이라는 분단의 구체적 상황의 설정을 통해 인간 중심[148)]의 분단현실을 여는 것이다.

V. 분단인식의 객관화와 역사적 균형 의식 확보

김원일은 분단의 직접적인 동기부여를 한 것이 한국전쟁이고, 그 전쟁의 전후를 관찰한다는 것은 분단의 가장 집약된 나침반 기능을 할 수 있으리라 생각한다. 김원일 자신의 말처럼 동구의 몰락과 독일의 통일로 냉전체계가 종식되었기 때문에 분단문제는 휘발되어 버렸을 지도 모르지만 1990년대 긴 집필기간을 거쳐 ≪불의 제전≫이라는 대작을 완결지은 것은 냉전이라는 거대담론의 종식과 함께 1970년대부터 이어지던 자신의 분단문학을 향한 확실한 책무를 마치고 싶은 의도 또한 있을 것이다.

이러한 시대적, 자성적 요구에 부응하기 위해 1997년에 완성된 ≪불의 제전≫[149)]은 김원일에게는 자신의 소설적 소명의식인 분단 문제를 매듭짓기 위한 작업인 셈이다. 이는 ≪불의 제전≫의 작업을 통해 그는 전작인 ≪노을≫과 ≪겨울 골짜기≫에서 보여준 부분적 상황성을 보다 확대 심화된 총체적 형상화로 나아감으로써 양적인 측면과 질적인 측면에서 우세한 평가를 받고 있다. 우선, 내용적인 측면의 분단원인에 대한 고찰에서 ≪노을≫에서 보인 해방공간의 전통적 사회

148) 여기서 말하는 인간 중심이라는 것은 전대의 민족중심의 의미를 강조함으로써 하나라는 공동체의 회복을 꾀했음에 반해, 선량한 민간인을 하나의 인간으로 보고 그 희생을 통한 진상규명과 책임 소재를 밝힘으로써 분단극복으로 나아가는 의도가 강하다는 의미이다.

149) 다음은 김원일의 발언이다. "제 경우 ≪불의 제전≫으로 분단 문제는 끝났다고 봅니다. 이미 좌우 비판이 다 끝난 셈이죠. 좌우에 대한 비판은 제 인생관을 형성하는 중요한 축이기도 합니다. 1980년대 민중, 분단 문제가 1980년대 말 동구권의 해체, 소련의 붕괴, 독일의 통일 등으로 금방 휘발되어 버리지 않았습니까? 1990년대 들어서 나타난 사소한 일상의 문제, 여성 작가들의 등장, 거대담론의 해체를 경험했지만, 여전히 우리에게는 분단이라는 모순, 현실적인 문제가 남아 있지요. 군축 문제를 포함한 여러 가지 어려움이 있지 않아요? 말이 났으니 말이지만, 현 정부 들어서 여러 가지 정책이 시도되었지만 햇빛정책만큼은 중요하다고 봅니다. 지속적으로 추진되어야 할 것이고, 일관성이 따라야 합니다. 통일을 위해서 필요한 대북정책입니다." 박진숙 외 7인, 「대담/기억의 저편, 아름다운 상처에 대한 기록」, 『마당발, 김원일의 '마당깊은 집'을 찾아가는 발걸음』, 청동거울, 2002, 200-201쪽.

속 민족 내부의 갈등의 추상성이 ≪겨울 골짜기≫에서 산과 마을에 있는 민중을 통비분자로 몰아 억울하게 죽어간 이승만을 위시로 한 남한 내 우익단체의 부당성을 통해 지적했다면, ≪불의 제전≫에서는 분단의 근원을 민족 내부의 문제와 외세를 모두 고려한 복합적인 관점에서 심도 있게 짚고 있다. 이는 분단의 원인을 ≪노을≫에서는 당위적 화해의 차원에서, ≪겨울 골짜기≫에서는 희생적 증언의 차원에서였다면, ≪불의 제전≫에서는 엄정한 객관적 태도의 차원으로 처리한다. 분단 극복의 방법 또한 한 인물과 가족의 시각에 국한되지 않고 다양한 인물 시점을 활용함으로써 대다수 민중으로 확대시킨다. 이는 보다 보편적이고 긍정적인 민중의 운동성을 견지한 것이다. 김원일은 ≪불의 제전≫에서 심찬수, 조민세, 조갑해, 안시원 등 다양한 화자의 눈에 비친 한국전쟁 전후의 모습을 담아내고 있으며 사회학적 사실이 문학적 사실을 엄격하게 통제하고 있다. 한국전쟁 전후의 민중의 상황을 다양한 목소리를 통해 치밀하게 담아낸다. 전쟁의 핵심보다 후방에 있는 사람들의 다채로운 생활상을 묘사함으로써 분단의 원인과 해결을 보이는 작품이다.

또한 공간적인 측면에서 ≪노을≫이 진영, ≪겨울 골짜기≫가 거창이라는 특정 지역성을 보임에 반해, ≪불의 제전≫은 진영을 비롯한 마산, 서울, 황해도 해주, 평양 등 다양한 공간의 이동을 통해 한국전쟁의 현장감을 광범위하게 모색하고 있다. 이는 이념 각축의 장과 민중의 의견이 교환되는 핵심적인 장소의 구체성을 통해 분단 상황을 상세히 묘사하고 싶은 작가의식의 변화라고 할 수 있다.

이제 분단 상황을 드러내는 문학의 완결성을 보이는 ≪불의 제전≫을 통해 분단모순과 해결을 본격적으로 살펴보기로 한다.

1. 다양한 인물시각과 복합적 분단원인 탐색

김원일의 분단 소설의 시작이 ≪노을≫이었다면, ≪겨울 골짜기≫라는 중간

과정을 거쳐, 작가 스스로 그 끝이라고 밝힌 ≪불의 제전≫은 한국 전쟁[150]이 일어난 1950년 1월부터 그해 10월까지의 상황을 다양한 계층의 인물을 통해 묘사, 그 시각을 반영함으로써 당대의 총체적 형상화[151]를 시도한 작품으로 평가받고 있다. 김현은 작가로서 김원일이 뛰어난 점은 그가 주관적 현실주의에 안주하지 않고 객관적 현실주의라고 부를 수 있을, 역사적 현실의 총체적 제시를 목표로 하는 세계로 나아간[152] 데에서 찾는다. ≪불의 제전≫[153]이 여러 명의 서술자를 통해 분단 원인을 다각화하는 것도 이러한 현실의 객관화 작업[154]과 무관하지 않다. ≪불의 제전≫이 다양한 인물들의 규칙성 없는 시점을 나열하고 있는 만큼 분단을 대하는 다양한 시각의 확보[155] 그리고 이를 통한 그 인물들이 뿜어내는 민족의 갈등을 확산, 심화하여 조명한다. 심찬수, 조민세, 조갑해, 안시원 등을 대표적으로 부수적인 인물들에게도 그들의 삶 속에 녹아있는 분단에 대한 의식을 질

150) 6·25에 대한 명칭은 사회과학이나 역사학에서처럼 문학에서도 명확하게 규정짓고 못하고 있다. 다만 오늘의 시점에서는 6·25 그 자체만이 아닌 8·15이후의 전(全)민족사적 과제를 통 털어 해결하고자 하는 관점에서 분단이 빚은 일체의 갈등과 모순을 포함하는 것으로 풀이해야 될 것이다. 따라서 "한국전쟁"이란 잠정적인 명칭에는 3년 동안의 교전상태만이 아닌 분단시대의 민족·민중적 갈등과 모순현상 전체에 대한 상징적인 의미를 지닌 것으로 볼 수 있다. 임헌영, 「문학작품에 반영된 한국전쟁에 대한 인식의 변모」, 『분단시대의 문학』, 태학사, 191쪽.

151) 김병덕, 『김원일 분단소설의 변모양상 연구』, 중앙대 대학원, 석사논문, 1997. 47-59쪽. 양현준, 『김원일 소설 연구』, 경희대 대학원 석사논문, 2001, 63-71쪽. 두 논문에서는 공히 ≪불의 제전≫을 연구하는 주제에서 '총체적 형상화'라고 표현한다.

152) 김현, 「객관적 현실주의로의 길」, 『오늘의 역사, 오늘의 문학』15권, 중앙일보사. 1987, 429쪽.

153) 이 작품은 발표 지면을 보더라도 『문학사상』(1980-1982), 『학원』(1984-1985), 『동서문학』(1988-1989), 『문학과 사회』(1993-1995) 등 국내 대다수의 문학지에 연재되었다.

154) 작가는 ≪불의 제전≫에서, "가능한 한 계층의 인물을 두루 등장시키려고 했습니다. 또한 그들 사이에 벌어지는 모든 문제, 빼앗음과 빼앗김, 사랑과 죽음, 돈과 생존, 투쟁과 좌절, 그리고 파멸을 모두 다루고자 했습니다. 따라서 어디까지나 객관적 자리에 서서 그들 삶의 현장과 그 상황을 정직하게 파헤쳐 보고 싶습니다." 라고 말한다. 이 점은 작가의 시선이 다양한 인간 군상들의 삶에 까지 확대되었음을 의미한다 하겠다. 김원일·김선학 대담, 「나의 文學, 나의 小說作法」, 『현대문학』, 1984. 3., 85쪽.

155) 김원일은 소년기에 서울과 고향에서 겪었던 기억과, 청춘기에 자리 잡은 6·25전쟁에 관한 고정된 관점에서 한 발자국도 움직이지 않고, 그러므로 어느 쪽 이념에도 경도되지 않고 전쟁 전후 자신이 겪고 보았던 삶을 진솔하고 객관적 시점으로 그리려 노력했다. 김원일 산문집, 앞의 책, 194쪽.

서 없이 드러낸다. 또한 ≪불의 제전≫의 중반 이후는 남과 북이 서울을 중심으로 뺏고 뺏기는 공방 속에서 더욱 속도감 있는 사건이 전개된다. 이렇듯 작가가 성인과 어린아이 모두를 서술자로 내세운 것은 시시각각 달라지는 전쟁의 소용돌이 속에서 나름의 역할 분담으로 객관적인 시각의 확보를 위해서다.

한국전쟁전후 국가의 형성에서 단정운동세력 또는 극우반공주의자들의 활동과 민족주의자들의 활동을 상호연관지어 생각할 때, 크게 쟁점이 된 것은 통일문제, 반민족처벌문제 등을 둘러싼 민족문제와 농지개혁법・지방지치법 등을 둘러싸고 벌어진 개혁과 민주주의의 문제였다.[156] ≪불의 제전≫은 한국전쟁 전후의 복잡한 문제를 형상화하기 위해서 150여 명의 등장인물을 등장시키지만 소설 내용을 크게 두 부분[157]으로 나누면 당시 상황과 일치하는 농지개혁을 둘러싼 계급 갈등문제[158]과 전쟁 상황 과정에서 벌어지는 민족의 갈등[159]이라고 구분지어 볼 수 있다.

이것은 모두 분단에 대한 근원적 요인으로 작용하는데, 한국전쟁에 관한 연구는 전통적인 견해와 수정주의적 견해 등으로 이루어져 왔고, 이에 따라 한국전쟁에서 분단의 원인을 바라보는 시각은 민족 내부에서 찾는 내인(內因)론, 외세(外勢)의 산물로 보는 외인(外因)론, 민족과 외세 모두에 두는 복합론으로 구분할 수 있다. 외인론은 분단이 강대국의 패권정치의 산물로 보는 관점이고, 내인론은 식

---

156) 서중석, 『한국현대민족운동연구2』, 역사비평사, 1996.

157) 1월 가진 자와 못 가진 자, 2월 지키기, 깨부수기, 3월 토지는 누구의 소유인가, 4월 허위넘는 보릿고개, 5월 새 터전을 찾아서, 6월 인민공화국의 전쟁, 7월 해방구 서울, 살아남기, 8월 자유란 이름의 신기루, 9월 죽은 자를 넘고 넘어, 10월 전쟁, 타오르는 불
1-4월까지는 농지개혁의 문제를, 5월-10월까지는 민족모순으로 인한 전쟁의 과정을 구체화하고 있다.

158) 김원일(문순태외 10인), 「한편의 소설이 되기까지」, 『열한권의 창작노트』, 도서출판 창, 1991, 322쪽. 김원일은 ≪불의 제전≫의 필요성에 따라 일본강점기 우리나라 초기 공산주의 운동사에 관심을 가지고 그 방면의 자료를 찾고 읽었다고 한다. 더불어 『아리랑』, 『한국노동운동사』, 『중국현대사』 등도 읽었다.

159) 사실상 ≪불의 제전≫에서 문제 삼는 8・15에서 6・25까지는 중요한 분단 이데올로기의 창출과 고착화 과정일 수 있으며, 다른 한편으로 민중적 시각에서는 그에 대립했다가 잠정적인 실패를 기록한 연대로 풀이할 수 있다.

민지 시대부터 있어 온 민족 내부의 분열에 주원인을 두고 있고, 외인을 강조하는 복합론은 미국과 이에 결탁한 이승만과 한민당 등 우익의 책동 때문에 분단이 형성되었다고 보고 있[160]다. 그러나 이는 1945년의 민족해방이 자율적 역량을 강조한 '광복'과 국제정세의 타율적 힘의 작용이 강조된 '해방'이라는 두 가지 관점 중 어느 쪽에 더 우위를 두느냐 하는 까다로운 판단과 복합적인 상호작용으로 이루어져 있어 구분 짓기에 어려움이 있는 것이 사실이다. 그러나 본고는 ≪불의 제전≫이 내인론과 외세의 영향[161]이 복합적으로 결합된 형태로 분단의 원인을 잡고 있다고 판단한다. 이를 농지개혁과 다양한 인물시각의 추적으로 살펴보고자 한다.

≪불의 제전≫[162]에서는 크게 두 부분으로 나누어 분단의 원인을 생각해 볼 필요가 있는데 하나는 토지 문제를 통해 앞서 살핀 복합적인 분단의 원인을 상징적으로 처리되는 것이 있고, 다른 하나는 등장인물의 다양한 시각에서도 분단의 원인은 추적해 볼 수 있다.

먼저 농지 개혁을 통한 상징적인 분단 원인을 탐색해 보도록 한다.

≪불의 제전≫에서 농지개혁 부분에 상당한 공을 들이는 것은 민중의 시각[163]

---

160) 정찬영, 『한국 증언소설의 논리』, 예림기획, 2000, 206쪽.

161) 외인론으로 하지 않은 이유는 미・소의 산물로 ≪불의 제전≫을 결론내리기는 무리가 있다고 판단하여 외세의 영향으로 처리한 것이다.

162) 김원일은 주제 암시적이고 또 부자연스런 제목들의 예로 제시할 수 있는 것은 우연의 일치인지 'A의 B'와 같은 형태의 제목을 취한 것으로, ≪불의 제전≫외에 <어둠의 祝祭>, <뼈의 고뇌>, <굶주림의 행복>, <어둠의 변주>, <喪失의 넋>등이 있다. 그의 소설 제목들에게서 자주 보이는 조사 '의'는 그때그때마다 다른 뜻과 기능을 갖는다. 이렇듯 곧잘 'A의 B'와 같은 형태를 취하면서 강렬한 인상을 겨냥하는 것은 주제암시를 꾀하고 있는 김원일만의 취향과 관성을 엿볼 수 있다.

163) 박명림은 한국전쟁의 연구를 위해서 3가지 준거를 마련하는데 그 중 하나가 농민을 설정하는 것이다. 농민을 설정한다는 의미는 다수 사회구성원의 관점에서 사태를 접근하려는 것을 뜻한다. 지나간 역사의 경험에서 의미를 추출하려 한다면 상층 정치만 갖고는 사태의 재구성이 불가능하다. 거기에는 필수 불가결하게 사회의 분석이 추가되어야 한다. 즉, 밑으로부터의 접근이 필요하다는 얘기다. 농민은 당시 한국 사회구성원의 대부분을 차지하고 있었다. 따라서 농민의 문제는 곧 민중의 문제이기도 하였다. 이때 민중의 존재를 틀 짓는 조건과 그 조건의 변화의 내용, 방향과 성격에 대한 논의는 피할 수 없다. 우리는 농민을 출발의 중심에

에서 토지문제는 반역사적 조치의 강행이었으며, 남북 사이의 갈등을 심화시켜 "전쟁" 상태를 겪도록 만든 분단의 중요한 요인이었음을 증명해 보이는 것이다. 또한 농지개혁문제가 일제의 식민지 유산처리라는 점, 그리고 미국의 적극적 관여와 이승만과 한민당 등 권력층의 이해관계는 외세의 영향과 내인(內因)론이 맞물린 복합적인 요인이라 할 것이다.

남한에서 농지개혁[164]은 농민들이 아래로 부터의 요구와 도전을 국가가 위에서 제도적으로 수렴한 것으로써 대한민국 건설의 기초를 마련하는데 중요한 역할을 마련했을 뿐만 아니라 토지자본의 산업자본화를 촉진시켰고 구 엘리트계급인 지주 계급을 몰락시킴으로써 1950년 이후 한국에서 진행된 공업화의 기틀을 마련하는데도 중요한 공헌을 한 것으로 평가받고 있다.[165]

첫째, ≪불의 제전≫전 7권 중에서 3권 중반까지 깊이 있게 다루어진 주제인 농지 개혁을 둘러싼 분단의 가장 뿌리 깊은 이해관계는 우선 일본이 원천 제공함으로 인식한다. 사실상 토지개혁은 일본 식민지 유산의 처리문제다.

당시 일본인의 재산은 한국의 수탈을 위해 설립된 동양척식주식회사의 재산과 일본인 사유재산이었는데 이러한 재산 중에서 한국의 경제에 가장 직결되는 문제는 그들이 점탈한 토지와 이로 인하여 발생된 소작 제도의 모순이었다. 이는 일

설정하지만, 그들이 변혁의 동력이자 주체여야만 한다는 근본주의를 수용하지는 않는다. 박명림, 「한국전쟁 연구의 의미와 방법」, 『한국전쟁의 발발과 기원 I』, 나남출판, 1996, 52쪽.

164) 세계은행이 내놓은 견해에 의하면, 토지개혁을 통한 토지의 분배는 단순히 농업 분야에만 영향을 끼치는 것이 아니라 사회 기간시설 건설과 이에 따른 개발 이익 등 다양한 경제적 이득을 가져오기 때문에 토지의 분배 형평성은 곧 사회 전반의 빈부격차 정도와 직결된다고 결론내리고 있다. 1950년대 토지개혁이 가져올 결과로 먼저 지적할 수 있는 것은 지주계급의 해체였다. 국가자율성은 국가가 지배계급과의 관계에서 그들의 의사에 반해 목표를 세우고 정책을 입안할 수 있는 정도를 의미한다. 국가능력과 함께 발전국가의 중요한 조건 중 하나인 국가자율성의 문제는 1950년대 한국 발전국가의 기원과 밀접히 관련되는데, 특히 농지개혁을 통해 1950년대 발전국가의 국가자율성 문제에 접근할 수 있었다. 남북한 모두에서 농지개혁은 새삼 재론이 필요치 않을 정도로 그 중요성이 클 뿐만 아니라 한국전쟁, 권위주의적 산업화 그리고 민주화와 더불어 네 차례의 중요한 전환점 중의 하나로까지 평가되고 있다. 다이닝거 클라우스, 『성장과 빈곤해소를 위한 토지정책』, 옥스포드 대학출판부, 2003, 74-76쪽.

165) 박성진 · 고경민, 앞의 책, 113-114쪽.

본의 경제 침탈로 인한 토지 점탈의 가속화라는 일제 식민주의의 모순[166]에서 파생된 토지분배의 불합리성이 해방 후 농지개혁을 둘러싼 불씨로 작용함을 말해준다. 이는 작품 속 박도선 집안의 사례를 보면 알 수 있다.

> 박도선의 할아버지도, 그의 아버지도 평생 자기 땅이라곤 밭 한 뙈기 가져보지 못한 소작농이었다.(중략)1910년, 한일 합방이 되자 식민지 정책의 일환으로 반도 땅은 일본의 경제 침탈 약탈지로 변했다. 동양척식주식회사·부산농사주식회사 등을 통한 대규모의 토지 점탈이 가속화되었다.(중략)삼랑진과 진영 지방은 1908년 섣달 그믐날에 설립된 동양척식주식회사에서 출장소를 설치하고 토지를 매수하거나 조차(租借)하기 시작했다. 1912년, 토지 조사령을 공포한뒤 낙동강물을 이용한 대규모 수리 시설 확장 공사 과정에서 박도선의 아버지 박삼봉이 부쳐먹던 농은 천석꾼 지주로 30정보의 땅을 소유한 김은조 참사의 소유에서 동양척식주식회사로 넘어갔다.(중략)1923년, 가을 추수가 끝나자 지주 시미즈는 초강경 소작 변경 내용을 통고했다. "거리와 상관없이 지주 집까지 소작료의 운반은 작인이 부담한다, 흉작으로 인한 무수확지라도 종자값은 반드시 작인 부담으로 한다. 조작 계약 기간을 3년에서 1년으로 고친다"는 내용이었다.(중략)의협심 강한 박삼봉이 주동되어 유등리 일대 서른여 명 장정이 쇠스랑과 곡괭이를 들고 읍내 시미즈 집으로 쳐들어갔다.(중략)박삼봉은 치안유지법에 묶여 8개월 실형 선고를 받았다.[167]

지난 수백 년 동안 이 나라에서 지배적 생산관계로 자리잡아온 것은 지주·소작관계였다. 그것을 일거에 무너뜨리고 새로운 계급관계를 낳는 단초를 제공한 것이 바로 농지개혁이었다는 점에서 큰 의의를 갖는다. 해방 공간에서 산업체의

---

166) 더불어 친일주의의 비(非)청산과 같은 문제를 무시하고는 분단의 원인을 올곧게 인식할 수 없다는 작가의 분단인식인 것이다.

167) 김원일,≪불의 제전≫1권, 95-96쪽.

분배와 농지개혁의 문제는 중요한 의미를 지닌다. 이는 이후 설립될 신국가가 '어떤 정치 · 경제 체제를 선택할 것인가'라는 문제[168]와 직결된 것이기 때문이다. 특히 지주가 소유한 토지 자본만이 신국가의 상공업 진흥에 필요한, 거의 유일한 민족 자본이자 재원이었던 당시의 상황에서는 더욱 그러했다.[169] 심찬수의 아버지 심동호가 자신의 토지를 처리, 지가 증권을 사들여 은행에 담보를 넣은 후 대출 받아 마산에 동한직물이라는 산업체를 통해 큰돈을 꾸리는 부분을 통해 구체적으로 형상화된다. 심동호는 자신의 부친과 형이 독립운동으로 활동한 가족력이 있음에도 불구하고 자본주의 국가, 산업 사회로 곧 세상이 변화할 것이라는 산술을 해내는 것은 당시 대다수의 지주들이 모습이 반영된 결과라고 할 수 있다.

≪불의 제전≫에서 해방 후 토지 개혁이 대세가 된 것은 일제 때 식민지지주제[170]에 의한 농민수탈이 혹심하였고, 식민지지주제가 총독부 권력에 의거한 면이 컸을 뿐만 아니라 지주의 다수는 친일파 성향을 보였기 때문에, 해방의 민족혁명적 변혁적 분위기 속에서 경자유전 · 농민본위 토지개혁의 중요성이 제기되었다는 점이다. 따라서 농지개혁의 문제는 일제의 강점이 주요한 원인으로 작용한다.

둘째, 농지개혁은 미군정의 요구가 작용한다. 일제 치하의 토지 소유 상황 가운데 소작이 전체의 절반을 넘어서는 상황에서 해방을 맞이한 한국의 농업 개혁에 대해 미군정은 농업의 국가 산업으로서의 육성과 토지 자본을 산업 자본을 전

---

168) 이는 구체적으로 "사회주의적 국가 건설을 추구하면서 사화주의 혹은 인민민주주의 경제를 형성할 것인가, 아니면 자유주의에 기반을 둔 부르주아 민주주의를 바탕으로 하는 자본주의 경제를 만들어낼 것인가?"라는 문제로 귀착되었다. 주지하다시피 전자는 북한에서, 후자는 남한에서 그 역사적 실현을 보았다.

169) 농지개혁을 생산성, 규모의 경제, 경작법의 개선과 같은 순수 경제적 요소들보다는 사회적, 정치적, 경제적 요인들이 상호작용하고 있는 전체적 현상으로 정의할 때, 그것은 "본질적으로 농촌지역과 나아가 그 나라 전체 사회경제구조의 변화뿐만 아니라 대부분의 경우 정치구조의 변화"를 전제로 하고 있기에 더욱 그러했다.

170) 일제강점기 식민지지주제에 의해 엄청난 수탈을 당했기 때문에도 해방 후 토지개혁은 친일파 처단과 함께 지주조차 반대하기 어려운 상황이었다. 서중석, 앞의 책, 144쪽.

환하기 위한 2가지[171]에 유념했다. 따라서 미군정은 한국적 상황에서 토지 개혁을 미룰 수만은 없다는 점을 알고 있었고 그들의 압박이 일정한 영향을 미쳤음은 분명하다. 더구나 그들에게 토지개혁은 공산주의의 유혹으로부터 농민들을 차단시킬 수 있는 최선의 방책이었으므로 그것에 관심이 있었다.[172] 따라서 미군정은 이승만 정부가 수립되었을 때 토지개혁을 권고하고 농지개혁법이 만들어졌는데도 그것이 실시되지 않자 그것의 집행을 요구하였다. ≪불의 제전≫에서 민중들이 시종일관 이승만 이라는 이름 앞에 '미국을 업은'[173]이라는 말이 등장하고, 토지로 대표되는 미국식 자본주의의 철학이 '경제를 잘 알고 이를 잘 이용하는 사람이 대우받는 세상'[174]이라는 것은 결국 미국이 의도한 대로만 움직이면 뭐든지 된다는 의식이 널리 퍼져 있었음을 알 수 있다.

셋째, 지주와 소작인으로 대표되는 민족내부의 갈등이다. 실제로, 미군정 이후 탈식민지 국가 기구로서 이승만 정권이 출범[175]하게 되자 밑으로 부터의 농지 개

---

171) 첫째는 소작제와 높은 지대를 철폐함으로써 농민의 생산성을 높이고 더 나아가서는 농업을 국가 산업의 일부로 육성한다는 것이었고, 둘째는 지주제를 철폐함으로써 지주의 토지 자본을 산업 자본으로 전환한다는 것이었다. 따라서 해방 후 약화된 지주의 힘은 미군정에 의해서 어느 정도 보호되었지만, 미군정 또한 처음부터 민족 혁명적 변혁적 상황 때문에 파격적으로 소작료가 낮은 3・1제를 실시하지 않을 수 없었고, 또 심각한 식량문제 때문에 공출제의 변형인 미곡・하곡의 '수집'을 강제하지 않을 수 없었는데, 이 두 가지가 모두 지주들의 힘을 약화시켰다.

172) 신병식, 「토지개혁을 통해 본 미군정의 국가성격」, 『역사비평』, 1988. 여름, 189-190쪽, 서중석, 앞의 책, 356-357쪽.

173) 김원일, ≪불의 제전≫2권, 170쪽이 대표적임.

174) 같은 책, 234, 305쪽.

175) 1공화국이 출범하고 제주도사건, 여순사건의 심각성은 단순한 군사적 반란의 형태로서 뿐아니라 그 반락이 확대되어 나가는 과정에서 일반민중이 보여준 정부에 대한 지지의 약화에 있었다. 여순사건은 이이서 내구사선, 군의 월북사건 등으로 이어져 남한지역에 내란상태를 조성했다. 또한 대외적으로 중국의 공산화가 임박해지고 미군철수가 공식적으로 발표되면서 위기상황이 고조되었다. 이러한 어려움 속에서 수립된 1공화국 정부는 가장 기본적으로 분단정부의 대내적 기반을 확립하고, 국제적 승인을 받아 정부수립 그 자체를 확정짓는 것이 필요했다. 따라서 1공화국 정부의 대통령으로 취임한 이승만은 대내외적 정통성의 위기에 직면하여 자신의 정부가 개혁지향적인 진보적인 정부라는 점을 대내외적으로 증명할 필요가 있음을 절감했다. 이승만은 정부의 당면정책으로 여러 가지 개혁적 정책을 제시하는 중에 토지개혁을 가장 중요한 것으로 제시한 것이다.
김지현, 『해방 후 농지개혁의 성격에 관한 일 연구』, 숙명여자대학교 대학원, 1997.

혁 요구는 상당히 거세게 표출되었으며, 이승만 정권 역시 농지 개혁에 대한 농민들의 강한 요구를 반영하여 건국 헌법에 "농지는 농민에게 분배하며 그 분배의 방법, 소유의 한도, 소유권의 내용과 한계는 법률로서 정한다."는 조항을 삽입하였다. 건국 헌법에 이러한 조항을 삽입한 것은 농지 개혁에 대한 국가의 적극적인 의지를 담았다는 점에서 중요한 의의를 갖는다.[176] 실제로 1948년 12월 10일 '토지개혁문제'라는 방송연설에서 이승만은 보다 뚜렷하게 토지개혁에 대한 자신의 입장을 드러냈다. 그는 연설에서 토지를 중심으로 한 현 경제는 한계에 달했으므로, 공업과 산업 중심의 경제로 전환되어야 하는데, 이를 위해서는 자본이 필수적이라고 언급했으며, 자본이 집중되어 있는 토지를 유상매수 유상 분배하여 자본을 만들어 공업에 착수하겠다는 의지를 강하게 드러냈다.[177] 그러나 농지 개혁을 매개로 제도적인 연대 구조를 형성할 수 있는 동기를 부여 받은 국가, 농민과는 달리, 지주 계급에게 농지 개혁은 자신들의 사회 경제적 기반의 박탈을 의미하였기 때문에 지주 계급은 농지 개혁에 대하여 강력하게 반대할 수밖에 없었다. ≪불의 제전≫에서 심동호로 대표되는 지주와 김강보, 모필태로 대표되는 소작인은 대결은 궐기 대회와 거친 몸싸움을 벌이기도 한다. 결국 경찰에 의해 소작인은 구타와 징역이라는 불이익을 받는 것은 필연적인 결과로 돌아온다. 물론 선거를 앞두고 농민쟁의를 확대하지 말고 무마하라는 상부의 지시에 따라 이들은 좌익행실로 매도당하기 때문이다.

더불어 정부 수립 이후 토지개혁의 입법과정에서 한민당(이후 민주국민당)과 이승만 간의 갈등은 쉽게 결정이 나지 않았다. 해방 정국에서 지주의 이익을 대변하던 한민당과 1950년대 이를 계승한 민주국민당은 농지개혁을 최대한 지연시키거나 개혁을 하더라도 지주층에 최대한 유리하게 만들고자 했다.[178] 이들의 저

---

176) 정청세, 『해방 후 농지 개혁의 사회적 조건과 형성 과정』, 연세대 대학원, 2003, 77-90쪽.

177) 서울신문, 1948년 12월 9일, 12월 10일. 박성진, 「한국 발전국가의 기원: 1950년대의 한계와 가능성을 중심으로」에서 재인용.

178) 5・10선거에서 거의 모든 후보들이 토지개혁을 공약하고 나온 것은 해방되면서부터 있어온

항으로 인해 농민들의 이익을 반영하던 조봉암의 실각과 국회 본회의에서 지주들의 입장이 반영된 산업위원회안이 제출될 수 있었던 것이다. 그리고 농지 개혁에 의해서 자신의 지지 기반인 상층 지주 계급이 해체되고 현재의 경작 제도가 붕괴되는 것을 막기 위하여 자신들이 다수 의석을 차지하고 있던 의회를 통하여 농지 개혁을 무력화시키기 위한 정치적 노력을 전개하였다.[179)]

농지개혁의 입법화 과정에서 한민당은 미군정하에서 막연히 농지개혁을 반대하는 입장을 취하던 것과는 달리 이승만 정권하에서 농지개혁이 기정사실화되자 입법화 과정에서 농지개혁의 논의를 지연[180)]시켜 농지방매의 기회를 얻거나, 동법 심의 당시 지주의 이익을 위주로 지가보상율을 고율로 제정하여 그들의 이익을 도모하려 하였다. 이러한 지주 계급에 대한 밑으로부터의 저항은 농촌 현실에서 보다 직접적으로 표출되기 마련이다. 농촌에서 지주와 농민들은 이미 소작료를 둘러싸고 팽팽하게 대립하고 있었으며, 지주의 소작지 방매와 농민들의 소작료 납부 거부로 전국 각지에서 크고 작은 소작 쟁의와 갈등이 벌어지고 있었다.

상황의 어쩔 수 없는 산물이었다. 북에서 1946년 3월에 한 달간이라는 짧은 기간에 무상몰수 무상분배라는 급진적 방법이었는데 토지개혁이 대체로 순조롭게 이루어진 것은 여러 요인이 있지만, 토지개혁에 대한 광범위한 공감대가 형성되어 있었기 때문이었다. 남에서도 토지개혁이 얼마나 공감대를 이루고 있었으며, 그것도 상당히 농민적인 방안으로 제기되고 있었는가를 의문시된다. 1946년 좌우합작 7원칙이 발표되어 토지는 몰수, 유조건 몰수, 체감매상 등으로 하여 농민에게 무상으로 분여할 것을 약속했을 때 지주를 대표하는 한민당에서 이것에 반대하였다. 토지 개혁은 전통 사회로부터 지속되어 온 지주와 농민간의 비대칭적인 경제적 교환 관계에 근거한 계급 관계를 해체한다는 의미를 지니고 있기 때문에 농민들에게는 자신들의 생존권의 문제와 직결되어 있는 절박한 과제일 수밖에 없다. 애초의 정부 시책과는 달리 무상이나 유상이냐를 두고만 국회에서 지지부진하게 끌어오는 동안 농지개혁위원회의 실질적인 위원들인 지주, 지방유지, 공무원들이 모의하여 사전 불법매매를 자행함으로써 농지개혁은 최초의 정부 의도는 많이 희석되고 이에 따라 당사자인 농민들의 원성이 높아가게 되고 마침내는 개혁에 불만을 품은 농민시위에까지 확산되기에 이른다.

179) 김일영, 「한국에서 발전국가의 기원, 형성과 발전 그리고 전망」, 『한국정치외교사논총』23집 1호, 87-126쪽. 김일영, 「농지개혁을 둘러싼 신화의 해체」, 김유남 편, 『한국정치연구의 쟁점과 과제』, 한울아카데미, 64-105쪽.

180) 농지개혁법은 일 년 반의 우여곡절을 거쳐 1950년 3월 10일 최종 확정되어 공포되었다. 김성호 외, 『농지개혁사연구』, 한국농촌경제연구원, 1989, 452-570쪽.

"남반부에서 이승만을 비방하거나 이 정책의 시시비비를 가리는 자는 무조건 좌익 분자나 빨갱이로 몰아 영장 없이 체포 구금하므로 인민이 이웃 간에도 마음에 있는 말을 함부로 못 하는 공포적 상황입니다. 그러나 투표 행위만은 비밀이 보장되므로 이번 선거에서 남반부 인민은 익명성을 기화로 이승만에 대한 무언의 저항을 표시한 셈이지요. (중략) 거기에다 이승만의 친미제 구걸 정책과 과거 친일 세력의 비호가 인민의 반감을 사고 있습니다."[181]

≪불의 제전≫에서는 이승만을 비롯한 집권층에 대한 부정적 견해가 곳곳에서 노출된다. 농지개혁과 선거가 맞물려 서둘러 민심을 수습하는 것도 자신들의 집권에 대한 욕심이 우선이었기 때문이다. 이러한 이익 챙기기는 관리들의 부패로 이어지고 결국 국민들은 이승만정부에 대한 반감으로 이어진다. 김원일이 ≪불의 제전≫의 상당 부분을 할애해 토지개혁을 둘러싼 지주와 소작인의 극한 대립을 살피는 것은 이것이 한국전쟁의 원인을 규명하는 과정의 선결과제임을 엿볼 수 있는 부분이다.

이처럼 ≪불의 제전≫에서는 농지개혁으로 표면화되는 소작인과 지주의 갈등 속에 일제 식민지 유산과 미국이라는 외세의 영향과 민족 내부의 문제인 내인(內因)론의 복합적인 원인이 함축되어 나타난다는 것을 보여주고 있다. 이것은 김원일이 ≪불의 제전≫을 통해 당시 분단을 초래할 수밖에 없었던 상황에 대한 상징적 표출방식이라 해도 무방하다. ≪노을≫에서 보이는 분단의 원인은 전통사회의 유물인 신분의 문제가 해방 공간에서 크게 확대되어 농민과 천민인 김삼조의 불평등한 세계인식이라는 불확실한 민족 내부의 분단의 원인을 탐색했다면, ≪불의 제전≫에서는 농민의 삶의 가장 큰 부분을 차지하는 토지문제를 분단원인의 전면에 배치하여 내인(內因)론에 대한 확고한 탐색이 이루어지고 있는 것이다.

이러한 복잡한 분단 원인을 나타내기 위한 표면적이고 구체적인 사례로 ≪불

---

[181] 김원일, ≪불의 제전≫5권, 84쪽.

의 제전≫에서는 서유하와 차구열의 농지개혁을 둘러싼 극한 대립을 내세운다. 1949년 6월 농지 개혁법이 공포되자 지주들은 변칙적인 방법으로 자신들의 소작농에게 농지를 매매하게 되고, 이는 당시 지주와 작인들 간의 갈등을 유발한다. 이는 지주와 소작인의 신분 관계가 빚어내는 갈등은 부르주아와 프롤레타리아의 대립을 구체화시킨 양상으로서 이후 좌・우익의 극단적인 증오심 표출인 한국전쟁의 씨앗이다.

> 해동과 더불어 실시된 농지 개혁을 앞두고, 지난 몇 년에 걸쳐 남한 전역의 지주들이 소작인을 꾀거나 위협하여 농지를 매매하는 일이 비일비재했다. 지주들은, 당신이 부치는 땅을 팔 작정이므로 내년부터 소작을 그만둬달라고, 먼저 소작 해약 통고를 내렸다. 다음, 기왕이면 당신이 부치던 땅이니 그동안 정리를 봐서 가격을 낮추어주겠다며 매입을 권했다. 세상 물정에 어둡던 작인이 부쳐먹던 농지를 빼앗길까 불안해서 장리빚까지 내어 농토를 샀다. 차구열이 소작하는 유등리 수리답 세 마지기를 서유하로부터 매입한 경위도 그럴 것이라..(생략)[182]

농민들의 땅에 대한 소박한 꿈은 권력과 결탁한 지주의 기득권을 한층 강화해 가고 이 과정에서 농민은 '농지를 빼앗길까 불안해서 장리 빚까지 내어 농토를 사'게 되는 것이다. 이 과정에서 지주로 대표되는 심동호와 큰 마찰을 빚게 되는데 결과는 줄줄이 감옥행이라 이들에게 지주에 대항하는 것으로 직접적으로는 살해이고 다른 한 편으로는 빨치산 입산자가 되는 경우다. 차구열은 바로 이런 과정을 거쳐 빨치산이 된 것이다.

농지개혁의 허구성은 선량한 민중을 억압하는 기제로 작용함과 더불어 이념의 대립으로도 작용한다. 더불어 토지문제의 해결이 한 나라의 근간을 결정하는 경

182) 같은 책 1권, 21쪽.

제적 문제를 뛰어넘어 가장 정치적 문제였다[183]고 보았을 때, 더욱 복잡한 이익 관계로 얽힐 수밖에 없었을 것이고 이는 분단 원인의 상징적 모습으로 볼 수 있다.

물론 농지개혁은 민족내부의 모순이고, 국제정세의 민감한 사안들이 반영되어 있는 것은 아니다. 따라서 대부분의 연구자들이 내인론의 시각에서 분석하는 것이 보편적인 사실이다. 그러나 가시화되는 것이 이승만 정부와 지주 · 소작인의 갈등으로 국한된다 하더라도, 국가 단위의 자율적인 의사조절기능이 상실된 상황에서 발생한 선 · 후가 일제식민지유산처리와 미 · 소의 분할통치라는 외세의 판단이 깊숙이 작용했다는 것은 내인(內因)론으로 모두 설명되어질 없는 부분이기에 외적 요인을 배제할 수는 없는 것이다.

두 번째로, 주요 인물의 입장을 통해 분단의 원인을 살펴본다. ≪불의 제전≫이 한국전쟁을 민중의 시각에서 섬세하게 관찰했다면, 한국전쟁에 대해 작가가 어떻게 인식하느냐가 중요한데 김원일은 살아 움직이는 인물, 즉 영웅보다는 순결을 강조하는 소박한 민중을 통해 분단 원인에 대한 시각을 다양화하고자 한다.

첫째, 심찬수[184]는 내 · 외적 요인을 모두 고려한다.

우선, 미국과 소련이 반도 땅을 점령하지 않았더라도 남북은 쉽게 통일이 되기 힘들었을 거라고 예상한다. 왜냐하면 삼팔선을 분할하지 않았어도 이념대립은 피할 수 없이 맞닥뜨릴 사태였다고 보는 것이다.

> "그렇게 자력으로 해방을 쟁취했다면 이 나라는 지금 자본주의 국가가 됐을까요, 공산주의 국가가 됐을까요? 그도 아니라면 절충식 중립 국가를 세웠을까요? 천만에 말씀입니다. 만약 그렇게 됐다면 조선조 당파 싸움은 저리 가라 칼 정도로 피비린내 나는 권력 쟁탈전이 지금까지 계속되고 있을

183) 박명림, 「48년 질서의 변환 : 6월 공세와 토지개혁」, 『한국전쟁의 발발과 기원II』, 나남출판, 1996, 475쪽.

184) 안미영은 심찬수를 '의식에 있어서의 온전성'과 '실천에 있어서의 불구성'을 동시에 가진 인물로 보고 있다. 안미영, 「김원일의 ≪불의 제전≫에 드러나 화해와 공존의식 연구」, 『개신어문연구』 14집, 1997, 453쪽.

겝니다. 아니, 내란이지요. 생각 좀 해보십시오. 서구식 교육받은 이승만과 그 무리, 한민당 기간을 이루는 지주 집안 출신 보수주의자, 상해에서 돌아온 다수의 임정 요원, 종교인과 보수주의적 지식인, 일제 시대 왜놈과 부화뇌동했던 친일 분자들은 제가끔 꿍꿍이 셈이야 다르겠지만 모두 제 이익 계산하며 한 깃발 아래 모일 테고, 좌익은 좌익대로 쏘련에서 공산주의 교육받은 지식인, 연해주 근동 항일 빨치산 부대(중략)그들 역시 헤게모니 쟁탈전을 벌이겠지만 연합 전선을 펼칠 게 사실 아닙니까."[185]

그리고 중도 세력인 김구, 김규식은 조직의 미비로 민중의 여론을 체계화, 조직화 시키지 못해 좌우익이 모두 그들을 이용했을 것이라는 것이 그의 생각이다. 이것은 광복 후 화합하지 못한 좌우익으로 인하여 분단이 불가피했을 것이라는 논리다.

그러나 전쟁 시작 이후 유엔군과 중공군의 개입으로 서울이 뺏고 뺏기는 공방을 지켜보면서 내인론을 강조하던 심찬수의 의식은 변화한다. 한국전쟁이 제2차 세계 대전 종결 후 새로운 세계 질서 개편 아래 처음 일어난 지역 분쟁이지만, 그 속사정은 양대 블록 종주국의 체면이 걸린 대리전 성격을 띠고 있다고 말함으로써 외인의 성격을 분명히 한다. 미・소의 이념 대결 아래 희생의 제물로 녹아나기는 조선 민족 자체라고 말함으로써 전쟁의 외적 요인도 함께 고려하게 되는 것이다. 이는 사리분별이 분명한 친한 읍내 유식자인 안시원[186]도 같은 의견이다.

둘째, 공산주의자이며 안시원의 동서인 조민세와 남로당 간부인 성주걸 그리고 남로당 자금책을 맡으며 조민세의 동지이자 인시원의 사촌인 안신부는 이승만의 정치・ 경제적인 실정으로 나날이 피폐해져 가는 남한을 위한 획기적인 지

---

185) 김원일, ≪불의 제전≫2권, 344-345쪽.

186) 김원일은『열한권의 창작노트』에서 안시원은 실제 인물 이인택 씨에게서 영감을 받은 인물이라 술회한다. "나는 단편 <어둠의 혼>에서 그분을 이모부로 등장시켜 그 잔영을 더듬었고, 장편 ≪불의 제전≫에서 안천총(안시원)을 통하여 비교적 실제와 비슷하게 그분을 묘사하였다. 김원일,『열한권의 창작노트』, 321쪽.

원이 필요하고 그렇기에 전쟁은 불가피했다고 판단한다. 이는 내전을 원인으로 삼는 것이다.

> "남반부에서 이승만을 비방하거나 이 정책의 시시비비를 가리는 자는 무조건 좌익 분자나 빨갱이로 몰아 영장 없이 체포 구금하므로 인민이 이웃간에도 마음에 있는 말을 함부로 못 하는 공포적 상황입니다. (중략)실제 남조선은 엄청난 물가고와 식량난으로 도시는 실업자 사태, 농촌은 기아 상태에서 인민의 생활이 도탄에 빠졌고, 계급 갈등이 심화되고 있습니다. 이승만 추종 세력의 소수 부르조아는 엄청난 부를 누리고, 대다수 농민·노동자는 아사(餓死)선상에서 헤매는 실정입니다. 거기에도 이승만의 친미제 구걸 정책과 과거 친일 세력의 비호가 인민의 반감을 사고 있습니다. 인민 대중의 이러'한 욕구 불만과 대 정권 증오심을 조직적인 혁명 역량으로 분출시켜야 하는데... "[187]

이러한 인물 시각에 주의를 기울여보면 다음과 같은 특징을 발견하게 된다. 심찬수와 안시원은 우측 진영의 온건한 인물이고 조민세, 성주걸, 안진부는 좌측 진영의 공산주의자이다. 이러한 배치는 김원일의 중립적이고, 균형 있는 시각의 흡수라는 측면에서 이해 될 수 있다. 또한 작품으로 짐작하는 당대의 시각에서 당시 민중의 분분한 의견이 어느 한 쪽으로의 몰림 현상으로 보기보다 다양하게 나타남으로써 민족의 측면에서 수렴한다면 내인과 외인의 복합 양상으로 전개되고 있었음을 보여주는 것이다.

지금까지 토지개혁을 둘러싼 배경과 주요 인물들의 입장을 통한 민중의 입장에서 분단원인이 복합론이 우세함을 살펴보았다. 이는 작품 형상화를 통한 김원일의 분단의 근원탐색의 시각이 중립적이고 균형을 유지하고 있음을 알 수 있다. 김원일은 ≪노을≫에서나 ≪겨울 골짜기≫에서 보인 내인론의 강조에서, ≪불의

---

187) 김원일, ≪불의 제전≫5권, 85쪽.

제전≫의 토지개혁을 통한 상징적 처리, 다양한 인물시각을 통한 남북한의 첨예한 대립[188]이라는 내인론의 성격에 외세의 영향이라는 복합적인 분단 원인으로 분단의식이 변화하였음을 알 수 있다.

2. 휴머니즘의 발휘와 분단 극복 모색

앞서 살펴본 바와 같이 ≪불의 제전≫에서는 국내외 정세의 극심한 이념대립의 현실적 표출로 한국전쟁이라는 불가피한 물리적 방법이 동원된다. 전쟁이란 반대 세력을 총칼로 제압하는 수단이고, 인간의 조절기능은 상실되고, 서로를 향한 증오심만을 강요한다. 한국전쟁은 민족의 최대 비극이면서 분단의 정점에 있는 역사적 사건이다. 또한 지금까지 우리의 삶을 구속하고 있는 극복되어야 할 과제임에 틀림없다.

≪노을≫에서 갑수의 시선으로 피서를 보내기 위해 터미널에 미어터지도록 쏟아지는 도시인들의 모습은 바로 1970년대 우리의 놀라운 경제 성장을 증명하는 사례가 된다. 그러나 1970년대 중반 이후 경제적 성장과는 별도로 우리 정치는 후진성을 면치 못하던 까닭에 남북한의 상황을 강조한 국가 안보의 최우선논리는 지식층과 노동자층의 탄압으로 이어졌다. 이는 군사 독재 권력은 더 이상 국민의 자유와 권리를 탄압해서는 안 된다는 분단 상황에 대한 명확한 인식을 전제로 분단 극복이라는 의지와 직결되는 부분이다. ≪노을≫이 해방공간에서 분단의 문제를, ≪겨울 골짜기≫에서 한국전쟁의 이면에 남한 내에서 발생한 분단의 문제를 다루었다면, ≪불의 제전≫은 확고한 분단의 길로 나아가게 만든 한국전쟁

---

188) 민족이 분단되었을 때 남한과 북한은 하나가 되어야 한다는 당위성은 한 목소리였지만 사회주의 민족으로 합쳐서 종국에서 민족이 존재하지 않는 이념의 국가냐 아니면 국민이라는 공동체적 합의로 인한 자유민주주의 국가냐 하는 통합의 원리에 대한 이견으로 전쟁이라는 극단적인 민족 비극이 발생했을 것이다. 한국전쟁은 내쟁으로 시작되어서 국제전으로 전면전이 되지만 남북의 서로 다른 이상국 실현의 큰 원인은 민족을 대하는 관점의 차이일 것이다. 김천식, 『남북한의 민족개념분석』, 서울대행정대학원, 1985.

을 통한 분단의 문제를 정면으로 다루고 있다.

따라서 김원일은 1970년대 초부터 일기 시작한 분단 극복의 문제를 더욱 확실히 하기 위한 방법을 ≪노을≫과 ≪겨울 골짜기≫에서의 논의에서 확대해 나가는데 이는 주로 내인론에 기반을 둔 분단원인의 극복, 즉 우리의 자정작용(自淨作用)으로 이어진다. 즉, 민족 내부의 갈등을 해결하기 위해 '화합지향'의 휴머니즘을 내세운다. 외세에 대한 극복책은 사실상 우리의 몫이 아니기에 강건한 민족애의 발현은 외세의 극복을 포괄하는 의미도 되는 것이기 때문이다.

그렇다면 ≪불의 제전≫에서 보이는 분단 극복의 양상을 살펴보면 다음과 같다. 이는 등장인물의 삶과 이야기 구조로 알 수 있는데 특징적인 것은 모두 휴머니즘과 연관성을 갖는다는 것이다.

첫째, '분단 콤플렉스'[189]를 가진 사람의 주변인 돌보기이다. ≪불의 제전≫에는 전쟁과 분단논리로 인해 신체적 결함을 갖게 되는 사람이 다수 등장한다. 심찬수는 학도병으로 나가 전쟁의 극한을 체험하고 삶의 건강함과 팔을 잃고, 허정우는 노동계급주의자의 횡포로 북에서 남으로 내려온 협심증을 앓는 찬수의 대학친구이고, 또 다른 찬수의 친구 홍세호는 고문 후유증으로 결핵을 앓고 있고, 박도선은 얼굴에 화상을 입고 실명하고, 아치골댁은 부득이한 임신을 하고, 조민세의 아들 갑해는 서울에서 총상을 입어 한 쪽 다리를 절단하는 불운을 겪는다. 김

---

189) 콤플렉스라는 용어에는 그 자체의 활동적 힘을 가지고 있으면서도 전혀 의식되지 않거나 의식하기를 거부하는 관념이 내재되어 있다. 특히 억압된 감정의 복합체란 개념이 시사하는 의미의 모호성도 문제이지만, '열등콤플렉스'란 용어를 처음 사용한 아들러의 개인심리학이 널리 보급되면서부터 콤플렉스가 열등감 또는 열등의식으로 인식되기 시작한 것이다. 알프레드 아들러(설영환 옮김), 『아들러 심리학 해설』, 선영사, 1987. 본고에서 다루고자 하는 분단콤플렉스는 우리에게 있어서 분단이 가져온 특수한 성격, 즉 역사 · 정치 · 사회 등 제반 각 분야와 관련된 문학의 현실 지향에서 결코 간과할 수 없는 것이다. 분단콤플렉스를 이념적이고 사회적인 '분단의식이' '분단인식'과 구분하여 심리적 혹은 병리적 현상으로 보고 '두 동강 난, 쪼개진, 남과 북의, 이쪽과 저쪽의, 혹은 분리되어진 상황에 대한 망상, 피해의식, 적대감, 열등감, 상실감 같은 정체의 복합체'라고 명명해 볼 수 있다. 본고에서는 전쟁의 피해자로서 형성된 분단콤플렉스라는 심리적 사회 병리적 현상이 낳은 인물로 보고 논의하고자 한다. 안남일, 『현대소설에 나타난 분단콤플렉스 연구』, 고려대 대학원 박사논문, 2002, 12-13쪽.

원일이 인물들에게 이러한 약점을 지우는 것은 전쟁이라는 공포의 시간대에 운신(運身)의 폭을 줄임으로써 생명의 위협이라는 위험에서 벗어날 수 있게 하는 일종의 '모자람'일 수 있다. 이는 ≪노을≫에서 추 서방의 입을 통해 "세상이 소란스러울수록 조용히 지내는 게 상책"이라는 입장[190], ≪겨울 골짜기≫에서는 "난세에는 좀 모자라고 병든 채 운신함이 세월을 쉽게 넘기는 방편"[191]이라는 작가의 입장과 일치하는 부분이다. 그러나 그보다 그들은 살아있다는 것이 최소한의 희망인 체험자의 입장이기에 누구보다 상처 입은 주변 사람들을 돕는 적임자인 것이다.

> "이 전쟁을 전상을 입은 사람, 고아, 혼혈아, 요컨대 전쟁의 상처를 입은 사람들에게는 누구든 몸 성한 사람이 그런 전상자를 한 사람씩 맡아야 되잖겠어요. 그들이야말로 나를 대신해서 죽거나, 다치거나, 불행하게 된 사람들이니깐요. 그렇게 하지 않는다면 우리는 자기 자신만 아는 방관자요 이기주의잡니다……"[192]

이는 살아남음을 체험한 사람들만이 발견한 '자기치유'이며 동시에 '분단 극복의 시작'인 것이다. 특히 김원일은 심찬수를 통해 당시 지식인들에게서 불우한 세계인식과 번뇌의 팽배를 보여주고 있지만, 결국 민족 전체를 불행하게 만들었고, 급기야 가족의 해체를 가져 온 이념의 후유증을 수습하는 역할도 함께 부여한 것이다.

> 유럽 사회주의 노동운동에서부터 러시아 볼셰비키 혁명 완수에 이르기까지, 그 길로 뛰어든 열정적 투사들의 수난이야말로 형극의 도생이었고 유

190) 김원일, ≪노을≫, 286쪽.
191) 김원일, ≪겨울 골짜기≫, 272쪽.
192) 김원일, ≪불의 제전≫7권. 268쪽.

형 · 고문 · 처형을 거쳐 많은 이념가가 자취도 없이 사라졌다. 한 시절 심찬수 역시 그들을 흠모했으나 지금은 그 모험주의자들을 강 건너편에 두고 바라보는 입장이다. 배달이를 그들로부터 빼앗아 구출하겠다는 자체가 그들을 경원하는 심찬수의 잠재적 심리 발로일 수도 있었다. 배달이를 달고 진영에 무사히 도착한다면 자신 역시 살아서 도착한다는 연역적 해석도 얼마만큼은 작용했다. 그러나 무엇보다 삶의 지표도 없이 무위도식한 서울 생활 두 달 동안, 이념 쪽 선택이 아닌, 그 어떤 일감, 요컨대 자신도 무엇인가 골똘하게 매달릴 보람 있는 일을 찾아보겠다는 마음이 그 힘든 결정을 내린 근본 요인이었다.[193)]

냉소주의자인 찬수가 가슴 한 구석에 있는 휴머니즘을 발견하게 되는 순간이다. 이는 찬수의 전쟁 후유증을 다소간 극복할 수 있도록 하는 치유인 동시에, 배종두라는 좌익의 아들 배달이를 심찬수가 우익 진영으로 데려온 것은 민족 해체의 상징적 대상인 한 가족을 통해 인류애로 극복하려는 의지의 상징적 표현이기도 한 것이다.

둘째, 낮은 자리에서의 계몽이다. 천총이라는 벼슬이름으로 불리는 안시원은 유교적 덕치를 바탕으로 박도선이나 이문달 등의 정신적인 지도자 역할과 함께 마을의 기강을 담당한다. 또한 이웃을 돕는 일에 적극 앞장선다. 박도선을 도와 기부금을 쾌척하고, 심찬수와 허정우라는 상처 입은 젊은이들을 향한 충언을 할 수 있는 역할과 함께, 좌익분자인 조민세의 아들 갑해를 돌보면서 동시에 갑해의 스승 노릇을 도맡는다.

또한 박도선은 사회주의 사상이 한국 사회에 제대로 적용하지 않는 것으로 결론지으며, 사회주의 사상으로부터 벗어나 한국 사회의 변혁 방법을 계획한다. 실제 그는 고향에서 근면과 성실로 일인오역(一人五役)을 하며 존경을 받는다. 그

---

193) 김원일, ≪불의 제전≫6권, 26-27쪽.

는 한국의 실정에 맞는 사회 변혁의 방법으로 한얼농장이라는 이상적인 공동체 농장을 계획한다.

> 서양 여러 나라가 농경 사회에서 산업 사회로 전환한 후 자유 사상과 시민 정신이 싹트자 노동에 따른 분배 문제가 쟁점으로 대두됐던 겁니다. 거기에 사회주의 운동가들이 노동의 공정한 분배를 앞 세워 공동 생활 이론을 역설하게 됐습니다. 저는 그 이론에다 예수교적 유토피아 공동 생활 실천운동을 가미했고, 또 우리 고유의 두레 계약을 섞어, 우선 실천 가능한 이론으로 체계화를 시도해보았습니다.[194]

이러한 박도선의 변혁 의지는 당시 좌익 활동가의 급진성으로 인한 폭력 투쟁에서 하부 토대로부터의 점진적 변혁을 추구하는 것이다. 그것은 이데올로기적 정치적 접근이 아닌 일반 민중의 생활 속에서 뿌리를 박은, 노동을 통한 상록수적 실천 운동[195]인 셈이다. 이는 한얼농장을 통해 이념을 초월해 피난민과 전쟁미망인과 전쟁고아를 수용, 재기의 발판으로 삼는 모습을 보인다. 농장에서 생산되는 부식용 배추와 무를 인근 군 병력에 납품하는 형식으로 생계를 꾸려나간다. 여기에 안시원이 기부금을 주고 아치골댁이 자신의 아이들과 함께 들어와 다른 전쟁고아를 돌보는 보모 역할을 하게 된다. 무엇보다 그는 자신의 유일한 밭에서 처형된 반동을 빙자한 집단 사살 자들을 위한 위령탑을 건립을 제안한다. 그는 남한이 소리 높인 자유 수호와 민주주의의 사수라는 말을 무색하게 만드는 부끄러운 현상에서 민속 공동체 회복을 위해 인류애를 발휘해야 함을 역설한다. 박도선의 이러한 지적은 김원일 분단문학에서 상당히 의미 있는 변화이다. 왜냐하면 해방 이후 남한 전(全)지역에서 빚어진 학살과 억울한 죽음에 대한 부분에 대한 작가의

---

194) 같은 책 4권, 80쪽.

195) 류미, 『김원일 소설에 나타난 갈등연구-어둠의 혼, 노을, 불의 제전을 중심으로』, 한남대대학원, 1992, 33쪽.

시각은 이미 ≪겨울 골짜기≫에서 논의되었다.

그러나 작품에서 진상규명과 위령제, 위령탑 건립 등이 구체적으로 형상화하는 것은 ≪불의 제전≫의 박도선이라는 인물을 통해서 처음이다. 유골을 수습해 주고, 언제 어떻게 죽었는지 그 사인(死因)을 밝혀 구천에 떠도는 혼령이라도 달래 주어야 한다는 것, 죽음보다 억울한 '용공', '빨갱이'라는 누명은 김원일이 분단의식이 무고한 혼령에 까지 휴머니즘을 발휘하는 영역으로 나아감을 의미한다. 이를 다르게 해석하면 그동안 이들의 억울한 죽음에 대한 진상규명도 없이 긴 세월을 보냈고, 일부는 아직 유예된 문제라는 비판의식도 포함되어 있다.

> "좋은 세월이 오면 그 밭에 합동 묘지를 만들고 위령탑을 세워야 할 책임이 내 의무로 남았다고 자각하지. 내가 말하는 좋은 세월이란 그 만행을 저지른 남측이 망한 후에 올 그런 세월이라거나 북측이 이 반도 땅을 반드시 통일해야 한다는 선택이 아닌, 이념 대결이 빚어낸 추악한 살상과 보복이 없는, 한 민족 공동체의 그런 평화 시대를 두고 하는 말일세."[196]

이는 이념 대결이 빚어낸 추악한 살상과 보복이 없는 한 민족 공동체의 평화 시대를 염두에 둔 말이다. 그리고 갑해[197]에게 시를 가르쳐 주고 시인들의 시집도 구해주는 우정은은 민족화해도모를 위해 전쟁의 상처를 입은 사람에게는 누구든 몸 성한 사람이 그런 전상자를 한 사람씩 맡아야 된다며 그들이야말로 나를 대신해서 죽거나, 다치거나, 불행하게 된 사람들이라고 한다. 만약 그렇게 하지 않는다면 우리는 자기 자신만 아는 방관자요 이기주의자[198]라고 못 박는데 이것

---

[196] 김원일, ≪불의 제전≫6권. 282쪽.

[197] 김원일은 갑해를 통해 자신이 당시 직접 겪은 인공치하의 서울 생활을 사실감 있게 묘사하고 있다. "내가 보고 겪은 인공 치하 석 달의 서울 시민들 삶을 나는 소설≪불의 제전≫에 사실 그대로 썼다. 인공 치하 석 달을 그린 분량만도 원고지 1천 4백 매 정도로, 일곱 권 중 한 권을 차지했다." 김원일 산문집, 『기억의 풍경들』, 앞의 책, 144-163쪽.

[198] 김원일, ≪불의 제전≫7권, 268쪽.

은 우리 모두의 휴머니즘적 태도를 추동하는 것이다.

셋째, 긍정적 자기단련이다. 이는 아치골댁과 봉주댁을 일컫는다. 아치골댁은 좌익 남편을 둔 죄로 갖은 고초를 겪고, 지주인 서용하로 부터 겁탈당해 원치 않는 임신을 하게 되지만 결국 긍정적 자기 암시로 출산을 감행하고 김바우와의 혼인으로 많은 전쟁고아들의 부모가 되기를 약속한다. 또한 박도선을 도와 피난민을 돕는 일에도 적극적으로 나선다. 갑해의 어머니 봉주댁 또한 좌익인 남편 조민세의 월북으로, 또한 전쟁 중 아들 유해를 잃게 되는 불운을 겪게 된다. 봉주댁은 억척스럽게 자신의 삶을 개척해나가는 인물이다.

> 봉주댁이 포목 장사를 해보기로 결심하게 되기는 날마다 언니 집에서 술을 마시는 심찬수를 통해서다. "이사장어르신이 마산 돈을 다 긁는다 카데요. (중략)나도 우째 그 공장에 도매 길을 텄으모 싶은데 심형이 도와주구려." 소방서 앞에서 포목전을 열고 있는 고을병이 감나무댁에 술을 마시러 왔다 심찬수를 보고 그러 말을 했다. 무슨 장사를 시작해 언니 슬하에서 벗어날까를 궁리중이던 봉주댁은 그 말에 귀가 번쩍 트였다.(중략)그날 밤, 봉주댁은 심찬수를 잡고 자신의 뜻을 밝혔다. 서방이 북으로 가버린 뒤 두 자식 데리고 살려는 자기 처지를 봐서 제발 그 일이 성사되도록 힘써달라며 통사정하고 나섰다.(중략)봉주댁은 마산에서 가져온 견직물을 나흘 만에 팔아치웠다. 읍내에 돈푼깨나 있는 집 마님은 감탄을 연발했고 금방 동이 나버렸다. 신바람이 난 봉주댁이 마산으로 다시 나가 이번에는 지난 번 배로 견직물을 도매해왔다. 이문이 붙으니 장사에 재미를 붙여 부엌일을 아예 딸에게 맡거버렸나.[199]

이들은 남편의 좌익 활동으로 생활전선에 내몰린 전쟁미망인들의 모습이다. 김원일의 <미망>과 ≪마당깊은 집≫에서 보이는 강인한 어머니상과 유사하다.

---

199) 같은 책 7권, 265-267쪽.

바람 같은 사람인 남노당 간부인 남편을 대신해서 이념과 관계없이 생활을 위해 뭐든 닥치는 대로 순응하는 사람이다. 또한 진정한 모성애를 가진 아치골댁은 김원일이 발견한 여성 중에 가장 긍정적인 이미지를 가진 사람이다. 이는 김원일의 작품인 ≪늘 푸른 소나무≫의 석주율처럼 쓰러져가는 가족을 강인한 생명력으로 꿋꿋하게 선도하는 의지 있는 씩씩한 기상이다. 남편이 죽인 서유하의 겁탈로 원치 않는 아이까지 낳아 기르면서도 좌절하지 않는 성모마리아 같은 여인이다.

요컨대 ≪불의 제전≫에서 김원일이 제시하는 분단극복은 심찬수와 박도선, 우정은을 통해 보이는 인도주의적 자세의 당부이다. 근원의 우리는 이념에 관계없이 하나였고 그래서 배종두의 아들 배달이를 조부모에게 무사히 전달하는 것은 당연하고, 억울하게 사살된 원한의 영혼들을 위로하는 위령탑 건립을 해야 하는 것이 우리의 몫이고, 덜 상처받은 사람이 더 상처 입은 사람에게 온정을 베푸는 것이 도리라는 것이다. 이는 우리 내부에 있는 민중의 역량의 건강함으로 분단을 극복할 수 있음을 엿볼 수 있는 대목이다.

≪불의 제전≫은 이렇듯 다양한 인물의 다양한 의견을 우위 없이 수렴하고 분단 시대의 사회학을 종합적으로 보여주는 작품으로서 분단문제 해결을 위해 먼저 전제되어야 할 것은 상처 입은 사람들을 덜 상처 입은 사람이 살펴야 한다는 민중이 중심이 되어 분단 의식의 정신적 극복을 지향하는 휴머니즘을 보여준다.

3. 이념 대립의 승화와 민족 화합

≪불의 제전≫은 한국전쟁을 둘러싸고 벌어지는 인간 삶이 지닌 비극[200]의 실체를 낱낱이 반영하고 있으며, 아울러 분단과 대립을 극복할 수 있는 공동체의 길

---

200) 마르쿠제에 따르면, 끊임없는 승화를 꿈꾸던 문화는 에로스를 약화시키고 파괴적인 충동을 풀러 놓아 우리의 삶에 있어서 문명은 위협을 받게 되고, 급기야 발전하는 문명은 자기 파괴로 기울어진다. 마르쿠제(김인환 옮김), 「문명의 변증법」, 『에로스와 문명-프로이트 이론의 철학적 연구』, 나남, 1994, 81쪽.

을 모색하고 있다. 표면적으로 작가는 한국전쟁을 주축으로 한 10개월의 짧은 시간적 배경 하에 작품을 풀어나가지만, 그 이면에는 이전의 일본 식민지와 태평양 전쟁까지 끌어안고 있다. 이는 작가의 의식이 단순히 1950년대 발발한 한국전이라는 공시적인 시각에 머문 것이 아니라, 6·25를 전후한 일본과 미국의 관계 속에서 민족 문제를 파악하는 통시적인 의식에까지 뻗어 있다는 것을 의미한다. 즉, 우리의 분열과 갈등은 이미 일본 식민지 시기에서 잠재되어 있던 민족의 문제가 전쟁이라는 극단적인 경험으로 분출되었던 것이다.

김원일이 ≪노을≫과 ≪겨울 골짜기≫를 통해 분단 문학의 의미를 가늠해 볼 수 있었다면, ≪불의 제전≫은 대하(大河)적 장편 소설로서 완결시킨 분단문학의 마무리인 셈이다. 물론 한국전쟁을 전후로 이루어진 분단문제의 마무리를 의미한다.

분단 문학은 통일된 민족 문학을 지향한다.[201] 앞서 살펴 본 것처럼 분단의 극복을 목표로 한다 하더라도, 분단 상황에서 빚어진 모순의 극복을 철저하게 실천하지 못한다면, 통일 문학의 참다운 위상을 정립할 수 없을 것이다. 분단 문학이 분단의 상황에서 비롯된 것이라면, 분단 문학의 지향점이 어디에 있는가 하는 것은 자명하다. 분단 문학은 분단 논리를 극복하고 민족 문화의 총체성을 회복하고자 하는 데에 그 의미가 있기 때문이다. 그렇기에 앞선 연구처럼 한국전쟁 당시 한국 사회 내부의 구조적 모순을 규명하고 그것을 정신적으로 극복한 것이다. 김원일의 ≪불의 제전≫을 통해 궁극적으로 지향하는 바도 이와 크게 다르지 않다. 분단논리 극복과 민족 공동체의 회복이라는 동전의 양면을 통해 통일 시대로 나아가는 것이다. 이를 위한 상징적 구현은 투계와 좌·우의 합일된 생명을 통해서 드러난다.

첫째, ≪불의 제전≫총 7권의 표지에는 투계 장면이 등장한다. 또한 각 권의 중간 중간에 반복적으로 싸움을 위해 전열을 가다듬는 투계 불매와 맹호의 모습이

[201] 권영민, 「광복 50년, 분단 문학 50년」, 『한국문학 50년』, 문학사상사, 1995, 41쪽.

등장한다. 또한 2권의 끝부분과 7권의 마지막에 등장하는 투계장의 닭싸움은 이 작품의 상징적인 메타포를 형성한다.

중남미 문학에서의 현실[202]은 일상과 함께 그들이 믿고 말하는 민중 신화와 전통신앙까지도 포함한다. 분단이 당대인들이 믿고 느끼고 경험하는 모든 것이기에 김원일 소설에 지속적으로 등장하는 설화나 우화, 민속놀이는 사실의 차원을 넘는 한국의 분단 현실과 그 현실을 살아가는 여러 계층, 여러 세계관을 가진 사람들을 다루고자 한 의도에 부합한다. ≪불의 제전≫의 투계[203]가 그것이다.

투계로 상징화된 좌・우익의 대립은 작품 곳곳에 나타난다. 이는 해방 이듬해 맞은 정월대보름부터 시작되는데 이때 설창리 사람들은 두 패로 나뉘어 달집을 살랐다. 우익은 예전대로 망개산 정상에서, 좌익은 봉화산 중턱에 솟은 말바위에서 불을 질렀다. 마을에서는 두 군데서 달집을 놓는 변괴를 두고 걱정이 많았지만 그때만 해도 사상의 자유가 있어 누구 어느 편이 되든 상관이 없었다. 그러나 1947년 3・1절 기념식에는 부산에서도 좌・우가 따로 가두 행진을 벌였다. 좌익은 남한 단독 선거 반대와 미군 철수를 외치는 쪽에 모였고, 우익은 이를 저지하는 행진이었는데 충돌을 했다는 소문까지 흘러들었다. 1948년에는 양편 모두 상대편 산에 오르는 이름을 조사하여 보복을 한다는 흉흉한 소문도 나돌았다. 이런 상황에서 빨치산은 삐라를 뿌려 민중을 선동한다.

---

202) 송병선, 「중남미 문학의 수용 과정과 문제점」, 『외국문학』 제48호, 1996, 116-135쪽. 그는 "이성주의자들과 스탈린주의자들이 항상 강요하려고 했던 현실의 한계"를 극복하여 보다 광범위하고 다채로운 중남미 현실을 다룬다. 이렇듯 '환상성'은 대부분 중남미인들의 삶 경험에서 유래된 현실인 것이다. 즉, 환상성은 개별적 체험과 역사적 사실인 분단처럼 당대인들이 믿고 느끼고 경험하는 문학과 유사한 의미가 있다고 필자는 판단한다.

203) 투계는 고려시대부터 전래되어 온 전통 민속놀이인데 작품 속 오기목의 불매와 현민효의 맹호는 원래 한 부모 밑의 형제 닭이다. 이 작품이 한 민족 내의 이념을 둘러싼 분단이라는 서사를 내용임을 감안해 볼 때 작가의 숨은 의도는 명백해지는 셈이다. 이 때 투계장(cockpit)이란 싸움터, 전란을 위미하고, 싸우는 두 마리의 수탉은 생명을 건 전쟁을 치른다. 한 쪽이 죽지 않으면 끝날 것 같지 않은 전쟁.... 공격적인 수탉은 그 자체로 한국전쟁의 상징이다. 위의 책, 475쪽.

"자네 말대로라면 인자 이남과 이북이 실력으로 팽팽히 맞선 셈이구만."
"서루 힘으루 한쪽을 지배하겠다는 판국이야. 미국과 쏘련을 업구 말일세"[204)]

"해방되기 전에는 일본 편, 미국·영국 편으로 나놔 놀이하더마는, 해방 직후는 우리 독립군하고 일본 헌병 편으로 나놔지고, 요새는 그기 또 바뀐 모양이제?"
"미국 편하고 쏘련 편임더. 그런데 모두 미국 편 될라 카지 쏘련 편은 안 될라 캐예."
"그래도 삼팔선 북쪽 아아들 전쟁놀이는 미국 편 안 될라 카겠제."[205)]

심지어 청정(淸淨)한 아이들마저 두 편을 나누어 전쟁놀이에 열중한다. 하루아침에 한 쪽은 금지가 되고 만 것이다. 이는 북쪽 사정도 마찬가지일 것이다.

자유를 지킨다는 명분아래 반도 땅은 이미 온전한 모두의 땅이 아니고, 이 땅을 담보로 공산주의와 자본주의가 힘겨루기를 하는 셈이다.≪불의 제전≫에서 형성되는 구체적 대립은 좌·우의 대립이지만 그 속에 섬세하게 내재된 5가지 당시 한국전쟁으로 인한 민족의 다양한 삶의 모습이 존재하게 된다.

요컨대, 좌·우를 둘러싼 내외적 극한 줄다리기 속에서 순응하기도 역행하기도 숨기도 극복하기도 하는 확산된 민족의 문제들이 확산되고 있었다.

"저 닭이 성제(형제)간인 줄 압니꺼? 일 년 터울이지마는 마사 족보 있는 종계한테서 받아낸 한배 태생인기라예."
"그라모 성제간끼리 쌈질하네?"
"참말로 정 떨어지구만. 역시 짐생은 짐생인 기라. 지 새끼 잡아묵는 짐생이 읎나, 에미하고 붙어묵는 짐생이 읎나. 성제간끼리 저래 피칠갑해가꼬 달겨

204) 김원일, ≪불의 제전≫2권, 171쪽.
205) 같은 책 2권, 197-198쪽.

> 드이, 족보고 나발이고 저늠들도 역시 짐생새끼인께 할 수 읎지러."
>
> "사람도 그렇지 머예. 에미 뱃속에서 같이 나와도 따로 키아보이소. 다음에 커서 만내도 성제간인 줄 알아보겠습니껴. 저늠들도 주인이 다르이까 그저 주인 시키는 대로 충성심을 보이겠다고 저래 죽도록 피를 뿌리지예."
>
> (중략)"무승부네, 어느 쪽두 이기지 못......"
>
> (중략)"장하다, 장해. 첫 시합에서 그 정도 했으모 이긴 기나 다름읎데이."
>
> 오기목이 불매의 잔등깃을 쓰다듬는다. 손에는 피에 절은 털이 묻어난다. 그의 눈에서는 닭똥 같은 눈물이 땀 찬 뺨을 타고 흘러내리고, 옥색 조끼 앞섶은 금세 닭피로 붉게 물든다.[206]

폭력은 그 발현 형태가 다양한 불법적 방법으로 행사되는 물리적 강제력을 말한다. 일반적으로 비합법적이고 반사회적인 경우의 여러 형태를 가리키지만 합법적인 경우에도 폭력은 존재하는데, 국가권력이 행사하는 물리적 강제력이 그것이다. 이것은 다수 대중으로부터 합법성과 정당성을 가지고 있기 때문에 한 개인으로서의 거부는 불가능하다. 이러한 합법적 폭력이 ≪불의 제전≫은 투계와 다름없는 짐승의 그것으로 상징된다. 이 대립의 합법성은 자신의 형제[207]를 눈뜨고도 알아보지 못하게 하는 무서운 힘을 가지고 있는 싸움이었다. 작가는 미・소라는 주인에게 충성을 보이기 위해 형제를 상해 입히면서까지 싸움을 멈추지 않는 투계를 통해 한국전쟁 속 우리 국토와 오버랩 되면서 거의 직유에 가까운 그

---

206) 같은 책 7권, 318-320쪽.

207) 식자층이 아닌 농민의 눈에 분단 상황은 형제간의 낭자한 혈투로 보인다.
"하야간에 멋 때문에 볶고 찌지고, 무신 천생 웬수가 졌다고 이라는 공 모르겠구마. 사상이 먼지 동기간을 갈라놓고, 똑 피를 봐야 속이 후련타 카인께. 참말 언슨시럽은(지긋지긋한) 시상이라" 김바우가 한숨을 쉰다. 김원일, 위의 책 1권, 324쪽. 그들은 어느 쪽 이념은 인간을 살리고 어느 쪽 이념은 인간을 죽이는 게 아니기에 무지렁이 민중 입장에서는 어느 쪽이든 선택되어진 체제에 길들여진다고 말한다. 이는 가난에 많은 날을 굶주린 사람들 입장에선 먹을 것을 제 때 해결해 줄 수 있다면, 어떤 체제를 갖춘 이념이든 문제가 안 된다는 생각이다. 당시 극소수지배층과 절대다수가 하층 계급임을 감안해 보면 이념이 민족보다 앞서는 현실이 모순 그 자체라는 의미다. 김원일이 투계로 상징하는 한국전쟁은 농민의 이러한 생각이 반영된 결과다.

투계의 은유방식은 분단을 객관화하기 위한 마지막 장치이며 더불어 전쟁이라는 광기의 현실에서 최소한의 정당성도 인정받지 못한 분단의 비극임을 통렬히 비판한다.

둘째, ≪불의 제전≫에서는 전쟁 상황에서 탄생하는 두 명의 어린 아이로 민족의 불구성을 회복하려고 한다. 소작인의 아내 아치골댁이 가진 지주 서유하의 아이다. 소작인과 지주의 갈등 상황에서 지주에게 겁탈당한 소작인의 처 아치골댁은 새 생명을 잉태하고 비록 겁탈이라는 왜곡된 방식을 가지고 탄생한 아기이지만, 이 아이야말로 훗날, 자손이 끊어진 지주 집안을 이어나갈 유일한 혈육으로 서유하의 아내인 안골댁의 품으로 돌아간다. 물론 대립각을 세우던 차구열과 서유하는 죽고, 이들 양자의 죽음과 희생은 계급을 불식시키고, 왜곡된 계층 질서의 폐습을 상쇄시킨다. 이들의 화합하지 못한 죽음은 새 생명으로 새로운 화해의 시대를 보장받기 위한 작가의 의도이다.

이런 대립적 상황에서의 화해는 빨치산 배종두와 박귀란의 아이 배달이의 탄생에서 다시 한 번 상징화된다. 배종두는 가문대대로 내려오는 토착지주의 외아들인 반면, 박귀란은 비록 신식 교육을 받았지만 자손대대로 내려오던 소작인의 딸이다. 이처럼, 이들이 계층질서를 허물고, 하나로 결합할 수 있었던 계기는 이념의 동질성에서 말미암은 것이다. 기존에 팽배해 있던 봉건주의 잔재 속에서는 불가능한 이들의 결합은 폐습을 허무는 새로운 화해의 장을 형성할 수 있었다. 이 두 사람에게서 탄생한 새 생명인 배달이는 한 겨레를 상징하는 이름에서도 알 수 있듯이 이념을 넘나드는 화해를 통한 상처의 극복을 상징한다. 또한 전쟁 상황 속에서 북에서 남의 할아버지로 인도되는 배달이는 좌익의 손에서 우익의 땅으로, 즉 이동경로 역시 화해의 연속선상에서 파악할 수 있다. 이처럼 배달이의 탄생과 성장이 좌·우 양자에 고루 분포된다는 사실은 배달민족이란 양 이념이 어우러진 가운데 한 겨레의 정통성을 이어받을 수 있으며, 이러한 양자 간 힘의 합일을 통해 민족의 하나됨이 가능하다는 비전을 제시하는 것이다.

따라서 김원일은 투계의 상징성과 이념대립을 승화시킨 두 명의 새로운 생명을 통해 궁극적 민족회복의 길은 이념의 차이가 아니라 화합으로 승화된 공동체 의식임을 말하고, 이런 화합이 상처의 치유를 돕는 것임을 밝히는 것이다.

요컨대, ≪불의 제전≫은 작가 자신이 분단문학을 마감한다는 생각으로 오랜 시간 자료의 엄정성과 작가의식의 원숙함으로 창작된 만큼 객관적이고 다양한 시각을 견지하기 위해 대다수 민중의 입장을 최대한 수용하는 중립적인 입장을 취한다. 또한 이는 ≪노을≫에서 보여주었던 분단 문제에서 개인의 사회적 치환을 뛰어넘고, ≪겨울 골짜기≫의 구체적 사건으로 분단문제를 고찰해 보았다면, ≪불의 제전≫은 이 모든 문제를 포괄하는 한국전쟁 전후의 고난의 역사를 민중의 보편적으로 관점에서 증언해내는 것이다.

Ⅵ. 이산문제의 본격화와 공동체 의식의 확대

1990년 이후 현재까지의 한반도의 분단관리 상태를 정전체제의 변화과정으로 본다면 '적대적 대화시기'[208]라고 할 수 있다. 이는 지난 시절 '대립'과 '경쟁'의 시기를 지나 대화의 창구를 마련하여 지속적인 긍정적 변화를 담보할 수 있는 의미이다. 앞서 살펴보았듯이 탈냉전은 기존 세계질서의 근본적 변화를 가져온 세계사적 전환이었다. 1945년 2차 대전이 종결된 후 지속되던 소련과 미국을 중심으로 한 진영 간의 대립은 1989년을 전후로 한 소련과 동구사회주의 진영의 붕괴에 의해 막을 내렸다. 이는 한편으로는 세계적인 개방과 화해 분위기의 조성, 특히 이데올로기를 중심으로 한 동・서 대립의 붕괴를, 다른 한편으로는 미국이라는 단일한 축을 중심으로 한 새로운 세계질서의 구축을 의미하는 것이었다.[209]

---

208) 차기문은 1953년~1970년까지를 적대적 대립시기로, 1970~1990년을 적대적 경쟁시기로 보고 있고 본고는 이 의견에 따른 것이다. 차기문,『한반도 정전체제 연구: 쟁점 및 평화체제로의 전환방안』, 경남대대학원, 2003 6월, 53-66쪽.

209) 윤충로・강정구,「분단과 지배이데올로기의 형성・내면화」,『사회과학연구』, 동국대 사회

탈냉전의 시대에 분단의 남은 문제는 작가들의 두드러진 작품 경향에서 알 수 있는데 크게 이산과 탈북자의 문제로 구별 지을 수 있다. 이는 자본주의체제로 세계가 개편되면서 남한의 달라진 경제적 위상과 무관하지 않다. 실제 1990년대에서 2000년으로 이어지는 시기 분단문학의 소재에 이산가족 문제[210]와 탈북자를 다룬 소재가 빈번히 나타나는 것도 이러한 사정과 무관하지 않다. 이는 이데올로기의 대립이 소멸된 시기에 민간의 협력으로 분단의 문제를 새롭게 보기 시작했음을 의미한다.

한국 사회는 이제 풍요롭고 사람들은 전쟁의 비참함보다 물질적 풍요에 더 관심을 기울이게 되면서 전쟁의 한복판에 던져진 경험이 있는 김원일에게 가난과 전쟁은 탈냉전의 시대에 분단의 문제를 이산의 문제로 초점화한다. 이는 김원일

연구소, 1998 제6호, 289-290쪽.

210) 1990년대에 이르면 분단문학은 제3국에서의 이산가족 상봉과 남북 민간인의 조우를 다루게 된다. 최윤의 <아버지의 감시>(1990)을 비롯하여 바르샤바의 북한 교수와 월남한 남쪽 작가와의 만남을 다룬 이호철의 <보고드리옵니다>(1993), 유복자로 태어난 주인공이 중국에서 북한에 사는 아버지를 상봉하는 이야기를 그린 홍상화의 <어머니의 마음>(1993), 남한의 교수와 북한의 이복동생의 중국 두만 강가에서의 만남을 그린 이문열의 <아우와의 만남>(1995)등은 이산가족 상봉과 남북 민간인 접촉의 다양한 양태를 드러낸다. 전쟁 체험 세대인 선우휘의 <단독강화>(1959)에서 보여주었던 남북 병사 간의 휴머니즘적 만남이라는 소재는 1990년 후반 이후 전쟁 미체험 세대인 박상연의 ≪DMZ≫(1997)와 박청호의 ≪갱스터스 파라다이스≫(2000)에 의해 다시 한 번 주목을 받게 된다. 이외에도 탈북자들의 지난한 남한 생활 적응기를 다루고 있는 박덕규의 <노루사냥>(1995), 정을병의 <남과 북>(1998) 등은 1990년대 이후 급속히 늘어나기 시작한 탈북자들이 남한사회에 또 다른 소외계층으로 자리 잡으며 형성되는 현실에 주목한다. 그리하여 시장 자본주의의 논리에 무장된 남한 사람들의 허위적 시선이 북쪽 사람들을 어수룩한 사기의 대상으로 여기거나 '탈북자'를 남한사회에 적응하지 못하는 무능력자로 인식하고 차별하는 현실의 문제점을 드러낸다. 2000년 6・15공동선언 이후 남북 관계는 다른 양상을 맞는다. 이산가족의 만남, 금강산 관광 등 이데올로기 대립을 뛰어넘는 민간차원의 관심과 협력이 이어지면서 통일에 대한 보다 구체적인 상상을 전개할 수 있었다. 문학 역시 이런 현상에 관심을 기울이며 분단 문제를 새롭게 바라보기 시작했다. 유임하는 6・15 공동 선언 이후 냉전시대에는 발휘될 수 없었던 아픈 기억이 분출돼 이데올로기를 뛰어넘은 우리 민족의 역사적 진실을 되짚어보고자 하는 흐름이 전개되었다고 한다. 달라진 남북관계에 대한 단상이 짤막하게 나오기도 하는 등 2000년대에 분단의 모순이 어떻게 해소될 수 있는지를 모색하면서 분단문제에 대한 새로운 성찰을 진행하는 작품으로 황석영의 ≪손님≫(2001), 윤흥길의 ≪소라단 가는 길≫(2003), 김하기의 <미귀>(2002), 임철우의 ≪백년여관≫(2004)등이 있다. 여기에는 김원일의 <손풍금>도 더불어 자리 잡고 있다.

분단문학의 전체적인 맥락에서, 전쟁 상황 속 분단의 근본 원인과 그 극복이 이루어졌다면 이제 남은 문제는 남북으로 분리된 가족의 상봉을 위한 이산의 해결이 최종적인 분단논리의 해체가 되는 것이다.

따라서 ≪노을≫과 ≪겨울 골짜기≫, 그리고 ≪불의 제전≫에서 분단모순에 대해 깊이 있는 천착을 이루어낸 김원일에게 '이산의 해결'은 분단문학의 마지막 귀결점이라 볼 수 있다. 이산의 문제에 대한 작가의 견해는 중편 <환멸을 찾아서>와 단편 <손풍금>에서 논의되고 있다. 여기에서 작가는 크게 3가지 의의를 가지고 분단문학을 진행한다.

첫째, 분단 원인과 극복의 문제를 통해 분단논리에 대한 이해를 도왔다면, 이제 남은 것은 그로 인한 가족의 불행, 나아가 민족의 불행일 수 있는 이산가족의 상봉을 염원하는 것이다.

둘째, 단순히 가족의 만남은 분단 문제를 완벽히 이해할 수 없다. 분단이 1세대, 2세대를 지나 이제 3세대의 문제를 심화되고 있는 현실은 통일을 대비하는 우리에게 가장 심각한 이질적 문제가 될 수 있다. 분단은 마치 전쟁 1세대에만 국한된 문제가 아니라는 인식은 다양한 세대의 시각을 통해 드러난다.

셋째, 자본제가 주는 풍족함에 길들여지는 현대인들에게 가난과 전쟁을 체험한 세대의 고생담은 단순히 한 시절의 이야기에만 머물 수 있는 것이 아니다. 전쟁 체험 세대의 삶과 성실함을 통한 교훈을 김원일은 심어주고자 한다.

따라서 김원일은 위의 3가지 사항을 바탕으로 치열하게 한 시절을 살아낸 이산가족을 통해 민중들의 삶과 평화의 소중함을 일깨우고 더불어 분단문제의 마지막 과제임을 분명히 한다.

두 작품에 등장하는 주인공은 모두 한때 투철한 좌익복무자인데, <환멸을 찾아서>에서는 한국전쟁 후 월북한 좌익의 그 이후의 삶을 다루고 있고, <손풍금>은 북파공작원인 미전향장기수와 그의 월남한 형을 둘러싼 한 가족의 슬픈 가족사를 엿볼 수 있다. 김원일은 두 작품을 통해 화해와 용서에 대한 휴머니즘적 시각을 보여주고자 한다. 이산의 문제는 기본적으로 휴머니즘과 관련 있는 부분인데, 이때의 휴머니즘은 전후소설에서 보이는 전쟁 자체의 비극성과 폐허적 상황에 대한 휴머니즘과는 차별화 되는 것이다. 먼저 1980년대 소설인 <환멸을 찾아서>, 2000년대 소설인 <손풍금>을 순차적으로 살펴봄으로써 이산문제를 바라보는 작가의 변화된 시각을 가늠해 보고자 한다.

1. 세대의 단절과 이산의 문제

1) 이산[211)]과 세대의 연속과 단절

분단 상황이 지속되면서 전쟁의 직접 체험 세대로서 또는 후대의 입장에서 해결해야 할 가장 큰 과제는 이산 상황의 지속일 것이다. 이산문제는 남북 양측의 공동 문제로 1972년 7·4 남북공동성명에 기본 합의하였으나, 실효를 거두지 못하다가 1982년 2월 1일 국토통일원장관 성명을 통해 통일방안 후속 실천조치로

---

211) 이산가족이란, "국제적 무력충돌·내란·사회·정치적 불안정으로 가족이 이산되는 것"을 말하며, 이산가족을 포함해서 "여러 가지 이유로 고향을 떠나게 된 사람"을 실향민이라고 한다. 또한 실향사민은 "타의에 의해 고향에서 몰려난 사람"을 뜻한다. 원인은 물론 천재지변일 수도 있고, 국제적 무력충돌이나 내란 또한 그 밖의 사회적·정치적 불안정 때문일 수도 있다. 세계적으로 '이산(離散),' '다이아스포라(diaspora)'의 개념은 주로 해외 이산에 적용되었다. 다이아스포라는 "국외로 추방된 소수 집단 공동체"로서 노예이주, 강제추방, 전쟁이나 천재지변 같은 요인에 의해 헤어진 사람들이 서로 장기간 만나지 못하는 상태에 이를 때 사용되었다. 우리나라의 경우에는 일제 강점기에 해외에 강제 징용되면서 가족과 헤어지게 되었고, 그들은 남북한이 분단되면서 고향에 돌아올 수 없는 '이산'자가 되었다. 1950년에 한국전쟁은 새로운 이산가족을 만들었다. 한국전쟁을 통해 이산가족이라는 용어가 나오게 되었으며, 남북이산가족이라는 확정된 법률용어가 아닌, 다의적인 의미를 지닌 용어이다. 국제적으로도 '이산'이라는 용어를 쓰고 있으나 북한에서는 '흩어진 가족'이라는 용어를 사용하고 있다. 한국전쟁 후에 '실향사민'이라는 용어를 사용하기도 했는데, 정전협정에 '실향사민'에 관한 내용이 나온다. 당시에 '실향사민'이란 한국전쟁으로 인해 38선을 경계로 남쪽에서 북쪽, 또는 북쪽에서 남쪽을 이주한 사람을 의미했다. 남한 정부에서 정전 후에는 이산가족을 "1945년 9월 이후 동기여하를 불문하고 남북한 지역에 분리된 상태로 거주하고 있는 자로 그들의 자녀"로 정의 내렸다. 1985년의 남북적십자회담에서는 "직계존·비속은 헤어질 당시의 가족과 그 이후에 출생한 가족을 포함하고, 친척의 경우 방계는 8촌, 처·외가는 4촌으로 하되, 본인의 희망에 따라 생사, 소재가 확인된 친척도 포함 한다"고 규정하였다. 김귀옥, 『월남인의 생활경험과 정체성』, 서울대출판부, 1999, 8-9쪽.

서 북한에 대하여 민족화합을 위해 20개항에 걸친 구체적 시범사업을 함께 추진해 나갈 것을 북한에 제의하였다. 시범사업의 내용에는 남북 이산가족들의 편지교류 및 상봉실현이 포함되어 있었다. 1983년 KBS가 6월 30일에 시작해 11월 14일까지 138일 동안 이산가족 찾기 캠페인을 펼쳤다.212) 그리고 마침내 1985년 고향방문단 교환의 합의가 이루어지면서 이산가족 교환방문이 실현되었고, 남북분단 40년 만에 처음으로 이산가족들이 직접 가족·친척들을 상봉할 수 있었다.213) 김대중 정부가 출범하면서 2000년 6월 분단 55년 만에 남북정상회담이 개최되었다. 이 만남으로 인해 남북한 간 갈등을 해소할 수 있는 계기가 마련되면서 자연스럽게 이산가족 해결 문제를 위한 노력이 본격화되었다.

<환멸을 찾아서>는 1983년 10월에 연재되기 시작한 소설임을 감안해 본다면, 이산 정책은 1980년대 초반 광주항쟁 등 일련의 사건을 일으킨 전두환 정권이 민심의 이반(離反)을 막아보고자 국책적으로 이용한 정책의 일환이라는 견해도 설득력을 얻는 것이 사실이다. 이때는 본격적인 남북관계를 거론하게 된 시기이기도 한데 이런 화해모드는 김원일 하여금 중편 <환멸을 찾아서>의 집필동기로 작용하였으리라 짐작된다.

그러나 우리의 이산가족에 대한 태도는 포괄적이면서 한정적이고 또한 체제에 따라 상이하다. 왜냐하면 첫째, 이산의 원인과 동기를 고려하지 않는다는 것, 둘째, 남과 북의 공간상의 존재만 중요하게 생각하는 경향이 있기 때문이다. 셋째,

212) 이 때 접수한 이산가족은 모두 100,952건이었으나 시간제약으로 이 가운데 53,536건만 방영됐고 방영된 가족의 19.3%인 1,189건의 만남이 이루어졌다. 하루 평균 80건의 혈육상봉이 이루어진 것이다. 이와는 별도로 여의도에 마련된 '만남의 광장'을 통해서도 이산가족의 혈육상봉이 이루어졌다. 정진교, 「83년 kbs 이산가족 찾기 캠페인, 그 후의 이야기」, 『월간동화』, 1999, 9월호, 235-238쪽.

213) 이것은 1985년 5월 27일부터 30일까지 서울에서 개최된 제8차 남북적십자 본 회담에서, 광복절을 기해 '남북이산가족 고향방문단 및 예술공연단'을 상호교환 하기로 합의함에 따라 성사된 것이다. 이에 따라 '고향방문단' 교환문제 협의를 위해 7월 9일부터 8월 22일까지 개최된 3차례의 실무대표 접촉과 4차례의 비공개접촉에서, 남북 양측은 실무 문제를 완전히 타결하기에 이르렀다. 편집국, 「1985년 이산가족 방문」, 『통일한국』 12월호, 1999, 25쪽.

북한은 월남자에 대해서는 체제 배신자로, 월북자에 대해서는 우대하였다. 반면 남한은 월북자에 대해서는 간첩이나, 빨갱이라는 낙인을 찍어 친인척들을 괴롭히고, 월남자는 반공이데올로기의 상징으로서 다루어왔다. <환멸을 찾아서>는 왜곡된 민족의 오해를 걷어내고 분단 상처의 회복을 위해 이산의 문제와 그의 아들 세대에게 전쟁의 기억들을 현재화하는 계기를 제공함으로써 보다 미래지향적인 해결을 모색하고자 한다.

<환멸을 찾아서>[214]는 구성상 크게 두 부분으로 나눌 수 있는데 하나는 중학교 영어교사인 오윤기의 가족과 일상생활에서의 경험 부분이고, 나머지 하나는 북에서 떠내려 온 이제는 퇴락한 좌익복무자인 박중렬의 비망록 부분이다. ≪겨울 골짜기≫가 분단 상황의 현장감을 살린 좌익에 대한 새로운 시각을 열었다면, <환멸의 찾아서>는 그 빨치산 좌익 지식인의 월북 이후 삶을 가공해보는 보다 적극적인 관심을 택한다. 특이할 만한 것은 기존의 남북 분단에 얽힌 소설들에서 나타나는 피폐한 당시 사회상의 고발이나 억압된 부분의 묘사와는 달리 <환멸을 찾아서>는 열렬한 사회주의자인 박중렬이 월북이후 자신의 몰락 과정을 담담히 진술하는 인간적인 고백에 더 치중하고 있다. 최인훈의 ≪광장≫에서 남과 북의 실정(失政)을 경험한 주인공으로 하여금 양쪽 모두에게 환멸을 느낀 나머지 제3국을 선택한다는 구성이, <환멸을 찾아서>에서는 박중렬의 수기로 북의 생활 그대로를 나타내어 이데올로기의 환멸과 가족애를 통한 민족애의 회복을 드러낸다.

박중렬이 생명의 연속성을 보장받지 못한 시한부환자임을 감안하여 한때 자신의 모든 것을 걸고 이념에 투신하였으나 권력이라는 힘의 역학에 밀린 사실상 그늘진 모습으로 이념에 환멸을 느낄 때 남쪽에 있는 가족이 자연스럽게 겹쳐지는 것이다.

---

[214] <환멸을 찾아서>는 1983년 10월에서 11월 사이 『문학사상』에 연재된 소설이다. 그리고 1984년 제 16회 동인문학상 수상작이기도 하다. 본고에서는 1985년에 발행된≪연(鳶)≫을 텍스트로 삼고자 한다.

이산만큼 분단을 극복해야 하는 이유로 명백한 것은 없다. 한국전쟁은 남북 모두에게 2백만이 넘는 인명 피해와 막대한 재산의 손실을 가져왔고, 사람이 빈자리에 새로운 생명은 탄생되고 파괴된 건물은 복구로 재건되었지만 이산의 문제는 아직까지 한국전쟁이 해결하지 못한 오랜 숙제로 남아 있다. 이산이라는 낱말 자체는 이미 '분단'이라는 용어의 다른 의미로 내포된 것이다.

공교롭게도 박중렬의 비망록은 북에 가족을 둔 또 다른 이산가족인 윤기 아버지가 최초 발견자다. 이데올로기라는 장벽으로 남북한 모두에게 근본적으로 화합의 장은 봉쇄되고 통일에의 꿈을 꾸는 것만이 가능한 상황에서 할 수 있는 선택이란 박중렬이 가족에 대한 그리움으로 익명의 수락자를 향해 자신의 비망록을 띄워 보내는 것처럼, 오윤기의 아버지는 아들의 첫 월급으로 산 새 양복을 걸어두고 '통일이 돼서 가게 되면 입고 가겠다'는 것이다.

박중렬과 오윤기의 아버지는 두고 온 가족 외에 각각 북과 남에서 새로운 일가를 꾸린다. 그러나 그들은 어떤 식으로든 행복하지 않다. 박중렬의 가족에 대한 언급은 최소화되어 있지만 자신의 혁명과업의 성취가 북측의 불만족을 얻게 되기에 자연 가족과의 교류가 뜸하다는 것, 그로 인해 비망록을 보내기 전 오랫동안 보지 못한 아들이 자신을 찾아왔고 이것이 아마 생애 마지막이 될 것이라는 언급은 박중렬이 그 아들에게서 남한의 장성한 아들의 모습이 떠올랐음을 암시하는 부분이고, 남한의 가족을 두고 새롭게 이룬 북한의 가족에서 진정한 행복을 느낄 수 없었음을 짐작할 수 있는 대목이다. 이는 윤기의 아버지도 마찬가지다. 남에서 결혼하여 키운 장성한 아들의 첫 월급과 양복은 어부라는 자신의 신분을 고려할 때, 상당한 의미로 다가온다. 윤기의 첫 월급은 이제 자신의 할 일을 내려놓아도 되는 의미이기도 하지만 북측 아들도 윤기에 상응하는 사회적 성장을 이루었으리라는 짐작으로 더욱 고향이 그리울 법도 한 것이다. 또한 양복은 윤기 아버지의 직업상 자주 입을 기회가 없을 뿐더러 가장 격식 있는 자리에 어울리는 옷인 까닭에 윤기의 아버지가 통일이 되면 입겠다는 것은 '행복의 유예(猶豫)'고, 통일이 되지 않으면 자신은 아직 행복하면 안 되고, 또한 그러할 수 없다는 의미다. 이는 박중렬이나 윤기 가족에만 국한된 문제가 아니라 민족의 하나 됨이 없으면 어떠한 행복도 그 진정한 가치가 온전할 수 없다는 의미로 확대될 수 있다.

또한 윤기의 아버지가 남한에 살고 있다는 사실조차 불확실한 북에서 낳은 아들을 찾기 위해 생업을 팽개치고 방황하는 모습은 윤기의 어머니에게도 또 다른 불안감을 심어준다.

> 그때까지 아무 말 없이 칠흑의 바다만 뚫어지게 바라보고 있던 윤기 어머니가 윤기에게 말했다. "배가 뒤집혔다면 네 아버지는 죽었을 거고, 용케 풍랑을 피했다면 울릉도쯤 갔겠지. 그도 저도 아니라면 파도에 쓸려 이북으로 넘어갔을지도 몰라." "이북으로 가다니요?" 윤기가 놀라 눈을 크게 뜨고 물었다. (중략)"네 아버지는 절대 여기로 돌아오지 않을 거야." 윤기 어머니가 냉정하게 말했다. "돌아오지 않다니요. 우리 식구가 있는 데도요?" "아니다, **그쪽에도 가족이 있기 때문에 눌러앉아 버리고 말 거야. 네 아버지는 우리 가족보다 그쪽 가족이 더 소중할 테니깐**" "설마 그럴 리야 있으려고요." "아니다. 내 말이 맞아. 작년에 영광호가 풍랑에 떠돌다가 이북 경비정에 납치를 당했을 때 네 아버지를 보고 내가 은근히 물어봤지. 당신이 만약 영광호를 탔다면 어쨌겠수, 하고 말이다. 그랬더니 처음에는 아무 말도 안하더라. 똑 떨어지게 대답을 해보라고 다그치니깐 그때서야, 면회라도 시켜준다면 가족 형제들 얼굴이나 한번 상면해 보고 돌아왔으면 좋겠구먼, 하더구나."[215]

윤기 아버지의 입장에서는 삼십 년이나 되도록 가족과 떨어져 있어야 하는 가장으로서의 고통, 어쩌면 아들 윤구가 남한에 있을지도 모른다는 기대감으로 점철된 아버지의 안타까움이 있지만, 남쪽에서 재혼한 어머니의 입장은 풍랑으로

---

[215] 김원일, <환멸을 찾아서>,≪연≫, 나남, 1985, 354-355쪽.

남편의 귀환이 늦어지는 것에도 혹시나 월북한 것은 아닌지 노심초사하는 부분이다. 이것은 윤기의 어머니로서는 생전에 늘 두려움에 떨게 했을 만큼 심각한 것이었다. 윤기는 자신의 어머니가 일찍 돌아가신 이유도 이러한 근심에서 찾을 정도로 또한 생전에 남북통일마저 원치 않았던 어머니의 모습은 또 다른 의미의 분단현실의 후유증을 낳게 하는 것이다.

이산가족은 윤기의 애인인 문미의 가족사에서도 나타난다. 윤기의 아버지가 이북에 처자식을 두고 홀로 남하했다면, 문미어머니는 전쟁미망인으로 두 달된 아들을 데리고 휴전 직전에 남하하여 역시 단신 월남한 상이용사인 문미아버지를 만나 재혼한다. 문미의 아버지는 심장 수술을 받던 중 사망하는데 그때 아버지의 소원이 뼈는 공동묘지에 묻고, 통일이 되는 날 함흥의 가족이 찾을 수 있도록 비석 뒷면에다 고향과 부모 형제들의 이름을 새겨달라는 것이었다. 또한 남한에 살고 있는 박중렬의 반신불수가 된 부인에서도 같은 아픔은 나타난다.

따라서 박중렬과 그의 부인, 그리고 윤기의 아버지, 문미의 아버지를 통해 실향민으로써, 이산가족으로 산다는 것에 대해 우리의 분단 상황이 그들에게 얼마나 가혹한 마음의 짐을 지우는 것인가를 일깨워준다.

> 남조선에서 살았던 나의 전반기 생애를 되짚어 볼 때, 지금에 와서 떠오르는 얼굴이 어디 그들 넷뿐이리오. 가족만 하더라도 이제 타계하였을 부모님께도 불효한 장자의 뉘우침이 뒤따르고, 한솥밥을 먹으며 자란 형제 셋에게도 장자로서의 못 다한 책임이 가슴을 저민다.
> 이제 이 땅에 살아 숨 쉬며 내 눈으로 보기에는 절망적이지만, 휴전선이 허물어지고 헤어져 사는 남북한 이산가족이 다시 만날 통일의 날은 언제쯤이리오.[216]

---

[216] 같은 책, 297-298쪽.

사진 왼쪽은 바로 그들의 가장인 박중렬이 아이의 어깨에 한 손을 얹고 서 있었다. 사진 아랫단에는 사진을 찍게 된 동기와 날짜를 새겨 넣었는데, "4280. 3. 10. 종근의 생일을 기념을 기념하여"였다. 단기 4280년을 서기로 환산하면 1947년으로, 팔일오 해방 이태 뒤였다. 박중렬은 사진을 붙여 놓고 그 아래 공책에다 자필로 간단한 설명을 달아 놓았다. "하루도 잊어 본 적이 없는 나의 혈육들. 51년 이후 유일하게 간직해 왔던 이 사진을 이제 그들에게 영원히 돌려보낸다." 라고 적고 있었다.[217)]

이산은 전쟁이라는 극한 상황 속에서 이루어졌고 육친과의 이별이라는 절대적 차원의 고통을 동반한 것이며, 그로 인해 힘겨운 삶을 살도록 강제했으며, 이데올로기와 체제의 대립과도 밀접하게 연관된 것이어서 처리하기 대단히 어려운 소재라고 한다.[218)] 왜냐하면 분단소설에서 이산의 해결은 통일 되지 않는 한 불가능하기 때문이다.

그러나 이산이 분단 1세대에만 국한된 문제가 아니라는 것에서 분단의 심각성이 존재한다. 김원일이 이산의 문제를 다루면 세대의 문제를 함께 언급하는 것은 분단 상황의 지속성의 폐해를 극대화하기 위한 서사전략이라 볼 수 있다. 박중렬은 한때 자신의 소신으로 선택한 이념에 환멸을 느끼는 한국전쟁 당시의 좌익이라는 대표성을 띠고 있는 실향민 1세대고, 오윤기는 시인이라는 꿈을 좇지만 생활을 위해 중학교 영어 교사로 재직하는 실향민 2세를 대표한다. 이것은 분단의 상황이 동일한 역학으로 작용하지 않음을 뜻하며 공간적 단절보다 더 심각한 세대 간의 민족 정서의 단절을 야기함을 보인다.

<환멸을 찾아서>에는 각기 다른 생활공간 속에서 살아가는, 모두 세 세대의 '이산가족'이 등장한다. 함남 해안이 고향인 오 영감(오윤기의 아버지)의 가족과 문제의 노트에 등장하는 박중렬의 가족을 비롯하여 오윤기의 애인인 문미의 가

---

217) 같은 책, 298-299쪽.

218) 김윤식 · 정호웅 공저, 「분단 · 이산소설의 전개」, 『한국소설사』, 예하, 1993, 453쪽.

족이 바로 그들이다. 이 중 전쟁과 그로 인한 분단의 고통을 현재까지도 비교적 심각하게 겪고 있는 가족으로는 문미의 가족과 박중렬의 가족을 들 수 있겠는데, 문미의 가족 중에서 문미의 이부(異父)오빠인 '병섭'이, 박중렬의 가족 중에서는 그의 큰 아들인 '종우'가 가장 큰 상처를 입은 인물로 그려지고 있다.

박중렬의 큰 아들 종우는, 일제 식민지 시대에는 적색 농민운동에 가담했고 해방 후에는 유격대 활동을 하다가 전쟁 직전 월북한 '좌익 아버지(박중렬)을 둔 탓으로, 서너 살 때 고문을 당해 피투성이가 된 경험이 있으며 이후 여러 어려움을 겪고 자라면서 성인이 된 지금에도 과거의 고통스런 기억 속에서 벗어나지 못하고 알코올 중독자로 살아가고 있다. 아버지로 인해 겪은 상처와 고통으로 사회적, 역사적 교차점에서 화해하지 못한 그는 평생을 아버지의 망령(이데올로기)으로부터 벗어나지 못하는 불구적 삶을 살고 있는 것이다.

> "죽었어, 그래 맞아, 이제야 철저하게 영감의 시대가 막을 내렸어……."[219]

남북한 이산가족 정책에서 북한은 해방 후의 월남인 가족에 대해서는 적대계급 잔여분자라고 하여 차별적인 정책을 취했고, 이런 차별은 지금까지 사회 곳곳에 존재하는 것으로 보인다. 반면에 남한에서는 월북자 가족에 대해 상당기간 동안 연좌제를 적용하여 감시하였다. 따라서 1950년대 당시 반공 정책을 펼치던 이승만 정부에게 월북한 아버지를 가진 종우가 무사할 리 없는 것은 당연한 일이었다. 사실 월북자 가족들은 이산가족에 관한 일반적 정의와 정책적 대상에서조차 제외된 상태였다.[220] 또한 사회안전법, 보다 구체적인 근거는 국가보안법을 적용

---

[219] 김원일, <환멸을 찾아서>, 396쪽.

[220] 이 때 당시 월북자의 가족들은 신원조회로 인해서 사관학교 등에는 진학할 수 없었으며, 사법고시나 행정고시 등의 각종 국가공무원에 지원해도 합격할 수 없었다. 또한 국영기업은 물론 사기업까지도 신원조회를 하여 취직에도 어려움을 겪었다. 사실상 월북자 가족에게 국가기관의 고위관직에 진출하는 것이나 대기업 인사는 원천봉쇄 될 수밖에 없는 사회적 위치에 처해있었다. 이것뿐만이 아니라 가족들이 이사를 갈 때도 정보 경찰들에게 감시당했는데,

하여 감시, 우편 검열[221] 등이 이루어져왔는데 이는 1993년까지 이어져 오게 된다. 또한 항상 월북자 가족을 괴롭힌 것이 있었는데 그것이 바로 연좌제[222]라는 제도였다. 연좌제는 공식적으로 1980년 폐지되지만, 그 이후에도 여전히 영향력을 지니고 있다.

따라서 박중렬의 죽음은 종우에게 있어 단순한 개인적 죽음을 의미하는 것만이 아니라 자신의 삶을 속박하고 파괴했던 이데올로기적 상황의 종식을 의미하는 것이다.

이와 비슷한 경우로 문미의 오빠 병섭은 갓난아기 때 포탄 소리에 몇 차례 까무러친 데다 오랜 영양실조로 시달린 탓인지 자랄수록 몸이 성치 못하고 하는 것이 아둔한[223] 일종의 정신박약아로 나중에는 실성기마저 보이게 된다. 이런 그에게 특이할 만한 사건이 하나 있었는데, 그것은 그의 첫 가출 때의 행선지가 당시 생후 두 달밖에 되지 않아 전혀 기억이 남아 있지 않은 아버지-병섭의 아버지 모두 역시 국군으로 참전했다가 전사함-의 고향이었다는 사실이다.

심지어 이러한 감시는 어떤 사람에게는 조사를 빙자하여 며칠 동안 구금 한다거나, 회사에 와서 옆에 앉아 있는 등의 방식으로도 이루어졌다고 한다. 정희상, 「월북자 가족들의 삶과 한」, 『월간 말』 3월호, 1991, 59쪽.

221) 우편 검열과 관련하여 안기부에서 작성·활용하고 있는 특별관리 대상자의 1990년 이후 연도별 인원수 및 명단, 동 명부 작성 근거 및 선정 기준, 신정부 출범에 즈음한 우편검열 제도 개선 방향에 대한 구 기관의 입장 및 개선책이 국회에서 공개된 것이 있다. 대한민국국회, 『대한민국 국회공보』 제161회 국회 제3호, 대한민국국회, 1993, 3쪽.

222) 연좌제는 범죄인과 관계가 있는 자, 혹은 연루된 자에게까지 형사책임을 지게 행사된 각종 억압의 제도적 근거였다. 연좌제는 1961년 박정희 정권 때 만든 반공법을 통해 좀 더 구체적으로 나타난다. 이 반공법은 1948년에 제정된 국가보안법보다 우선적으로 적용되었다. 반공법은 1980년 폐시되었다. 그러나 이것이 폐지된 이유가 "국가보안법과 성격이 유사하고, 중복된 내용이 많기 때문에 이를 국가보안법과 통합함으로서 국가의 안전보장을 침해하는 범죄의 처벌과 예방의 일원화를 기하려는" 것이다. 조성미, 앞의 책, 36-94쪽. 월북자 가족들은 연좌제로 인해서 직접, 간접적인 피해를 경험하였다. 1980년 제5공화국 헌법에서 "모든 국민은 자기의 행위가 아닌 친족의 행위로 인하여 불이익을 받지 아니한다."는 조항을 신설하여 연좌제를 폐지하였다. 그러나 연좌제는 법적 장치 변화와 상관없이 그 이후에도 영향을 미치고 있다. 1984년 문화관광부 장관이 다시 한 번 연좌제 폐지를 선언할 정도로 연좌제는 쉽게 사라지지 않았다. 한홍구, 『대한민국사』1권, 한겨레신문사, 2003, 174-186쪽.

223) 김원일, <환멸을 찾아서>, 330쪽.

이는 논리적으로는 설명이 불가능한 상황설정이라 할 수 있다. 하지만 김원일은 전쟁과 분단의 모순이 우리들의 삶 속에 단순히 의식적인 차원에서만 존재하는 것이 아니라 무의식 속에서까지 뿌리 깊은 잠재를 통해 여전히 존재함을 보인다.

작가의 이러한 분단 의식은 문미 아버지의 죽음을 통해서도 나타나는데 그는 6・25 전쟁 당시 인민군 소대장으로 참전했다가 다시 국군에 귀순했으며 이후 전투에서 입은 부상으로 의병 제대를 하게 된다. 문미 아버지를 끝내 죽음으로 이끌었던 것은 십 년이 넘도록 심장에 박혀 있었던 '굵고 작은 쇳조각'이었고 이는 전쟁과 분단이 남긴 상처에 대한 일종의 상징적 처리로 당시 이념의 틈바구니에서 생존을 위해 양측을 오가며 이유 없이 때론 함께 전투한 전우를 사살해야하는 말할 수 없는 고통과 응어리를 전쟁을 상징하는 '쇳조각'으로 형상화한 것이라 할 수 있다.[224)]

이밖에도 <환멸을 찾아서>에서는 문미와 윤기의 까닭모를 쓸쓸한 분위기도 이산이라는 암울한 가족 배경에 기인한다고 볼 수 있다. 때문에 대부분의 주요 인물들이 직・간접으로 입은 전쟁과 분단의 상처로 웃음기 없는 사람들로 묘사되고 있다.

그러나 이는 전쟁 미체험 세대인 박중렬의 둘째 아들 박종근은 다른 태도를 견지한다. 그는 박종우와 다르게 아버지가 살았다거나 죽었다거나 그 생사 여부에 문제가 있지 않고 오직 소식을 들었다는 사실만으로도 얼굴에 홍조를 띤다. 비망록에 대한 태도도 마찬가지다.

"가보? 흥, 가보 좋아하네. 그 영감 때문에 우리 집안이 어떻게 됐어. 내가

---

224) 이와 비슷한 예로 이동하의 단편 <파편>(1982)을 들 수 있다. 작가는 작품 속의 화자인 '나'의 삼촌이 살아온 기이한 생애와 그의 몸속에 박혀 끝내 죽음으로 이끌었던 '파편'을 통해 전쟁과 분단이 남긴 상처와 비극이 얼마나 뿌리 깊은 것인지를 말하고 있다. 그 '파편'은 '암처럼 체내에 뿌리를 내린 채 마지막 순간까지도 고인의 생명을 지배'하며 '외과 수술로도 적출해 낼 수 없었던 그 작고 단단한 쇳조각'으로 표현되고 있다.

이 꼴이 된 게 다 누구 때문이야. 미친놈의 영감탱이, 여기로 내려왔으면 내 진작 멱살을 쥐고 경찰서로 끌고 가려 했는데!" 몇 잔째인지 자작으로 계속 술잔을 비우던 종우씨가 이빨을 갈며 내뱉었다. 그는 세모진 눈으로 아우를 보았다. "철없을 때 당한 네가 뭘 안다고 기분 좋게 지껄여. 그 영감 얼굴도 기억하지 못하면서 말이야. 난 모든 걸, 내 눈으로 집안이 망해가는 걸 똑똑히 봤고, 또 철저히 당하며 살아 왔어. 그 방면에서만은 이 세상이 얼마나 냉혹하다는 걸 넌 아직 몰라!"

"아니, 형님. 그건 다 지나간 시절의 이야기 아닙니까. 지금 새삼 곱씹어 봐야 뭘 어쩌겠다는 겁니까. 어차피 이젠 별세를 하셨는데 아버님을 그렇게 매도한다고 형님이나 우리 집안에 이로울 게 뭐가 있나요? 한 시절을 잘못 만나 엇길로 가신 분을 언제까지 그렇게 원한에 사로잡혀 욕만 하실 겁니까."[225]

윤기와 그의 친구인 '맥' 동인 정호도 마찬가지다. 아버지의 이산의 한을 깊이 있게 짐작하기엔 중앙 문단에 등단한 시인으로서 서울에 가서 폭넓은 교류를 하고 싶으나 여건이 여의치 않음에 더 신경을 쓴다. 물론 자연인의 입장에서 박중렬의 응어리를 풀어주자고 결론내고 윤기는 친구 정호와 함께 박중렬의 가족을 찾아 나서지만 그것은 단순한 인도적 차원이다. 더불어 윤기의 친구 정호는 은행원으로 경찰서에 박중렬의 비망록을 신고하기 전 자신의 은행 복사기로 한 부를 복사한다. 그러나 실은 한 부만 했다는 사실도 부정확하게 얼버무리는 것으로 보아 그 쓰임새를 고려, 그 이상을 복사했음을 암시한다. 그는 이 비망록의 골동품적 가치에 주목하고 더불어 분단시대의 자극제로써 시를 쓸 때 요긴하게 쓰이겠다는 이기심에 집중한다.

세대[226]란 일정한 시점에 있는 인간 활동의 구조인 동시에, 세대만이 역사적

---

225) 김원일. <환멸을 찾아서>, 394-395쪽.

226) 20세기 초 독일의 미술사학자 핀더의 핵심사상인 "동시대의 비동시대성" 명제는 세대차이나 세대 간 갈등을 이해하고자 할 때 매우 중요한 함의를 갖는 명제이다. 이 명제의 뜻은, 연

사실을 있는 그대로의 감동과 순수한 것으로 바라볼 수 있는 시각기관[227]이라는 말을 염두에 둔다면, 김원일이 이산을 소재로 한 분단 소설에서 다양한 세대의 시각을 견지하는 것은 세대가 인간의 생활구조와 깊은 관계를 갖는다는 이해가 성립하고, 이는 분단이 이데올로기적 차원을 넘어 문화적인 단절을 초래하고 있는 현실에 대한 우려의 목소리를 담고 있는 것이다.

따라서 전쟁체험 세대인 박중렬과 오 영감, 전쟁 유년체험 세대인 박종우와 병섭, 그리고 전쟁 미체험 세대인 나와 정호, 박종근은 각기 다른 차이를 보인다.

이러한 세대 간의 차이는 어디에서 기원하는 것인가 하는 이해가 선행되어야 하는데 바로 직접적으로 그들의 삶에 영향을 미치는 체험적 실체[228]이다. 삼십 년이라는 시간은, 동일한 공간에 거주하는 사람들에게, 분단의 상황이 동일한 역학으로 작용하지 않게 되는 결과를 낳은 것이다.

박중렬은 식민지 시대에는 조선의 독립을 위해 투쟁했으며 해방 후에는 계급 구분이 없는 평등한 사회 건설이라는 목적 아래 사회주의 운동에 적극 가담하였으며, 이후 유격대 전사(빨치산)로 6 · 25 전쟁에 참여하게 된다. 하지만 자신의 뜻과는 달리 '남조선 해방 전쟁'이 휴전으로 끝을 맺고 자신은 결국 월북의 길을 택하게 되고 월북 후의 삶은 그리 순탄하지는 않았다. 자신의 소신이 맹신이었음을 스스로 인정한 박중렬에게 남은 일은 자기 핏줄을 목메어 찾는 일일 뿐이었다. 그러나 지식인의 신념어린 자발적 이산자인 박중렬이든, 피난이라는 불가피한 상황논리에 밀린 비자발적인 이산자인 오 영감이든 각각 남쪽과 북쪽의 가족과 단절된 상황은 마찬가지다. 두 사람의 꿈은 통일이 되지 않고는 불가능한 세대의 이야기다.

대기적으로 같은 시대에 살고 있는 사람들이 주관적 · 내면적 시간을 달리하는 상이한 세대들로 구성된다는 의미이다. 즉 서로 다른 세대들은 역사적 경험의 내용과 그에 대한 해석이 다르고 그에 따라 주어진 상황으로부터 영향을 받는 주관적 조건이 다르기 때문에, 동시대인이라 할지라도 동시대적이라고 볼 수 없다는 말이다.

227) 호세 오르테가 이 가세트(정동희 옮김), 『철학이란 무엇인가』, 민음사, 2006. 29쪽.

228) 진형준, 「문학 언어와 불가해한 상처」, 『세계의 문학』 32, 1984. 6.

중간 세대인 박종우와 병섭은 유년 시절의 기억이 상처를 입었다. 아버지 세대가 막을 내려도 통일이 되어도 치유가 힘든 것이다. 분단의 불행한 후유증의 단면을 여실히 보여주는 사람들이다.

이에 반해 전쟁 미체험 세대인 윤기와 종근은 용서와 화해가 훨씬 손쉽다. 전쟁이라는 구체적 상황을 확보하지 못한 세대임으로 고통의 근원을 짐작할 수는 있으되, 통일의 요원함도 그들에겐 없다.

따라서 분단 1세대에서 분단 현실을 바라보는 시각은 다분히 온정적이지만 분단 체험이 전무한 세대에는 자본주의 현실 논리에 적응되기 시작했기 때문에 이산이라는 문제에 대해 자신들과 무관하지 않은 문제임은 인식하면서도 다소 온건하고 중도적인 입장을 취할 수 있는 것이다.

사실상 사회적으로나 문학적으로나 이산가족에 대한 문제를 1980년대 이전에는 크게 삼지 않았다. 이는 당시 낙후되었던 경제의 복원이라는 우선순위에서 밀린 남한의 사정도 있었고, 아직 분단을 객관화할 만한 성숙한 여건이 조성되기에는 전쟁을 겪은 시간적 거리도 충분치 못한 요인도 있다. 1980년을 넘으면서부터 즉, 우리의 경제 성장이 일취월장(日就月將)하고, 분단현실에도 해빙기가 도래하는 듯 했는데 그것은 북한의 경제적 낙후와 공산권과의 화해모드와 붕괴조짐도 서서히 동반되어 나타났기 때문이다.

김원일이 세대에 따라 이산을 바라보는 시각을 예각(銳角)화하는 것은 분단 1세대의 비극을 더욱도 심화시킬 뿐만 아니라 민족 공동체 의식이 희미해지고 있는 다음 세대에 대한 자성의 목소리로 읽을 수 있다. 통일이 요원하면 할수록 분단의 가장 직접적인 피해자인 이산가족의 고통은 심각할 것임에 대한 각성이고 이는 이산가족의 상봉이 체험 세대의 비극을 인도적 차원에서 해결하는 지름길임을 밝히고자 한 것이다.

2) 가족 근원의 확인과 민족의 동질감 확인

앞서 살폈듯이 이 소설은 넓은 범주의 이산소설로 볼 수 있다. 사실 <환멸을 찾아서>이전 김원일 소설의 화자는 회상주체가 언제나 '나'였다. 따라서 나의 기억 내용, 나의 과거로 한정되어 있다.[229] 그러나 기억을 재구성하여 교차방식을 취하는 문제의식이 사회적인 문제를 다루기 위해서는 '나'의 의식수준을 벗어나야 한다. 다시 말해 집단적 억압, 사회적 의식형성 등 외부 요인들이 보편적인 현상으로 다뤄지기 위해서는 기억의 실체보다 객관화될 필요가 있는 것이다. 이산은 나의 문제도 되지만 대다수 민족 보편의 문제이기도 하다. 때문에 '나'의 과거가 아닌 제3자의 삶에 대한 회상을 다룬 <환멸을 찾아서>같은 작품의 등장은 시대적 성숙과 개인의식의 확대된 형식의 변화로의 이행으로 볼 수 있다.

<환멸을 찾아서>는 두 화자가 교차 방식으로 서술하고 있는데, 하나는 좌익계 인사인 박중렬의 비망록을 통한 자기 고백 방식이고, 다른 하나는 오윤기를 둘러싼 일상과 박중렬의 비망록을 그 가족에게 전달하는 과정을 그리고 있다. 이 소설에서 박중렬은 사회주의 이데올로기의 우월성을 선전하여 자신이 속한 체제를 옹호하지도, 그의 혁명에 의한 조국통일이라는 구호에 이용당했다는 체제를 비난하지도 않는다. 반면 박중렬의 아들은 비망록의 존재를 알기 전까지 이와 반대의 아버지의 모습만을 기억했을 것임이 분명해 보인다. 박중렬이 이산의 상봉 금지된 상황에서 부성의 안타까움을 비망록이라는 금기의 영역을 넘어 띄워 보내는 것은 아들 가슴에 남은 오해이며, 이는 김원일이 작품 당시 또는 현재 우리의 사고에 남은 좌익월북자에 대한 오해를 풀기 위한 의도로 해석할 수 있다.

<환멸을 찾아서>는 아버지의 현재를 통해서 아버지의 과거를 이해하고 있는

---

229) 정주아는 성인 화자가 자신의 유년기를 회상하는 구성을 취한 <어둠의 혼>, ≪노을≫은 기억에 대한 억압과 은폐가 존재하는 사회의 특성을 지닌 장터마당이라는 기억의 공간을 찾아내어 유년기 기억의 신빙성을 문제 삼았기 때문에 의식의 수준은 여전히 '나'에 머물러 있다고 보았다. 정주아, 『김원일 소설에 나타난 기억방식 연구』, 서울대대학원 석사논문, 2005, 33쪽.

것이며, 분단의 당대와 현재를 공시적으로 가늠하게 하는 방법적 새로움을 제공함과 동시에 자연스럽게 무대를 북한으로 옮겨 놓는다. 비록 남한과 북한이라는 한정된 공간에 있지만 박중렬은 자신의 가족에게 남기고 싶었던 것은 자신의 신념에 충실하여 세상을 살라는 가르침과 자신의 회한, 더불어 아버지의 존재를 확인해 주고 싶어 한다. 이는 가족이라는 근원을 확인하는 행위이며 이는 확대된 한 민족을 지향한다. 이 소설 속에서 박중렬이 자신의 조상에 대한 이야기를 장황하게 늘여놓는 것은 이 때문이다.

박중렬은 조상으로부터 물려받은 기질과 엄격한 훈육 방식 등을 강조함으로써 자신이 그들의 가르침에 따라 일정한 삶의 방식을 선택하여 살아온 것뿐이라는 논리를 편다. 박중렬의 비망록은 자신의 월북과 빨치산 활동 등의 정치적 행적이 최소화된 대신 임종을 앞둔 심경과 가족에 대한 그리움, 박씨 일가의 가계와 조상들의 이야기를 담고 있다. 특히 그가 조상의 이야기를 언급한 부분은 박중렬 자신이 조상의 족보 속에서 자신의 위치를 확인하듯, 비망록을 통해 그의 아들 역시 조상의 내력과 훈육내용을 전달 받아 그의 근원을 확인하기를 바라고 있음을 보여준다.

사실상 작품 속 박중렬과 그의 아들들 사이에는 공통된 정서가 없다. 자신이 일찍부터 투신한 좌익 활동으로 인한 이유도 있겠지만 시대적 상황으로 말미암아 온전한 아버지의 자리를 남기지 못한 회한이 그에게는 분명 존재했을 것이다. 그렇다면 그들 사이에 교집합으로 존재할 수 있는 것은 전통, 즉 가문에 관한 것이 전부다. 박중렬의 가문내력은 단지 전통적이고 가부장적인 확인차원이 아니라 가족의 확인, 확대된 민족의 확인인 것이다. 남북한의 이산가족 상봉에서 먼저 확인하는 것이 가족의 생사이듯 박중렬은 자신과 아들들이 이념의 차이를 떠나 혈맹의 조직체임을 확인시키기 위함이다. 이는 문미의 아버지가 죽음을 목전에 둔 순간, 통일이 되는 날 함흥의 가족들이 찾을 수 있도록 비석 뒷면에다 고향의 부모 형제의 이름을 새기게 하는 행위와도 유사하다.

또한 자신의 가문의 시조인 박제상의 우국충정 일화와 백결의 절제와 지조로써 아들에게 훈육의 본보기로 삼고자 하는 것은 두 선조의 일화가 자신의 젊은 시절의 지표가 되었듯 아들들에게 피의 자부심을 심어주고자 한다.

이는 기본적으로 아버지 없이 남한 사회에서 성장한 아들에게 정체성의 근거를 만들어주려는 것으로 해석되는 것이다. 탈정치적 시각이 강조된 그의 비망록은 한 일가의 가장이자 아버지인 박중렬이 남한의 가족들에게 남기는 것은, 결국 월북한 좌익분자였지만 체제에 대한 의미는 최소화 하고 가족들에 대한 아쉬움과 뿌리 찾기에 대한 언급이 주를 이루고 있는 것으로 미루어 볼 때 그가 꿈꾸는 세상은 모두가 하나였던 그 시절이다. 결과적으로 전통적인 가족제도에 대한 향수이고, 선조들의 의로운 가르침을 바탕으로 한 민족애의 발현을 위한 것이다.

'환멸(幻滅)'의 사전적 의미는 '이상이나 공상이 현실로 나타난 것 같다가 이내 사라져 버리는 것'을 말한다. 금기를 넘어 온 비망록은 이데올로기로 상징되는 그 시절, 박중렬의 가슴을 데워주는 이념의 허구성을 두고 이름이고 우리가 성취해야 할 것은 민족 모두의 자유와 평등을 가진 그 시절의 회복일 것이다.

그렇다면 <환멸을 찾아서>에서 제시하는 분단현실에 대응하는 궁극적인 비전은 무엇일까. 박중렬의 비망록 마지막에서는 여기에 대한 답을 주는데 이것은 '사랑'으로 표상되는 '민족애의 발휘'다.

> —내가 대남 사업에 종사하며 남조선에서 발행되는 신문을 보았을 때 남과 북의 현실이 정치 ·경제는 물론 사회 형태와 가정생활, 심지어 사용하는 언어까지도 엄청나게 달라지고 있음을 알았다. **우리 민족이 48년까지만 해도 한솥밥을 먹으며 한 핏줄이었다는 동질감이 이십 년 사이 그렇게 변해버릴 줄 상상도 못할 일이었다.**(중략)우리가 지금이라도 찾아야 할 의무는 73년의 남북 조선 공동성명이 이데올로기나 정권의 차원에서 이용되지 않는 **민족 순수의 만남을 통하여 공동으로 체험할 수 있는 자리를 어떻게 하**

든 한 뼘씩이라도 넓히는 길인데, 이 굳어진 벽을 지금 누가 어떻게 허물겠느뇨. 나의 세대가 남의 장단에 춤을 춘 서툰 어릿광대로서 총칼로 피로써 피를 불렀다면, 이제 나의 자식과 손자의 세대에서는, 그 일이 백두산을 허물어 평지를 만드는 노력만큼 어려운 일일지라도 이미 잊혀진 말이 되어 버린 민족으로서의 사랑이 사랑을 불러야 함이리라….[230]

김원일이 박중렬의 입을 통해 포착하고 있는 것은 비단 자신의 가족을 향한 그리움과 이의 해결에만 국한된 문제가 아님을 알 수 있다. 우리와 같은 입장이었던 독일의 경우 이미 통일 전부터 민간차원의 교류가 활발하였기에 사회적・문화적 흡수가 비교적 수월했음을 상기할 필요가 있다. 언어의 단절은 남북의 정서적 단절의 상징적 표현이고 이는 다음 세대의 남북 서로를 향한 이해의 단절로 이어질 가능성이 큰 것이다.

따라서 김원일은 1980년대 사회적으로 이산의 문제에 대한 긍정적 체험을 <환멸을 찾아서>로 형상화함으로써 체험 세대에게는 이산가족 상봉을, 미체험 세대에게는 세대 간 단절의 문제를 상기시킨다. 이는 2000년대 창작된 <손풍금>에서 더욱 심화되어 나타나는데 <손풍금>은 북파공작원, 즉 비전향장기수 가족을 통해 확대된 이산의 문제와 <환멸을 찾아서>가 2세대에 걸친 분단의식을 살폈다면, 3세대에 걸쳐 나타나는 분단의 심각한 문제의식을 보여주고 있다.

2. 비전향 장기수의 분단체험과 체험 세대의 이산 해결

1) 분단 체제의 산물과 분단 논리의 부당성

남북 화해와 통일의 모색이 이루어지는 지금, 한국전쟁과 분단으로 인해 발생한 문제는 앞서 살핀 <환멸을 찾아서>의 이산가족 문제와 더불어 장기수 문제 또한 해결해야 할 과제임이 사실이다. 왜냐하면 이는 넓은 범주에서 보면 동일한 문

---

230) 김원일, <환멸을 찾아서>, 399-400쪽.

제이기 때문이다.

2000년 남북 정상회담에서 '6·15 남북공동선언' 제3항에서 "남과 북은 8·15에 즈음하여 흩어진 가족, 친척 방문단을 교환하며 비전향 장기수 문제를 해결하는 등 인도적 문제를 조속히 풀어 나가기로 하였다"고 합의하면서 비전향 장기수도 이산가족에 포함되었다. 과거에는 이산가족의 범위를 단순화 시켰을 뿐만 아니라 남북한의 정치체제에 따라서 남북한의 월남·월북자 가족들을 차별하고 억압했다. 그러나 최근 들어 국군포로·납북자·비전향 장기수 등이 넓은 의미의 이산가족에 포함되기 시작했다. 시대가 흐르면서 이산가족은 미귀환 북파 공작원·미귀환 남파 공작원까지 특수 이산가족[231]의 범주로 포함된 것이다. 지금까지 남북한의 정권은 서로 불법적이고, 정치적인 이익을 위한 행위를 통해 앞에서 언급한 특수이산가족을 만들어 냈지만, 과거 불법행위를 공식화 하는 것을 꺼리기 때문에 이들의 공개적 송환이나 이산가족상봉에 대해 소극적인 입장이다. 그러나 이들은 이산가족이라고 하기에는 남북한 간에 정치적으로 미묘한 문제가 있어서 그동안 세부적으로 다루어지지 못한 것이 사실이다. 이처럼 특수이산가족의 문제는 상당히 복잡하다. 인도주의적으로 넓은 의미의 이산가족을 해결하기 위해서는 인민의용군·납북인·국군포로·인민군 포로문제를 세부적으로 살펴보아야 할 것이다.

1994년 3월 9일 비전향 장기수 이인모가 북송된 것과 6·15 남북공동선언이후, 2000년 9월 2일 비전향 장기수 63명을 송환하면서, 이 문제는 진정한 의미의 인도적으로 해결되는 듯 보였다. 그러나 아직까지 이 문제는 국군포로 및 납북자

---

231) 김귀옥, 『이산가족, '빨갱이'도 아닌...』, 역사비평사, 2004. 56쪽. 강정구는 "분단이산가족은 해방 이후 남북분단이 직·간접으로 작용하여 가족구성원끼리 흩어진 삶을 강요당하여 이산상태에 놓인 가족으로, 가족의 범위를 8촌 이내의 친·인척 및 배우자와 배우자였던 자를 지칭하며, 여기에는 남북으로 흩어진 이산가족 뿐 아니라, 일본과 남북한 역외의 이산가족도 포함 된다"고 정의 내리면서 분단이산가족을 크게 일반 이산가족, 특수 이산가족, 특수 유족 이산가족 등 세 가지 범주로 세분화 하고 있다. 강정구, 『민족의 생명권과 통일』, 당대, 2002, 56-57쪽.

문제 등과 겹쳐 명확히 해결되지 못하고 있는 실정이다.

남북한의 통일 정책의 상징적 조치인 이산가족의 상봉 허용은 신자유주의 전략이라는 측면 즉, 냉전전략을 통일 전략으로 반전하는 관계 극복을 도모한다는 점에서 <손풍금>의 의의를 확고하게 하는 것이다. <손풍금>은 금기였던 '악령적 존재'인 남파 간첩을 '평범한 인민'으로 응시[232]하기 시작한다. 또한 가족을 이끌고 월남한 피난민 할아버지의 남한 살이와 남파간첩으로 내려온 작은할아버지의 대조적 인생을 통해 발생한 분단이 낳은 이산의 불구적 형상을 대비[233]시켜 보여준다. 김원일은 <손풍금>을 통해 이인모의 송환 이후 보다 적극적인 의미의 이산의 해결, 비(非)전향자에 대한 우리의 시각과 태도 변화를 촉구하는 것이다.

<손풍금>은 2002년 황순원 문학상을 수상한 작품으로서, 할아버지는 손자가 집요하게 알아내고자 하는 남파공작원인 작은할아버지의 생애와 작은할아버지와 겪은 사건들에 대해 끝내 함구하는데, 이야기가 진행되면서 할아버지의 고집과 남파공작원으로 최후를 마친 작은할아버지로 상징화된 비전향장기수의 은폐된 역사의 실체가 드러나는 것이다.

이 소설은 세 부류의 분단시대의 희생양이 등장한다.

첫째, 우리 사회에 공공연히 금기시 되어오던 양심수, 즉 비전향장기수의 문제다. 비전향 장기수의 존재가 세상에 알려지기 시작한 것은 1980년대 중반 경이었다. 그때까지 우리 사회에 비전향 장기수가 있다는 사실은 어떤 사람에게는 공공연한 비밀이었고, 어떤 사람에게는 알아서도 말해서도 안 될 비밀이었으며, 대부분의 사람들에게는 알 수 없는 비밀이었다.

비전향 장기수의 법적 개념은 7년 이상의 장기형을 선고받고 복역 중인 좌익

---

232) 오태호, 앞의 책, 25쪽.

233) 한 핏줄과 아름다운 청춘의 기억을 공통점으로 지니고 있으면서도 남쪽 할아버지의 가족과 돈에 대한 지향과 북쪽 작은 할아버지의 신념 지향은 분단 이후 남쪽과 북쪽에서 생활해온 형제의 이질화된 믿음 체계를 보여줌으로써 분단시대를 살아온 상이한 방식을 드러내고 있는 것이다.

수 또는 사상범으로 전향하지 않은 수형자를 가리킨다.[234] 1960년대 이후 한국에서 규정한 비전향 장기수는 반국가 사범과 이적 단체 구성원, 이적 단체를 고무・찬양한 사람 등이다. 그러나 실제 법의 적용 과정은 시기나 정세에 따라 매우 다르다. 예를 들면 1970년대까지는 이적 단체 고무・찬양죄 적용자도 공안 범죄의 주요한 구성원이었다. 그러나 1980년대 중반 이후에는 이적 단체 구성원으로 분류되어도 공안 범죄를 적용시키지 않는 경우가 발생하기 시작했다. 대체로 사회 민주화가 진행될수록 비전향 장기수를 구성하는 공안 범죄 적용 범위가 축소되는 경향이 나타난다.[235]

비전향 장기수는 월북자 또는 월남자 가족사건, 납북 어부사건, 일본관련 사건, 월북 기도 등 여러 사건 유형으로 수감되지만 그중 <손풍금>에서의 주인공 박광수처럼 남파공작원으로 되는 수감되는 숫자가 가장 높다.[236] 특히 작품 속 실제 남파된 1960년대는 한국전쟁 이후 전체 집계된 남파공작원 61명 중에서 무려 30명이 적발되는 극도로 민감했던 사회 분위기가 존재했다.

다만 1980년대 중반 이후 정치적 민주화가 진행되고, 비전향 장기수에 대한 사회적 관심이 높아진 시점에서 '양심수 전원 석방'이나 '사회 민주화' 등 감옥 권

---

234) 비전향 장기수는 서승의 수형자 분류표를 참고하면 다음과 같다. 서승에 따르면 정치범은 국가의 정치 질서를 변혁할 목적으로 범죄를 구성한 수형자를 지칭하는데, 한국의 경우에는 반국가적・반정부적 신념이나 동기에서 비롯된 행위로 수감된 수형자를 말하며, 대체로 우익수는 포함되지 않고 좌익수만을 대상으로 한다. 좌익수는 다시 반국가 사범과 반정 부 사범으로 구별할 수 있다. 반국가 사범은 정부 당국이 공안 사범으로 분류한 범주에 드는데, 국가보안법 위반자를 말하며 좌익수 또는 사상범이라고 부르는 수형자들이다. 반정부 사범은 공안 관련 사범 또는 단순 시국 사범으로 분류하는 범주에 든다. 서승, 『서승의 옥중 19년』, 역사비평사. 1999. 최정기, 『비전향장기수-0.5평에 갇힌 한반도』, 책사랑, 2002, 16-21쪽.

235) 법무부의 한 통계 자료를 보면 감옥의 전체 수용 인원 중 좌익 수형자의 비율은 1952년에 60.7%로 최고치에 달했으며, 1954년에는 24.4%, 1958년에는 16%로 점차 감소하다가, 1960년 이후에는 15.4% 이하로 떨어진다. 법무부, 『한국교정사』, 1989, 582쪽. 한옥신, 『사상범죄의 실증적 연구』, 동국대학교 박사학위논문. 1974, 11-21쪽.

236) 자료에 의하면 1992년을 기준으로 전체 89명 남은 비전향장기수 중 남파공작원이 33명으로 비율이 전체의 40%가까이 된다. 박원순, 『국가보안법연구』제2권, 역사비평사, 1992, 388쪽 재인용. 기독교교회협의회 인권위원회, 「양심수 현황」, 1992와 그 외 조사 자료를 참고하였다. 이는 1992년 5월 31일 현재 수감 중인 장기수를 대상으로 한 자료이다.

력의 범위를 벗어나 주장이 제기된 경우가 있었고, 이러한 주장들이 제기된 것은 1980년대 양산된 공안 및 공안 관련 사범 등 지배 권력 자체를 무시하는 학생운동과 노동운동·민주화 운동 관련자들이 교도소 내의 분위기를 주도해낸 결과이자, 일반 사회에서 어느 정도 민주화가 진행되고 비전향 장기수에 대한 관심이 고조되는 등 비전향 장기수를 둘러싼 힘의 역학이 변화한 결과이기도 하다.

그러나 한국의 비전향 장기수의 경우 1980년대에 이르도록 과중한 형벌[237]이 부과되었으며, 완전 고립된 독거 형태로 수형 생활이 이루어졌다. 더욱이 그러한 통제는 매우 조직적이면서 동시에 교도소 밖의 시선으로부터 은폐되어 있다.

따라서 김원일이 <손풍금>을 통해 보이는 비전향 장기수 문제는 20세기를 정리하는 시점에서 국내적으로 한번 되짚어볼 필요가 있음을 자각했기 때문이다. 즉, 한국의 비전향 장기수는 세계사적 견지에서는 냉전 체제의 규정을 받고 있었으며, 국내적으로는 분단 체제의 산물이라고 할 수 있다. 그런데 분단 체제는 유지되고 있는 데 반해, 냉전 체제는 이미 효력을 상실했다. 또한 1999년 12월 31일을 최후로 남아 있던 두 명의 비전향 장기수가 출소하면서 감옥 체제도 생명을 다한 것으로 보인다. 앞서 살핀 대로 이러한 변화의 외적 요인은 분명 정치적 민주화와 사회경제적 발전이라는 세계사적 규정을 받고 있고 여기에 김원일은 인권운동 즉, 휴머니즘의 차원에서 이러한 문제에 접근하고 있는 것이다.

따라서 이 작품은 남파 간첩이었다가 붙잡혀 장기수로 복역하게 된 비전향 사회주의자(작은 아버지)를 분단 현실의 희생양으로 "민족 분단으로 찢긴 내 생애에 관심 가질 만한" 시대에 다시 보는 분단에 관한 보고인 것이다.[238]

---

[237] 1764년, 이탈리아의 형법 학자이자 경제학자인 베카리아는 범죄자에게 단순히 고통을 부과하거나 원상 복구만을 목적으로 형벌을 집행해서는 안 된다고 주장했다. 그에 따르면 형벌의 목적은 범죄자가 다시는 다른 사람들에게 손해를 끼치지 않도록 예방하는 것이고, 타인이 유사한 범죄를 저지르지 못하도록 억제시키는 것이다. 이러한 목적을 달성하기 위해서는 '범죄와 형벌의 등가성의 원칙'이 유지되어야 한다. 응분의 대가를 넘어서는 잔인한 처벌은 '최대 다수의 최대 행복'의 원리를 침해하는 것이고 일반 예방의 목적에도 반하는 것이다. 케사레 벡카리아(이수성 옮김), 『범죄와 형벌』, 길안사, 1995, 101-104, 177쪽 참조.

[238] 이런 시각을 직접적으로 드러낸 데 대해 김원일은 "젊었을 때의 신념과 철학, 인생관을 변치

한국전쟁으로 형 박도수는 월남하게 되고 이로 인해 가족과 헤어지게 된 뒤 1961년 5·16때 당시 당의 지령에 따라 공작 차 남한으로 내려온 동생 박광수는 형의 만나러 잠시 들렀으나, 화재로 큰 신체 화상을 입게 된다. 또한 화재 사건을 조사하던 중 광수가 남파 간첩임이 알려지고 1983년 양심수로 21년을 복역하던 중 위암말기 판정을 받고 출옥한 지 몇 달 만에 생을 마감하게 된다. 실제로 공작원으로 내려와 혹독한 최후를 맞는 사람들은 분단 시대에서 볼 수 있는 현상으로 우리의 불행한 역사가 아닐 수 없었다.

무엇보다 양심수로 복역한 박광수처럼 남과 북의 상호 교환 없이 각자 다른 체제에서 최후를 맞는 것도 불행한 일이거니와 이들이 극소수에 해당하는 분단의 피해자이지만 사상의 자유라는 기본권은 분단 극복의 우선순위여야 함을 작가는 보인다. 따라서 작은할아버지 박광수는 더 이상 악령적 존재가 아니라 한 사람의 평범한 민중으로 평가받아야 한다는 의지의 표명인 것이다.

두 번째는 이산가족 문제이다. <환멸을 찾아서>는 자신의 소신으로 발생한 이산의 형태지만, <손풍금>은 피난으로 실향민이 되어 발생한 부득이한 이산의 형태를 띤다. 이 두 소설의 주인공은 모두 노년층인데, 노년 채택의 배경에는 그들이 분단과 이산의 가장 직접적인 희생자이기 때문이다.

할아버지 박도수는 평남 개천 출신으로 1950년 10월초 전황이 북한에 불리하게 돌아가자, 당시 청년노동자동맹 분소 부부장이었던 그로서는 우선 살아남기 위해 우익 지푸라기라도 붙잡자는 심정으로 국군 부대 병기창의 노무자를 징발하는 데 자원한다. 혹독한 피난시절을 체험하면서 남으로 내려왔고 부인과 아이들도 곧 남하했으나 부모님과 동생부부는 그대로 고향에 남았다. 며칠 동안으로 예상했던 전쟁으로 현재로선 영원한 분단이 시작된 것이다. 도수에게 남한은 가족의 번창과 안락함을 주었지만 북의 또 다른 가족을 그리워하고, 분단논리로 사

않게 지킬 수 있다는 건 인간적으로는 하나의 덕목으로 볼 수 있는 것 아닌가"라고 설명한다.

망한 동생 광수의 환영이 보이는 상황에서도 이산가족 상봉의 소식은 멀기만 하다.

이산은 도수에게서만 해당되는 것이 아니다. 남파되어 잠시 형을 만난다는 것이 발각되어 21년을 교도소에서 보낸 광수도 이산의 한을 지니긴 마찬가지다. 무엇보다 양심수로 복역한 박광수처럼 남과 북의 상호 교환 없이 각자 다른 체제에서 최후를 맞는 것도 불행한 일이거니와 분단의 또 다른 이산가족을 속출한다는 것은 전쟁이 없이 이산을 생산하는 기현상을 보이게 되는 것이다. 물론 극소수에 해당하는 분단의 피해자이지만 이산은 다양한 형태로 발생할 수도 있음을 상기시킨다.

> 알거지로 남한 내려와 이쯤 자손을 퍼뜨렸고 그들이 다 제 앞가림 하며 살아가고 있으니 내 삶은 성공한 축에 끼일 만하다. 지금부터 유산은 천 원 한 장 더 물려줄 필요가 없다. 남은 돈 챙겨 부모님 산소라도 찾아가야 한다. 그때까진 눈을 감을 수가 없다. 오마니, 여기 제 식구들 봐요. 이만함 이남 내래와 성공했잖소? 내 말에 어머니는 대답이 없다. 생이별이 이렇게 길 줄은 몰랐다. 기차 타고 간다면 한나절이면 개천역에 당도할 수 있고, 역에서 한달음에 달려가 대장간으로 뛰어들면 아버지가 내리치던 메를 놓고, 도수가 돌아왔다며 안채에 대고 고함칠 거고, 어머니가 맨발로 달려 나와 나를 맞을 것 같다. 광수가 너 데리러 남조선에 내려갔는데, 그때 왜 안 올라오구 우리 양주 죽고 난 후 이제야 왔어? 어머니가 말한다. 오마니, 내가 여기 있잖아요, 하며 광수가 아래채에서 방문을 열고 나와 마당으로 내려선다. 형님 집에 불이 안 났담 월북했지요. 형님도 부모님 뵈러 저 따라 잠시 북으로 올라갔다 내래가겠다고 했구요. 광수가 말하곤, 손풍금 켜며 나를 맞아 환영 노래를 부른다. 얼굴에 흉터가 없고 목청 좋았던 시절, 젊었을 때의 그 모습이다. 동네 사람들이 대장간 집에 경사가 났다며 모여들고……. 그러나 감옥 생활을 오래했던 광수 탓인지, 내 옥살이가 호적에 남은 탓인지, 아니면 방북 신청자들이 워낙 많아 경쟁이 심한 탓인지 이산가족 상봉 신청은 지난번 4차에서도 낙방되었다.239)

형 도수에게 남한은 가족의 번창과 안락함을 주었지만 북의 또 다른 가족을 그리워하고, 분단논리로 사망한 동생 광수의 환영이 보이는 상황에서도 이산가족 상봉의 소식은 멀기만 하다.

2000년대 분단 50년을 넘기고 이제 이산가족의 1세대는 모두 노년층이 되었고 그들 삶의 마지막 소원인 북에 있는 가족과의 만남이 성사되길 고대하지만 그들의 입장에선 정부의 합의나 통일을 수동적으로 주시할 뿐이다. 그들에게 고향 방문은 아무런 조건이 없는 인간적인 과제이다. 실제로 2000년대 들어 성사된 6・15 선언은 이산가족에게 한층 밝은 가능성을 던져주었고 2007년 두 정상의 만남으로 실무 작업의 추진도 타진해 볼 수 있게 되었다.[240] 분단의 궁극적인 성과는 통일이지만 그 과정의 이산가족 상봉이라는 순조로운 작업은 분단 극복의 발판이 되는 것은 물론이다.

형 도수는 북쪽의 가족을 그리워하다 황금기였던 청년 시절이 다시 되돌아오기를 학수고대(鶴首苦待)하면서 고향의 부모님, 동생 광수의 손풍금 타는 환영을 보게 되고, 남한에서 생을 마감하면서도 자식에게 자신이 소신을 지키다 간 당당한 아버지이기를 바란다. 두 사람 모두 고향을 생각하는 마음은 한 가지로, 이산 문제는 우리가 해결해야 할 분단이 남긴 숙제임을 김원일은 분명히 한다.

세 번째는, 황점술로 상징되는 반공・발전논리[241]이다. 황점술은 일제 강점기에는 헌병의 끄나풀로 민족운동의 씨를 말리고, 자유당 정권 때는 정치 깡패로 박도수와 광수 형제를 불행하게 만드는 인물이다. 당당한 좌익 양심수인 박광수와

---

239) 김원일, <손풍금>, ≪물방울 하나 떨어지면≫, 문이당, 2004, 297-296쪽. 여기서의 굵은 글자는 필자와 무관한 텍스트 자체임을 밝힌다.

240) 영상 통화라든지 상시 면회소 설치 등이 실례가 될 것이다.

241) 황점술이 보이는 비뚤어진 반공논리는 해방공간 박광수가 연주하던 곡이 소련 군인에게서 배운 것과 대비되면서 오히려 남한의 현실을 비판적으로 바라보게 한다. 왜냐하면 연주를 가르쳐준 소련의 대표성이 부정적이지 않기 때문이다. 이는 보다 균형 있는 분단의식을 우리에게 심어준다. 또한 노래가사도 추억을 불러내는 기능을 담당한다. "저녁 종소리, 저녁 종소리/얼마나 많은 생각을 불러일으키는지……." 손자 녀석의 노랫말을 듣자 가슴이 메어 온다. 노랫말처럼 그때 그 시절은 젊었고, 즐거운 나날이었다. 김원일, <손풍금>, 306쪽.

대조적인 남한 사회의 반공주의에 복속된 분단의 기형적 인물이다. 마지막까지 횡포와 폭력을 대동하는 그는 결국 형제에 의해 최후를 맞게 되지만 우리 사회에 도사리고 있는 비뚤어진 반공 이념을 극복하기 위한 불씨로 작용한다. 이러한 반공 논리는 박도수에게서도 나타나는데 불고지죄로 실형을 산 뒤부터 그는 철저한 자본주의 신봉자가 되어 돈을 모으고 동생의 면회는 절대 가지 않았다. 그로 인한 고초 등 불필요한 오해를 사고 싶지 않기 때문이다. 서울 근교에 땅값이 뛰고 타고난 근면함으로 큰돈을 번 것은 박정희 시대를 살아낸 사람이라면 누구든 가지는 발전이데올로기의 일환이다. 이것은 보이지 않는 분단 논리의 작용인 것이다. 동생처럼 적극적인 활동을 하지는 않지만 마음속으로 남한 사회에 대한 불만이 있는, 그렇지만 주어진 현실에 최선을 다하는 양면적인 인물이다.

> 너한테만 살짝 귀띔하는데 만약 고향에만 갈 수 있다면 몇 년을 살더라도 거기 가서 죽고 싶다더라. 이북은 예수도 마음놓고 믿지 못하게 하는 지옥이라며 남 앞에선 대놓고 저쪽을 욕질하던 분이라, 무슨 엉뚱한 소린가 싶어 깜짝 놀랐지. 속마음은 저렇게 다른 무서운 분이구나 싶어 아버지를 다시 보게 됐어.[242]

경식이 할아버지의 집을 우연히 뒤지던 중 발견된 작은할아버지의 수첩 내용은 혹시 남한 경찰에 발각될 지도 모르는 만일의 사태에 대비한 할아버지의 조작으로, 정군으로 바뀐 작은할아버지의 수첩 속 음성은 "꿈에도 고향으로 돌아갈 생각은 마세요. 거긴 지옥이에요"[243]이었다. 이는 독거 감방에서 21년을 일관된 신념으로 당국의 집요한 회유 공작에도 전향서를 쓰지 않고 버텼다가 위암 말기로 판명받자 살아갈 날이 얼마 남지 않았다고 판단해 석방 조건을 전향서와 바꾸

242) 같은 책, 231쪽.
243) 같은 책, 228쪽.

지 않을 수 없었던 사람의 음성이 아니고, 마르크스・레닌주의자로 후회 없는 생애를 보냈다고 자부하는 사람이라고는 상상할 수 없는 행동이다. 이는 분명 할아버지의 검열을 미리 염려한 조작임에 틀림없다. 박도수는 좌익분자였던 동생 광수가 사망한 1984년 당시 서슬 퍼런 국가보안법을 피해가기 위한 거짓 증언인 셈이다. 무엇보다 경식이 그동안 시대적 상황으로 금기의 영역이었던 작은 할아버지 박광수에 대한 복원과 긍정적 평가로 삼을 수 있는 논문 준비에 도수가 일체의 도움 거부와 침묵으로 일관한 점은 그동안 겪어냈던 남한 사회에 대한 뿌리 깊은 불신을 반영하는 것이다. 이 또한 극복해야할 우리의 문제인 것이다.

앞서 살펴본 박광수 또한 사실상 우리 사회에서 비전향장기수를 일명 양심수로 인정하는 분위기지만, 당시로서는 국가보안법이 엄격한 반공이라는 강력한 자기장이 분명 존재했다. 물론 지금도 반공은 내면화를 보이면서 숨겨져 있지 사라진 것은 아니다. 박도수가 실형을 살고 나온 뒤 자신의 옥살이 수긍하지 못하는 행동 양식도 이러한 반공의 이중적 폭력으로 이해될 수 있다.

김원일은 <손풍금>에서 이산을 바라보는 인식의 틀을 월남자 가족에만 한정시킬 것이 아니라 월북자 가족도 이산가족으로 인정하는 데까지 나아가야함을 보여주고 있으며, 더불어 전작인 <환멸을 찾아서>와 이산이라는 주제적 유사성을 갖고 있으면서도 확대된 형태인 비전향 장기수의 문제로까지 이산문제를 확대시켜 한층 진보한 분단문학의 형태를 보이고자 한다. 더불어 <손풍금>은 현실의 분단과 대치가 평화와 교류로 발전하기 위해서 대다수의 민중이 납득할 수 있는 인도적 차원의 분단 극복의 대안을 생각하게 함으로써, 분단체제의 산물인 비전향장기수의 문제와 이산가족 그리고 반공논리의 부당성을 지적하는 것이다.

2) 분단 세대의 확장과 분단의 지속성

<손풍금>은 해방공간의 이야기다. 김원일이 해방공간을 다룬 소설로 ≪노을≫이 있기는 하지만 분단문학에서 해방공간을 특히, 그 기간의 북측 이야기는 거의

없었다. <손풍금>은 당시 북한의 삶에 대한 소설적 확보를 시도[244)]한 셈인데, <환멸을 찾아서>가 1980년 당대 북한이라는 공간의 확보를 담보로 했다면, <손풍금>은 1940년대 북한을 의식적으로 소환하고 있는 셈이다.

<손풍금>에서 4부분으로 나누어 손자와 할아버지의 시점을 교차하는 것은 이러한 체험 세대와 미체험 세대의 분단을 대하는 시각의 괴리를 부각시키면서, 동시에 동생 박광수의 생애에 대한 비극적 상황을 증가시켜 결국 이런 상황을 야기한 분단 상황의 점검을 도모하고 있다.

김원일 특유의 교차방식은 어떤 관점에도 치우치지 않고 일반적인 사실들을 증언함으로써 객관적이고 중립적인 자세를 취하는 것이다. 할아버지가 침묵하는 것은 손자의 시선에 동생 박광수는 여전히 어느 사회주의자일 뿐이기 때문이다. 이는 우리의 시선과 함께 한다. 따라서 작가는 할아버지와 손자의 병치를 통해 있는 그대로의 비전향 장기수를 보여줌으로써 더 이상 사회주의자가 아닌 인간 박광수를 보여주고자 하는 것이다. 이러한 작업을 거쳐야만 박광수라는 범죄인이 비로소 인간이 될 수 있기 때문이고, 독자에게도 균형적이고 객관적으로 역사를 바라볼 수 있도록 돕는 것이다. 물론 더 이상 1940년에서 1950년 그 시절이 처절한 전시의 북한이 아닌 추억으로 회상할 수 있는 단계에 이르렀다는 것은 우리사회의 성숙도와 함께 작가 김원일의 문학적 성숙도 뒤따른 증거라 할 수 있다.

따라서 <손풍금>은 김원일 분단 소설이 휘몰아치는 전쟁체험에서 한 발짝 물러나 이제는 분단의 연속성을 설명하기 위해서 <환멸을 찾아서>와 같은 방식인 세대의 접근방식을 취하고 있지만, <환멸을 찾아서>가 2세대에 걸친 분단의식의 차이를 보임으로써 부모 세대의 이산의 아픔을 자식 세대인 오윤기와 박종근이 그들의 부모 세대를 조금은 동정적인 시선으로 바라보기 때문에 자신의 아버지를 안쓰럽게 생각하여 인도적 차원에서 비망록을 전해 주기도 하고 아버지의 비

244) 박진숙, 앞의 책, 206쪽.

망록을 보고 안심이 된다고 함에 반해, <손풍금>은 2세대의 시각이 아닌 3세대[245], 즉 아들이 아닌 손자의 시선에서 자신의 논문을 위해 할아버지의 기억 속 의식이 필요하기 때문에 불필요한 정서적인 요인은 모두 배제된다. 그리하여 손자 경식의 감정 노출은 극도로 자제되고, 단지 할아버지의 아픔만이 절절히 전해짐으로 인해 오히려 독자들에게 1세대 이산의 고통을 더욱 생생하게 전달할 뿐만 아니라 3세대의 분단에 대한 무관심에 경각심을 불러일으키는 것이다.

할아버지와 아버지, 그리고 손자로 이어지는 세 세대 간의 서로 다른 분단의식을 통해 분단의 현재성과 지속성을 살펴보면 다음과 같다.

첫째, 기본적으로 <손풍금>의 관찰자는 역사를 전공하는 대학원생 손자 경식이다. 경식은 간첩으로 남파됐던 작은 할아버지 박광수의 일대기를 '인민 박광수 연구: 분단시대 어느 사회주의자의 생애' 란 주제로 논문을 쓰는 과정에서, 작은 할아버지인 남파 간첩 박광수에 대한 소상한 정도를 알고 있으면서도 발설하지 않는 할아버지와의 힘겨루기를 한다.

즉, 경식에게 작은할아버지는 논문의 소재이며, 이미 자기 세대의 분단과 이념은 휘발해 버린 거대담론의 잔해(殘骸)에 지나지 않는다. 따라서 작가가 추리기법을 채택한 것은 다분히 손자 세대의 분단이라는 소재의 접근에 대한 호기심어린 시선을 표징이면서 동시에 중립적인 시선의 함의라고 볼 수 있다.

추리 소설적 기법[246]은 관념이나 사건을 추적하는 집요함을 보이는 소설의 형식이다. 추리기법은 주로 대중문학에서 쓰이나 이 소설에서 손자는 역사의 미해

---

245) 김원일은 최근에 발표한 장편 소설에서도 젊은 날 한때는 그 시대의 중심부에 서 있었으나 열외자의 길로 들어선 끝에 잊힌 존재로 생을 마감한 할아버지와 아버지 세대의 고단한 생애를 손자 세대의 시점으로 추적하는 ≪전갈≫을 발표한 바 있다. 이들 3대는 모두 소수집단으로 분류되어 있지만 우리 현대사의 한 부분을 담당한 그림자와 같은 존재였다고 작가는 술회하고 있다. 따라서 김원일이 분단을 이제 3 세대, 즉 손자의 시각에서 그 윗대를 추적하는 방식을 선호하고, 분단 지속성을 강조하고 있는 것으로 볼 수 있다, 김원일, ≪전갈≫, 실천문학사, 2007, 366쪽.

246) 이브 뢰테르(김경현 역), 『추리소설』, 문학과지성사, 2000. 대중문학연구회 편, 『추리소설이란 무엇인가』, 국학자료원, 1997.

결의 수수께끼를 해결하는 과업을 지닌다는 의미에서, 역사가의 재구성 작업이라는 측면에서 탐정의 추리와 유사하다. 추리는 합리성과 비합리성을 동시에 갖고 있는 이성의 힘에 대한 암묵적인 믿음이다. 이 소설에서 추기기법은 형식적인 즐거움을 제공해줄 뿐 아니라 독자는 작은할아버지를 추리하는 과정의 미궁뿐만 아니라 텍스트의 미궁도 헤매고 다닌다. 이는 해석과정에서 끊임없이 새로운 해석을 만들어내며 이를 통해 텍스트를 새롭게 써나가야 한다.[247]. <손풍금>에서는 대학원생이라는 믿음직한 화자를 내세워 독자의 호기심을 몰아가고 있는 것이 분단의 연속성이라는 측면에서 이해할 수 있다.

또한 추리기법[248]은 할아버지의 발설의 어려움을 유도하는 측면에서 생각해 볼 수 있다. 이는 경식이 손풍금을 배워 작은할아버지의 기억을 유도하는 회로를 제공하는 것과 같은 맥락이다. 쉽사리 마음을 열지 않는 할아버지의 기억 속에 아직도 분단이라는 상흔이 계속되고 있음을 알 수 있다.

그러나 경식은 작은 할아버지에 대한 정보를 하나씩 알아내는 작업을 해 줄 뿐이지 그에 대한 어떤 판단도 하지 않는다. 경식은 할아버지의 기억을 이끌어 자신의 논문에 보탬을 주고자 하는 것이 1차적인 목적이기 때문에 작은 할아버지에 대한 평가나 할아버지 세대의 분단에 대한 이해는 모두 학습을 통한 객관적인 사실들이다. 김원일은 이를 통해 자본이 주는 편리함에 길들여져 분단의 의미가 희석되고 희미해지는 젊은 세대에 대한 비판의식을 드러낸다.

또한 ≪노을≫과 <환멸을 찾아서>에서 보이던 아들의 아버지 세대에 대한 탐색에서 <손풍금>에서는 이제 손자의 할아버지 세대로 탐색의 주체가 변화하였

247) 정항균, 「추리소설의 경계변천 고찰(2)」, 『뷔히너와 현대문학』 27집, 2006, 241-270쪽.

248) <손풍금>에서 추리기법 외에 특징적인 것은 취재와 채록, 인터뷰 형식을 동원한다는 것이다. 이것은 추리기법의 연장선에 있는 것인데, 모두 여러 사람의 증언을 모아서 진실에 접근해가는 것이다. 이는 다각적인 측면에서 진실에 접근할 뿐 아니라, 진실은 단수가 아니라 복수일 수 있다는 점을 강조한다. 또한 김원일 소설에서 자주 등장하는 교차 방식이다. 화자는 경식과 할아버지인 박도수가 번갈아 등장하는 A-B-A-B 형식을 취하고 있다. 피 경험자와 경험자가 교차하면서 실제 작은할아버지에 대한 정보를 의식화한다.

음을 보인다. 이는 김원일이 <환멸을 찾아서>에서 보이던 분단 세대가 20년이라는 시간차가 존재하고 아들 세대가 성장해서 분단은 이제 3세대로 대물림되고 있음을 의미한다. 무엇보다 사전 지식이 전무(全無)한 손자 경식은 소상한 정보 제공자일 할아버지와 부분적 정보제공자인 아버지 세대가 아니기 때문에 발설을 유도하기 손쉽고 더불어 가치중립적인 인물이다. 이는 오늘날에도 여전한 분단의 지속성과 말해주는 것이다.

둘째, 아버지 세대인 큰아버지의 작은 할아버지 박광수에 대한 증언은 경식의 시선과 사뭇 다르다. 큰아버지 박종호는 <손풍금>에서 정확한 나이가 명시되는데 59세이다. 이는 그가 유년시절 희미하게나마 전쟁의 기억을 체득했으며, 이후 반공 이데올로기를 청장년시절 관통하고 있는 세대이기에 당연히 작은할아버지에 대한 거리감이 있는 것이 사실이다.

> "작은아버지 **그 양반이라면 골치부터 아파서** 하구 싶은 말이 없어. 아무 실속 없는 평화 통일이니, 남북 협상이니, 북괴군 배나 채워 주는 북한 퍼주기니, 그런 것에 혈기 올리는 정치꾼이나 통일 운동꾼들조차 정나미가 떨어져. **너희들 세대는 전쟁을 안 겪어 봐서 모를 거야**. 사람 때려잡는 예전 서청이니 반청(반공청년단)의 하던 짓두 끔찍했지만 좌 쪽에서 날뛰던 놈들, 골수 빨갱이들 말이야, 그놈들두 인간이기를 포기한 개백정이지.(중략) 만약 **그 양반**이 그때 잡혀가지 않았담 틀림없이 아버지를 대동하구선 비밀 루트를 이용해 월북했을 거야. 그때 생각만 하면 등골이 오싹해져.(중략)사상이란 게 사람을 미치광이로 만든다는 것쯤 대학원까지 다닌 너두 책에서 읽었을 테지. 겉으로 표 나는 정신병자가 아닌, 겉보기에는 멀쩡하지만 정신이 외곬으로 미쳐 있어 자기 반대쪽은 모두 속임수를 쓴다며 무조건 돌아앉아 버리는 벽창호들 말이야. **그 양반** 케케묵은 그런 사상에 머리가 아주 돌아 버린 사람이라 도무지 정이 안 가. 입을 굳게 다물구, 사람만 보면 실없이 웃는 게 가식 같았거든."249)

큰아버지 박종호에게 작은 할아버지의 호칭은 시종일관 '그 양반'[250]이다. 자신의 집안 어른을 '양반', '벽창호' 라고 표현할 만큼 박종호[251]는 작은 할아버지로 표상되는 공산주의에 강한 거부 반응을 보인다. 또한 광수가 감옥에 갇힌 것이 가족들을 위해 오히려 다행이라고 말하기까지 한다. 사실상 자신이 작은 할아버지로 인한 사회적 불이익을 당한 적이 없음에도 저항감을 가지고 있는 것은 아버지 세대의 두 동강 난 이념이 그대로 진행되고 있음을 짐작하게 한다. 같은 세대임에도 '나'의 아버지인 박종건과 고모인 박희옥은 작은 할아버지에 대한 정치적인 발언은 자제하면서 가족으로써 암 투병으로 인해 폐인이 되다시피 한 박광수를 안쓰럽게 회상한다.

이를 다시 살피면, 같은 세대이면서도 '나'의 큰아버지인 박종호가 국가안보의 측면이라는 집권자의 입장을 대변하고 있는 것에 비해, '나'의 아버지와 고모는 혈육이라는 주관적 측면에서 가족주의를 우선시 하는 것이지 반공주의를 완전히 털어낸 발언은 나타내지 않는다. '나'는 '학습'이라는 보다 객관적인 시선을 지니고 있음에 비해 아버지 세대는 '체화'된 경험에서 배운 주관적인 시선이 지배함을 보이는 대목이다.

이 작품의 화자인 '나'의 말처럼 해방공간의 남북한 문제를 다룸에 있어 남한 사회는 비판적 입장, 북한은 객관적 시점을 유지하는 것, 그리고 남한이 수용한 자본주의와 자유주의를 저술한 저서는 반공 교재 성격을 가지고 있어 논리적 측

---

249) 김원일, <손풍금>, 262-264쪽. 진한 표시는 필자가 임의로 한 것이다.

250) 책에서는 작은 할아버지의 얼굴을 '상판'이라고 비하하는 것도 이것과 같은 맥락이다. "그 양반이 석방됐는데, 집으로 돌아온 몰골이 말이 아니더군. 화상 입은 **상판**도 그렇지만, 어쨌든 그 양반과 눈만 마주쳐두 섬뜩해서 그 양반이 방에라도 들어오면 난 자리를 피했어". 같은 책, 264쪽.

251) 작은할아버지가 아직까지 살았다면 전향 공작을 이겨내고 작년에 장기수 북송할 때 북으로 갔을 것이라고 말하는 큰아버지와 김일성을 이름자만 함부로 부르면 되느냐고 꾸짖었던 작은 할아버지 박광수에 대한 기억을 갖고 있는 사촌형의 이야기는 작은할아버지를 북쪽 체제에 대한 신념의 화신으로 느껴지게 한다. 이는 반공 이데올로기의 달라진 위상을 잘 보여주는 대목인 동시에 시대적 성숙도를 짐작하게 하는 부분도 된다.

면에서 설득력이 약하다는 것은 사실상 <손풍금>의 집필 에 동기를 부여하기도 한다.

2000년에 새로운 남북관계의 물꼬를 튼 6·15선언과 문민정부의 출범은 초점화자인 경식의 세대에게 북한에 대한 민족적 시각보다는 현상학적 시각을 주기에 충분한 시기가 되었기 때문이다. 그러나 아버지 세대에서는 조금 다른 문제다. 자신이 직접 눈과 귀로 익힌 체험이 시대적 성숙에도 쉽사리 사라지지 않기 때문이다.

셋째, 그렇다면 할아버지 세대인 <손풍금>의 두 형제 박광수와 박도수에게 분단은 어떤 의미인가? 현실에서 두 사람은 어떤 희망도 꿈꿀 수 없는 사람들이다. 박도수는 동생 광수 때문에 간첩 불고지지로 고문 받고 2년 반 동안 옥살이한 후 "남북문제라면 가위눌려 살아"가는 인물이 된다. 남한 삶에 미련도 없고, 그저 근면과 성실로 넝마주의에서 집안을 일으켰으며 자신이 번 돈을 "언젠가 그 땅 다시 밟게 된다면 고향을 위해 쓰겠다"고 결심하고 있다. 동생 광수 또한 감옥에서 21년을 보내고 북의 가족을 그리워하며 최후를 맞는다.

박도수 형제에게 분단은 '손풍금'으로 상징되는 그 시절의 이지러짐과 동의어가 된다. 형 도수의 기억 속에 손풍금은 동생이 인민학교 교사를 거쳐 군당 선전대에서 손풍금을 타던 그 시절이다. 그것은 그가 억척스러운 남한 살이를 견디는 원동력으로 삼는다. 그 시절은 두 사람 모두에게 청춘의 황금기였으며, 남과 북 모두에게 분단이 되리라는 의심이 없던 광복과 한국전쟁사이인 해방공간이었다. <손풍금>으로 상징되는 그 시절은 한 가족의 기억 속에 있는 행복의 절대치이기 이전, 현재 관점에서 우리 민족의 가장 행복한 시절이었다. 김원일이 이 작품에서 손풍금을 두 형제의 기억에서 반복적으로 연상하게 하는 이유는 '무지개 같은' 젊은 날의 즐거움을 즉, 궁극적인 통일의 꿈을 실현하기 위한 단초를 제공하기 위한 것이다. 그 시절은 없었던 것이 아니고 분명 존재했기 때문에 가능하다는 것이다.

— 나는 시시각각 닥쳐오는 죽음에 **의연하게** 대치하려 노력한다. 돌이켜 보건대 북남조선 시대에 평탄치 않은 생애를 살아왔으나 내가 걸어온 길을 두고 나는 한 번도 후회하지 않았다. 감방에서도 하루 몇 차례씩 남조선해방전쟁 전후 혁명 전사로서 젊었던 한 시절, **무지개 같았던 나날과 손풍금 타던 즐거움을 되새겼기에** 나는 그 긴 날들을 평상심으로 이겨 낼 수 있었다. 너희들은 마르크스 ·레닌주의자로서 초심에서 결코 흔들림이 없었던 아버지로 나를 기억하라.252)

광수는 자신의 삶과 죽음에 의연한 모습으로 아들에게 교훈을 주는 부성애를 발휘한다. 왜냐하면 그에겐 손풍금을 타던 행복한 그 시절에 대한 추억이 있기 때문이다. 무엇보다 자신이 형과 함께 남한에서 안락한 삶을 꿈꾸게 될 때, 북에 남은 자신의 가족은 심각한 고초를 겪을 것이 분명함으로, 스스로 분단의 희생자를 자처하게 된 것이다.

그로써 광수와 나의 젊은 시절은 끝났다. 1950년 7월 중순, 광수가 인민군에 소집당해 전선으로 떠났기 때문이었다. 광수와 나의 청춘은 해방과 전쟁 사이, 우리 가족이 한 울타리 안에 살았던 한 시절이었고, 그 한때는 분명한 여름날 소나기 끝에 보게 되는 오색찬란한 무지개, 그렇게 영롱하게 빛나던 시간대였다.253)

동생이 인민학교 교사로 군당 선전대에서 배운 손풍금을 가족들 모두 앞에서 연주하던 그 시절은 행복하였다. 자신의 기억을 얻어내기 위해 손풍금을 연주하는 경식의 선율을 따라 되살아나는 그 시절은 광수와 도수 형제에게는 행복한 시간의 절정이다. 현재시점에서 또한 언제 다시 올지 불투명한 일제 말과 한국 전쟁

---

252) 김원일, <손풍금>, 226쪽. 굵은 글자는 텍스트 자체임.
253) 같은 책, 307쪽.

전까지 이 땅에 주어졌던 가장 행복했던 시간대의 상징이다.

박광수와 박도수 두 형제를 통해 살펴 본 '손풍금의 시대'는 '영롱한 무지개의 시대'로 자각된다. 이는 형과 아우 두 사람 모두에게 이데올로기로 막힌 이산이라는 고난의 시대를 견디는 힘을 주었던 것이다.

김원일은 <손풍금>이라는 일치된 행복의 상징을 통해 한국전쟁 이전, 분단이 확정되기 이전, 우리에게도 손풍금 같은 시기가 있었노라고, 그 시절은 진정한 행복이 있었다고, 그래서 그 시절은 다시 빠르게 회복되어야 한다는 민족의 동질성 회복을 추구하고 있는 것이다. 두 형제의 간절함을 더욱 부각시키기 위해 세대 간의 분단 인식을 다르게 배치한다.

또한 그들이 전쟁을 바라보는 단호한 시각은 전쟁의 속성인 폭력성과 비인간성을 반대하면서 이 땅에 다시는 전쟁이라는 불행이 없어야 함을 확고히 한다.

> 광수가 나를 찾아 중순골로 왔을 때 나는, 전쟁은 원수라며 그 점을 분명히 못박았다. 내 말에 광수가 말했다. 「전쟁은 멀쩡한 사람의 잠재의식 속에 숨은 광기를 불러냅니다. 내가 왜 이러냐를 반성할 수 없게, 사람을 한순간에 미치광이로 만들어 버리지요. 어느 전쟁이든, 폭력의 속성으로 이해해야지요」 광수 말은 어려웠다.[254)]

따라서 남한에 내려와 꽤 가족이 번성하여 자신의 생일을 챙겨주는 속에서도 박도수는 쓸쓸한 기분을 느끼며 고향의 부모님을 연상하는 것도 모두 이 때문이다. 번창한 자식세대는 자신들의 당면한 문제인 자녀교육과 재산 증식을 위한 노력에 관심이 많다. 또한 도수의 고향에 대한 그리움보다 유산분배에 귀를 솔깃해 한다. 그리하여 손자 경식이 타는 손풍금소리는 동생과 부모님이 함께 했던 해방공간을 소환하여 광수의 귀에는 한층 더 구슬프게 들리는 것이다.

---

254) 같은 책, 299쪽.

이는 김원일이 그동안 주제의 강조를 위해 빈번히 이용해 온 '대조를 통한 설득력강화'다. 즉, 단란한 가족 속 행복하지 않은 주인공 박도수를 통해 분단의 상황을 훨씬 심화시키는 것이다.

요컨대, <손풍금>은 전쟁을 직접 체험한 할아버지 세대, 유년기에 체험한 아버지 세대와 전쟁 체험 없이 풍족함에 길들여진 손자 세대라는 3세대를 관통하면서 이데올로기의 현재성이 다르게 진행됨을 보이고, 더불어 한 세대를 넘어 새천년에도 새로운 분단 세대가 지속적으로 발생하고 발생할 수 있음을 보임으로써 지나간 시대의 잔영으로 치부되고 있는 분단의 역사에 대한 관심과 해결을 촉구하고 있다.

이 작품은 비전향 장기수의 문제를 전면에 부각시킬 뿐만 아니라 이들을 넓은 범주의 이산가족으로 포함하고, 이산의 문제는 특정의 가족에 구한된문제가 아니라 민족적 차원에서 반드시 성취되어야 할 민중적 바람이라는 사실을 주지시킨다. 또한 <환멸을 찾아서>에서 보인 2세대에 걸친 분단의 문제가 2000년대 3세대에 걸친 문제임을 분명히 하면서 현재에도 그 아픔은 지속되고 있음을 환기한다.

Ⅶ. 김원일 분단문학의 가능성

본고는 김원일의 기존 분단문학연구가 공시적・통시적 시각의 총체적 고찰이 부재하고, 단편적인 작품 분석에 치우쳐 있어 그 성과가 미흡하다는 문제의식에서 출발하여, 작가 김원일이 분단문학의 출발인 1970년대≪노을≫부터 2000년 <손풍금>까지 그의 시기별 대표적인 작품을 통해 김원일 분단문학의 변화를 뚜렷이 정립하는 데 목적을 두었다.

이를 위해 본고는 먼저 Ⅱ장에서 분단문학의 개념과 범주, 역사적 전개양상을 고찰하고, 다음으로 김원일의 작품 세계를 1970년에서 2000년까지의 사회적 담론과 함께 검토하였으며, 이상의 논의를 토대로 김원일 분단문학과 그 문학사적 의의 살펴보았다. 그 결과를 요약하면 다음과 같다.

Ⅲ장에서는 분단 의식을 반영한 큰 흐름을 놓고 볼 때, 김원일 분단의식의 정체성을 형성한 ≪노을≫을 통해 김삼조로 대표되는 무산자 계급의 신분적 불평등을 통해 해방공간의 분단원인을 살펴보았다. 단편적인 계층 갈등의 표출은 당시 사회 내에 만연되었던 민중의 갈등이었고 그들의 원망의 한 형태라고 볼 수 있다. 따라서 민중적 정서를 읽을 수 있는 부분이다. 그리고 29년이라는 시간적 차이를 두고 1970년대 유신체제와 1948년의 민중의 울분을 교차하면서 아버지를 반추하고 민족의 이름으로 화해하게 된다. 또한 작가가 분단 문학을 통해 끊임없이 시도한 인물시점의 교차방식을 통해 아버지의 시대와 자신의 현실에 대한 객관적 거리 조정이 이루어졌음을 발견했다.

Ⅳ장에서는 ≪겨울 골짜기≫를 통해 국군에 의해 희생된 '거창양민학살사건'을 재조명한다. 이승만 정권의 대 좌익 강경 노선으로 빚어진 이 사건의 근본적인 원인으로는 냉전논리로 무고한 인간이 희생된 것이다. 이러한 희생의 논리는 산과 마을로 나뉜 좌익과 우익의 이분법과 동일 원리인 분단논리에 결국은 모두 선량한 양민의 희생으로 보았고, 이를 통한 분단 인식의 재고로 발견된 인간 결국 분단 극복의 원리임을 밝혔다. 결국 이 희생의 현장은 역사의 증언이 되는데, ≪겨울 골짜기≫에서 대표적인 민간인학살인 거창 사건을 증언하는 것은 한국전쟁 과정에서 민간인이 희생된 참상의 책임소재를 명확히 밝히고 이를 반성하는 '역사바로세우기'를 통해 분단의 극복을 도모하고자 하는 것이다.

따라서 ≪겨울 골짜기≫는 '반공 이데올로기'라는 이름 아래 자행되었던 인권유린의 현장을 대변하고, 민중의 열망을 억압했던 반민중적인 지배세력을 비판하고 무고한 인간의 희생을 밝혀낸다. 이는 반공이라는 시대적 금기(禁忌)를 파괴함으로써 희생의 현장을 복원한 것이다. 김원일은 ≪겨울 골짜기≫를 통해 민중의 고통을 대변하고 증언함으로써 분단논리의 모순성을 밝히면서 김원일의 분단문학에서 분단 극복의 구체성을 획득하는 성과를 얻는다.

V장에서는 김원일 분단문학의 총체라고 말할 수 있는 ≪불의 제전≫으로 해방공간에서 부터 1950년 10월까지 분단의 밀도 있는 원인 탐색을 통해 분단의 근원을 추적한다. 분단의 원인은 크게 내인론과 외인론으로 구별 지어 볼 때, 토지개혁을 통해 내인론과 외세의 영향으로 분단원인을 추적해보고, 다시 각각의 인물들의 발언을 통해 이 같은 분단의 원인을 확인할 수 있었다. 요컨대 ≪불의 제전≫은 복합론에 가까움을 발견했다.

또한 주요 인물들이 보이는 민중적 측면에서의 대응을 통해 분단의 극복을 도모했다. 첫째, 분단 콤플렉스를 가진 사람의 주변인 돌보기, 둘째, 낮은 자리에서의 계몽, 셋째, 긍정적 자기단련이 있다. 이는 모두 더 상처 입은 사람들을 덜 상처 입은 사람들이 살펴야 함으로 보이는 민중의 목소리를 대변한다고 볼 수 있다. 마지막으로 통일지향을 의해 투계를 상징적으로 처리하여 이념의 맹신을 규탄하고 공동체의식의 회복이 시급함을 보였다. 또한 좌익과 우익의 모두를 오가며 태어난 두 아이를 통해 양 이념이 어우러진 한 겨레의 정통성을 강조하고 이런 합일을 통해 민족의 하나 됨의 비전을 제시하는 것이다. ≪불의 제전≫에서는 전 시대에서 볼 수 없었던 다 초점 화자를 이용한 객관적 시점으로 분단의 원인탐색과 극복에 대한 열린 시간을 확보했다.

VI장에서는 소련과 동구의 몰락으로 사실상 이데올로기로 상징되는 분단의 상황성이 사라진 시점에서 남는 문제인 이산가족의 상봉에 관한 탐색을 다루었다. 1980년대 초반에 이루어진 남북이산가족 상봉에 착안하여 써진 <환멸을 찾아서>는 월북한 좌익 아버지의 비망록으로 통해 이산가족으로서의 고통을 짐작하게 한다. 이는 3부류의 이산가족과 세대 간의 분단을 바라보는 시각의 상이함을 통해 이산의 문제가 민중입장에서 가장 시급한 분단극복의 초석임을, 그리고 정치적 이해관계를 떠나 인도적 차원에서 해결해야 하는 문제임을 분명히 한다. 또한 비망록의 주인공인 박중렬을 통해 가족의 근원을 확인하고 이를 통해 민족의 동질성 회복이 조속히 이루어지길 바라는 작가의 의도를 확인할 수 있었다.

그리고 이산가족의 범위를 확대하는 의미와 이데올로기의 가장 큰 희생자인 비전향 장기수의 문제를 소재로 한 <손풍금>은 어느 사회주의자를 통해 우리 사회에 남아있는 분단 체제의 산물에 대한 인식과 이념에 대한 포용의 자세를 당부했다. 이는 세 부류의 분단시대 희생양을 통해 살펴지는데, 첫째, 작은 할아버지로 표상되는 비전향장기수의 존재가 그것이고, 둘째, 할아버지와 작은 할아버지 모두의 이념을 초월한 이산가족 또한 분단의 직접적인 희생자가 된다. 셋째, 이는 피해자가 아닌 가해자임에도 불구하고 반공논리에 희생된 황점술을 통해 우리 사회에 내면화되어 있는 반공논리의 모순성을 짚고 있다.

또한 <환멸을 찾아서>에서 보인 2세대에 걸친 분단이 이제 3세대 즉, 할아버지와 아버지 세대를 넘어 손자 세대에도 지속되고 있는 분단논리를 통해 이데올로기의 현재성을 점검했다. 이는 세대의 시각에서도 살펴볼 수 있는데 할아버지 세대가 심정적이라면, 아들 세대는 반공 의식적이고 손자 세대는 학습을 통한 보다 객관적인 태도를 취함을 엿볼 수 있다. 손자 세대로 이어지는 분단의 연속성을 통해 '손풍금'으로 상징되는 무지개 같은 그 시절, 남북이 하나였던 평화롭던 그 시절이 빨리 이루어져야함을 살펴보았다.

이상으로 알 수 있는 김원일 분단 문학사적 의의는 다음과 같다.

첫째, 김원일은 우리 사회에서 오랫동안 금기시 되어온 좌익에 대한 온당한 평가를 위해 매 시기 변모하는 모습의 좌익을 포착하고 있다. ≪노을≫에서는 신분적 차별로 폭도의 모습을 보이던 좌익에서, ≪겨울 골짜기≫에서는 양민과 함께 희생되는 인간적 모습으로, ≪불의 제전≫에서는 민중적 앙양을 대변하는 소신있는 모습으로, <환멸을 찾아서>에서는 흔들린 소신에 퇴락한 모습으로, <손풍금>에서는 죽음을 불사하는 신념의 화신으로 그려지고 있다. 물론 이는 시대적 상황의 성숙도 함께 뒤따른 결과지만 반공의식의 내면화로 그려진 '빨갱이'의 모습에서 점점 발전적인 좌익의 모습을 통해 객관적인 자세를 취하고자 한 것이다.

둘째, 김원일은 좌·우익의 화해를 위한 통로로 휴머니즘을 발휘한다. ≪노을≫의 김삼조는 자신과 가족의 신분적 울분을 통해 평등한 세상을 꿈꾸는 사회주의에 맹신하지만 결국 가족에게 고향을 외면해야 하는 심리적 유폐를 강요했다면, ≪겨울 골짜기≫의 송 중대장은 인민을 위한 세상을 만들기 위해 인민에게 고통을 안기는 전쟁에 임하는 아이러니를 강요했다면, ≪불의 제전≫의 조민세는 남로당에 투신하여 가족을 돌보지 않는 가장의 모습을 보이고, <환멸을 찾아서>의 박중렬은 이념을 위해 가족을 배신하고, <손풍금>의 박광수는 신념을 지키기 위해 반공 끄나풀인 황점술을 살해한다. 이들은 모두 일시적이든 영원이든 사회주의 세상을 꿈꾸었기에 가장 가까운 혈육에게 고통을 주는 아버지였다. 그러나 김원일은 그들 모두 분단을 추동한 시대의 소용돌이에 휘말린 나약한 민중의 하나일 뿐이며 그들에게 이념을 뛰어넘는 화해의 휴머니즘을 발휘해야 함을 보여주려 한 것이다.

셋째, 김원일은 분단에 대한 중립적이고, 객관적 자세를 지속적으로 확보한다. 김원일 문학의 특징이 바로 교차 서술인데 ≪노을≫에서는 동일인이지만 시간대를 달리하고, ≪겨울 골짜기≫에서는 같은 시간대지만 공간과 화자를 달리하고, ≪불의 제전≫에서는 시공간도 달리하고 다양한 인물의 목소리를 통해 분단에 대한 인식을 객관화한다. 또한 <환멸을 찾아서>, <손풍금>에서는 남한으로 한정되었던 소설적 공간을 북한으로 확대한다. 북한이 <환멸을 찾아서>에서는 동시대의 공간이고, <손풍금>에서는 추억의 공간이다. 이러한 교차 방식은 한 화자의 시선이어도 시간적 간격으로 상황을 객관적으로 조망할 뿐만 아니라, 공간의 이동과 여러 화자의 시선이 겹치면서 또한 분단의 원인과 결과에 상당히 다양한 의식을 수용할 수 있게 만든 서사전략인 것이다. 따라서 김원일의 분단문학은 상황 자체의 조망, 있는 그대로의 진실을 독자에게 탐색할 기회를 제공하게 된다.

넷째, 김원일은 분단과 전쟁의 핵심적 위치에 있는 인물보다 분단과 전쟁에 광범위하게 노출된 일반 민중들을 통해 분단논리를 점검하고 성찰한다. 전쟁이라는 상황 속 좌익 인물은 의례히 영웅적인 면모를 가진 주인공을 내세우기 마련이다. 그러나 김원일은 주요 인물을 철저히 민중을 선택한다. 왜냐하면 그래야 대다수 민중의 입장에서 분단에 대한 시각의 정확성과 보편성을 확보할 수 있기 때문이다. 또한 작가가 분단을 어떻게 인식했는가 하는 문제에서 시대적 상황이 주는 검열과 억압 속에서 김원일은 살아 움직이는 인물을 그려내고 있으며 이는 가장 민중적인 것이 가장 세계적이라는 그의 의식의 발현이다. 예컨대, ≪노을≫의 김삼조나 ≪겨울 골짜기≫의 산과 마을의 핵심 인물인 문한득과 문한돌 형제, ≪불의 제전≫에서 분단의 콤플렉스를 가진 대다수의 사람들, 그리고 긍정적인 자기단련으로 극복해 내는 소박한 민중을 통해 분단문학의 최종 목적인 분단의 극복과 통일 지향이라는 점을 감안해 본다면, 분단 시대를 효과적으로 대변하는 것이 바로 민중적 시각의 확보였던 것이다.

이상의 논의를 바탕으로 김원일의 분단 문학의 지향점이 이념보다는 개인과 삶을, 이질성 보다는 동화 가능성을, 파탄보다는 균형을 그리고 무엇보다 적대감보다는 화해와 치유를 지향하는 인도주의 관점이었음을 알 수 있었다.

시대적 한계를 지닌 분단문학이란 다른 쪽 체제에 대한 자유로운 접근이 금기시된 현실을 감안할 때 불구적 형태일 수밖에 없다. 그러나 이러한 시대적 한계를 지닌 개념일지라도 분단 60년의 세월과 생활과 기억과 상처가 오롯이 새겨져 있는 분단문학이란 그 자체로 소중하다. 분단문학은 시대적 한계성 속에서도 우리의 삶의 궤적을 담고 있는 문학적 자산이기 때문이다. 문학이 시대의 반영물이라는 점을 감안하면, 남북의 다양한 인적・물적 교류가 점차 활성화되고 있는 지금 시대에, 우리는 분단 체제의 현실적 모습을 통찰하고 통일시대를 예견하는 문학적 성과를 축적할 수 있을 것이다. 그리고 우리가 살펴본 김원일의 분단문학을 통해 과거를 재구하면서 분단모순의 파행성과 그 극복을 향한 모색을 통한 통일시대를 대비하려는 현재진행형의 분단문학을 만날 수 있었다.

이렇게 볼 때 분단극복의 문학이란 민족동질서의 회복에만 초점을 두어서는 안 되며 사회, 인문과학이 이룩한 모든 성과에서 유추할 수 있는 분단의 원인부터 통일의 저해요소에 이르기까지의 전 과정을 수렴하고, 이를 문학적으로 형상화해야 하며, 나아가 전쟁과 분단의 고통만을 다룬 소재적 한계를 확대하여 분단의 아픔을 안고 있는 현실의 제반 요소까지 광범위하게 문학적 소재로 선택할 수 있는 것이어야 한다. 그리고 마땅히 그 귀결점은 통일을 향한 올바른 인식의 재정립에 두어야 한다. 따라서 분단과 전쟁을 다룬 작품들은, 단순한 통일이 그 종점이 아니라 통일 자체를 넘어서서 진정한 민중의 소망을 올바른 방향으로 이끌 수 있는 미래지향적 의지를 담아내야 할 것이다. 또 이런 민중의 소망은 통일 이후에도 지속될 인간의 모든 비극을 극복할 수 있게 하는 의지가 될 것이며, 그러기에 분단문학은 통일로써 독자의 시선에서 사라지는 것이 아니라 그 이후에도 영원히 민족문학사의 중요한 유산으로 계승될 수 있는 것이어야 한다.

한반도의 분단과 한국전쟁이란 단순히 지역성에 국한되는 것만은 아니다. 이는 이미 지난 20세기 또한 21세기에도 여전히 세계 도처에서 자행되고 있는 세계사적인 문제이다. 우리가 21세기를 어떻게 바라볼 것인가 하는 문제는 곧 20세기를 어떻게 정리할 것인가와 같은 문제이다.

따라서 그동안 분단문학을 민족문학으로 살핌으로써 국수주의로 오인하고, 세계화 담론과 배치되는 개념으로 이해하는 것은 바람직하지 않다. 한반도의 통일의 모델은 결국 세계 평화에 얼마나 이바지 하느냐와 같은 문제인 것이다. 따라서 21세기에 김원일을 왜 연구하느냐 하는 문제에 본고가 그 의의가 될 것이다.

2부 분단현실과 탈북자

김원일 소설 〈손풍금〉의 서술형식

Ⅰ. 들머리

김원일은 작품 활동 전반에서 분단의 상황성을 일관된 주제로 삼은 분단소설의 독보적인 소설가다. 전쟁과 분단을 단지 작품의 소재나 배경으로만 다룬 작가들과 달리 김원일은 분단이라는 실체에 정면으로 맞서면서 꾸준히 탐색해왔고, 그 태도 또한 엄정하고 중립적이다. 김원일에 대한 기존 연구 또한 이러한 측면에서 이루어져 온 것이 사실이다.[1]

주제적 측면의 연구는 곧 형식적 측면의 부재로 이어져, 김원일 분단 소설의 미적 구조에 대한 특성은 부정되거나 또는 일부 특질에 대해서만 긍정[2]하는데 그치고 있다. 이는 분단체험을 바탕으로 써진 김원일 문학사적 의의를 소재의 진실성에서만 찾고 소설적 표현의 진실성[3]에 대해서는 간과하는 데서 비롯된 것이

---

1) 김원일 소설에 관한 연구는 작가론과 주제론 적인 측면이 지배적이다. 분단・성장・가족사 소설이라는 제한적이고 피상적인 층위에서 동어 반복적 논의에 그쳐 작품 이면의 모습까지 주석하지 못하고 고정적인 이야기 구조로 김원일 소설을 국한 시킨 한계가 있다. 기존 연구사에 대한 검토는 연구자의 논문을 참고하기 바란다. 이성희, 『김원일의 분단문학 연구』, 부산대 대학원 박사논문, 2008, 4-10쪽.

2) 김원일 소설에 대한 형식적인 측면에서 시도한 연구는 다음과 같다. 이대영, 「김원일 장편소설 연구」, 『한국언어문학』 43, 1999. 12. 한국언어문학회, 정현기, 「유년체험소설연구」, 『梅芝論叢』 11, 1994. 2. 연세대학교 매지학술연구소, 곽지현, 『김원일 소설연구 - 구조분석을 중심으로』, 연세대 대학원 석사논문, 2004. 정주아, 『김원일 소설에 나타난 기억 방식 연구』, 서울대 대학원 석사논문, 2005. 2.

3) '~의 진실성'이라는 용어는 형식적 리얼리즘의 장치를 통해서 스토리의 진실성을 강조할 수

라고 판단된다. 특히 <손풍금>에서 취하는 서술형식의 문제는 지금까지 김원일 소설 연구에서 부재한 영역일 뿐만 아니라 작가가 분단이라는 소재를 새롭게 재편하기 위해 즉, 내용의 진실성에 못지않게 표현의 진실성을 얼마나 치열하게 고민했는가를 살펴볼 좋은 기회가 될 것이다.

서술형식은 의사소통의 한 양식으로서 '누가 누구에게 어떤 형식으로 어떤 의도를 가지고 말하는가' 에 따라 의미가 달라지는 살아있는 언어로 봄을 의미한다. 모든 언술은 발화자(작가), 청취자(독자), 언급되는 대상(주인공)의 사회적인 상호작용의 표현이다. 즉, 말하는 자와 듣는 자의 상호작용의 결과인 것이다. 작가가 소설을 쓰는 행위나 독자가 작품을 읽는 행위는 모든 의사소통 과정에 드러나는 행위주체의 활용으로서 의미를 지닌다.

김원일 소설, 특히 <손풍금>에서 이러한 텍스트의 전달구조나 서술형식의 문제가 중요한 이유는 사회적 의사소통에 대한 작가의 민감한 문제의식이 그 안에 투영되어 나타나기 때문이다. 김원일 소설세계는 개인의 주체적 판단과 비판적인 문제제기가 차단당한 한국사회의 부정성에서 출발하고 있다. 현실 세계에서 일방적으로 이루어지는 소통의 문제, 이데올로기와 언어와의 관계를 집요하게 탐구하는 작가의식은 소설을 구성하는 방법으로 이어지는 바, 그의 소설 속에서 작가와 인물, 인물과 인물, 작가와 독자 간의 동등한 대화를 지향하며 소설 공간을 열린 소통의 공간으로 마련하고 있다.

서사분석에서 핵심적인 것은 화자의 서술형식과 초점화 방법으로서 서사의 모든 문제는 결국 화자의 문제로 귀결된다고 볼 수 있다. 따라서 <손풍금>의 서술형식을 살피는 방법으로 화자를 서사담론의 실질적인 존재로 보고, 서사학의 논의영역을 서사 텍스트의 생산과 수용의 문제로 까지 확대시킨 미케 발의 서사이론을 기본 틀로 하되, 서술적 기교의 선택 그 자체가 이데올로기를 드러낼 수 있

있다는 랜서의 '스토리의 진실성'이라는 용어에서 연구자가 추출한 것이다. 수잔 스나이더 랜서, 『시점의 시학』, 김형민 역, 좋은날, 1998, 166쪽.

다는 랜서의 시점이론을 부분적으로 수용할 것이다.

이 글은 소설이 의미 있는 형식이면서 동시에 형식화된 내용이라는 논리를 근간으로 하여, 리얼리즘의 지표에 도달하기 위한 작가 김원일의 노력과 이룩한 성과를 증명하기 위한 작업으로 <손풍금>의 미적 형식인 서술형식을 새롭게 발굴하는 데 그 의의를 찾고자 한다.

II. 연작형식과 객관적 묘사 지향

문학사적으로 볼 때 작가들이 연작성이라는 이완적인 형식을 활용하기 시작한 것은 1970년대[4]부터다. 산업화, 근대화의 과정을 거치면서 점차 중층적으로 심화되어 가는 현실의 모순들을 파헤치기에 단편소설이 추구해 온 단일성이나 단면성에 한계가 있음을 깨달았기 때문이다. 그러나 발표지면의 자유로운 이동이 가능하다는 점과 전체적인 이야기 틀을 보다 개방적으로 운용할 수 있다는 점에서 연작 형식은 단편형식이나 전체적 구조를 염두에 두어야 하는 장편형식과는 본질적으로 다른 이점을 지니고 있는 형식이다. 따라서 연작소설은 부분과 전체의 긴장 즉, 부분의 독자성을 이루면서도 전체 이야기를 이루는 서사구조 속에서 연작으로 확장된 소설 공간을 기반으로 삶의 다양성과 전체성을 동시에 표출할 수 있게 된다.[5] 다시 말해 연작형식은 인상의 통일을 주며, 압축된 구성으로 인생의 한 단면을 제시하는 단편으로서의 특징과 인간의 삶을 총체적으로 그려낼 수 있다는 장편소설의 특징을 아우를 수 있다는 장점이 있다.

---

4) 조세희의 ≪난장이가 쏘아 올린 작은 공≫(1978)이 연작 형식의 소설 양식의 확대를 가능하게 하면서 이야기 형식의 긴장과 이완을 동시에 추구한 대표적 작품이라 할 수 있다. 이 같은 연작에서 성공할 수 있었던 것은 1970년대 소설이 종래의 단편 형식으로는 현실에 적절히 대응할 수는 없으며 그렇다고 장편으로 현실을 개괄할 수 있을 만큼의 성숙에는 이르지 못했다는 사실을 말해주는 것이다. 이 소설에서 볼 수 있는 주제와 양식과 기법에 대한 도전과 그 성과는 1970년대 문학의 중심에 자리 잡고 있다.

5) 하정일, 「민중의 발견과 민족문학의 새로운 도약」, 민족문학연구소 엮음, 『민족문학사 강좌』, 창작과 비평사, 1995, 272쪽.

김원일의 소설에서 보이는 연작형식[6]은 <손풍금> 이외에는 모두 장편으로, ≪슬픈 시간의 기억≫(2001)과 ≪푸른 혼≫(2005)이 있다. 이들 소설의 주인공은 모두 직・간접적인 분단의 피해자들이다. 김원일 소설에서 2000년 이후 연작 소설 형태가 두드러지는 것은 그가 앞서 살핀 연작의 이점을 충분히 활용하는 것과 더불어 분단이라는 소재적 측면의 취약점을 극복하는 동시에 표현기법의 생동감을 취하고자 하는 작가의 공력과 무관하지 않다.

특히 <손풍금>처럼 장편이 아닌 중편에서 연작 형태를 취한다는 것은 자칫 내용파악의 주기가 짧아짐으로 인해 올 수 있는 주제 전달의 단절이라는 위험요소[7]를 안고 있으나 추리형식을 더함으로써 독자의 호기심으로 끊임없이 자극하고, 장편에서 주로 가능한 연작형태를 중편으로 이행하는데 성공했다고 볼 수 있다. 따라서 <손풍금>은 김원일이 체험을 바탕으로 지속적으로 추구해온 분단문제에 연작형식과 추리형식을 가미하여 김원일의 기본적인 문학태도, 즉 객관적 묘사체[8]를 확인하기에 적합한 작품이다.

<손풍금>은 주인공이자 서술자인 손자 박경식과 할아버지 박도수의 시선을 각각 2번씩 교체한 총 4장의 계기적인 연속성에 의해 결합[9]되어 있으며, 각 장은

---

[6] 연작소설은 크게 2가지의 뜻으로 쓰인다. 하나는 몇 사람의 작가가 하나의 주제 아래 한 부분씩을 맡아 지어, 전체로써 한 편의 작품을 이루어 내는 것을 의미하며, 다른 하나는 한 작가가 같은 주인공을 등장시켜 쓴 단편 소설을 서로 연결하여 장편으로 만든 것을 가리킨다. 대개 후자의 경우를 뜻한다고 볼 수 있다. 또한 몇 가지의 독립된 완결 구조를 갖는 단편들이 서로 일정하게 연관을 지니면서 연쇄적으로 묶여 있는 소설 유형을 의미한다고 보는 견해도 있다. 그러나 반드시 독립성을 띤 형태만을 연작형식으로 볼 것은 아니다. 자립적이며 독립적인 작품들의 개별성을 뛰어넘어 그 작품들을 연관성의 유대로 묶어 주는 것은 제재나 주제상의 동일성인 것이다. 따라서 본고는 연작형식을 주제와 소재, 배경 면에서 일정한 연관을 지니면서 하나로 묶을 수 있는 소설이라고 하는 한용환의 의견을 받아들이는 입장에서 <손풍금>을 연작형식이라고 지칭하고자 한다. 한용환, 『소설학 사전』, 문예출판사, 1999, 320쪽.

[7] 이는 독자의 독서 몰입을 방해할 소지가 있다.

[8] 김병익, 「병든 세상 껴안기」, ≪물방울 하나 떨어지면≫, 문이당, 2004, 312쪽.

[9] 김원일, <손풍금>, ≪물방울 하나 떨어지면≫, 문이당, 2004. 연구자의 박사논문참조, 『김원일의 분단문학연구』, 부산대대학원, 2008. 2002년 황순원문학상 수상작이기도 한 <손풍금>은, 역사를 전공하는 대학원생 손자 박경식이 간첩으로 남파됐다가 비전향장기수로 생을 마감한 자신의 작은 할아버지 박광수의 일대기를 주제로 한 석사논문을 쓰는 과정에서, 박광수

경식과 도수의 대화적 관계뿐만 아니라, 도수의 경험적 자아와 서술적 자아의 대화적 관계까지 배려한 부분이라고 할 수 있다.

따라서 이 장에서는 화자의 위치와 서술형식과 관련하여 우선, 김원일이 <손풍금>에서 보이는 연작형식의 서술방법에 대해 먼저 해명해 보기로 한다.

우선 주목할 것은 화자 간의 관계 설정방식이다. 앞서 언급했듯이 이 작품은 1·3장은 경식을, 2·4장은 도수를 화자로 하여 이야기를 교차 진행한다. 두 사람은 서로에게 관찰자인 동시에 행위자가 된다. 이때 화자는 글쓰기 주체로서의 모습을 공공연히 드러내기도 한다. 두 화자의 관계는 혈연관계에 있는 남성이다. 소설가의 권위는 여성보다도 남성들에게는 훨씬 자동적으로 주어진다[10]고 할 때, 이는 보다 확실한 화자의 자격, 즉 "진술의 권위"를 얻기 위한 수단이라고 볼 수 있다. 또한 도입부에서 두 화자의 관계와 함께 경식이 손풍금을 배우기로 결심한 비밀스러운 동기가 제시됨으로써 1인칭 소설에서 일반적으로 생략되는 청자를 대신해 독자에게 제목에 대한 환기와 더불어 소설의 진행방향을 제시한다.

> 내가 손풍금을 배우기로 마음먹기는 악기를 다루는 데 소질이 있다거나 그럴싸한 취미 한 가지쯤 익혀 두려는 한가로운 생각에서 출발한 건 아니다. 할아버지의 환심을 사기 위해서고, 의도적으로 말한다면 **과거의 기억 중 어느 부분만을 철저히 입을 봉해 버린 할아버지 회상을 내 손풍금 연주를 통해 재생시켜 보려는** 데서부터 시작되었다. (217쪽).[11]

에 대한 더 많은 정보의 수집이 필요하고, 이에 대한 소상한 정도를 알고 있으면서도 발설하지 않는 할아버지 박도수와의 힘겨루기를 주된 내용으로 삼고 있다. 총 4장, 90쪽으로 1장과 3장은 경식의 시선에서, 2장과 4장은 할아버지의 시선에서 이야기는 서술되며, 각 장의 지면 비율은 약 20쪽 정도로 김원일이 서술자의 공평한 배분을 치밀하게 계산한 흔적을 엿볼 수 있는 대목이다.

10) 수잔 스나이더 랜서, 앞의 책, 147쪽. 랜서에 의하면 '진술적 권위'란 작가적 목소리에 밀착된 권위를 말한다.

11) 이하 텍스트 인용 부분은 괄호 안 페이지 표시로 대신하고자 한다.

> 손자 녀석이 손풍금 띠를 양 어깨에 걸더니 연주를 시작한다.「할아버지, 이 노래 아시죠?」북한에 계실 때 이런 곡조 들어 보셨죠?」녀석이 고함을 지른다. (중략) 손자 녀석이 또 그 질문질이다. 중순골로 할아비를 자주 찾아와, **광수에 대해서는 내가 할 말이 없다고 잘라 말했는데도 녀석은 말끝마다 끈질기게 광수만을 물고 늘어진다** (236쪽)[12)]

경식과 도수의 각 장 첫 머리는 서로를 관찰대상으로 삼아 경식은 탐색자의 입장에서, 도수는 방어자의 입장에서 서로를 경계의 대상으로 삼는다. 동시에 이러한 진술은 앞으로 전개될 이야기가 미전향장기수 박광수에 대한 기억을 담보로 삼고 있기에 사적인 영역을 초월하여 공적인 영역으로까지 이어질 것이라는 암시를 주기에 독자들이 심리적 긴장감과 호기심으로 갖고 몰입하게 한다.

또한 화자의 상이한 신분과 관계는 텍스트의 담론 양상을 결정해준다. 다시 말해 텍스트 전체의 톤(tone), 그리고 서사방향을 규정해주고 있다. 경식이 객관적인 자료와 증인을 중심으로 차분하고, 냉철하고 논리적으로 해방 전후 상황을 살피는 반면, 도수는 과거 회상부분에서 비통하고 강경하고 감정적인 톤으로 과거의 자신과 동생의 시대 이야기를 의미화하고 재구조화하고 있다. 이렇게 형성된 두 화자의 톤은 각자 독특한 문체를 이루는데, 우선 도수는 감정에 호소하는 영탄, 자문자답, 의문을 빈번히 사용한다.

> 일 년을 넘겨서야 나는 인천 피난민 수용소에서 학수고대했던 가족을 찾아낼 수 있었다. 그때의 감격이라니!(286쪽)

> 고향 떠나 부모님 못 모신 빚 갚는 셈 치고 은행에 맡겨 둔 돈을 몽땅 헐어선 양곡을 트럭으로 수십 차 사서 신구 가면 되지. 암, 거기서 남은 여생 살다 죽구 싶고말구.(298쪽)

---

12) 진한 부분은 강조를 위한 연구자의 임의적 표시이다.

남한에서 살 동안, 죽기 전까지 생각이 그렇게 돌아서는 안 된다고 수없이 다짐했는데 팔순 나이에 이르자 돌아갈 수 없는 그 시절이 왜 그렇게 안타깝게 떠오르는지 알 수 없다. 누구나 한 번은 맞게 되는 죽음처럼, 누구에게나 젊은 한때는 오직 한 차례, 조금 전 꿈처럼, 꿈결이듯 짧게 스쳐 가버리기 때문일까.(307쪽)

위 인용문은 도수의 문체적 특징이 '절규'와 '호소'임을 알 수 있게 한다. 반면 도수의 이러한 격정적 감정이 자칫 감정을 헤프게 늘어놓을 위험성이 있기에 경식을 화자로 내세운 부분에서는 직접화법으로 구사하는 인터뷰를 알맞게 배치함으로써 화자의 감정적 처리를 최대한 조정하고 있다.

"아버지, 작은 할아버지가 고향에서 인민학교 교사를 거쳐 군당 선전대에서 손풍금 타던 시절을 자세하게 증언해 줄 분이 없을까요?" 하고 내가 물었다.
"아버지가 그 얘기라면 아주 입을 다무셨으니 난들 별 아는 게 있어야지. (중략)"
"개천군 향우회에 그럴 만한 분이 없을까요?" 하고 내가 물었다.
"개천 읍내에 살다 피난 나온 서너 집안과 내왕이 있었으나 우리가 용인으루 내려와 살다보니 그쪽과두 연이 끊긴 지 오래됐구(중략)"(222쪽)[13)]

이는 감정의 무절제한 분출을 막기도 하지만, 독자에게 서사의 지루함을 덜어주는 효과를 동시에 기둔다. 또한 나른 세대에 속하는 두 인물의 다른 면모를 대비시킴으로써 경직된 서술을 극복하는 동시에 보여주기를 통해 인물의 사회성 강조를 위한 작가의 의도적 노력이라고 볼 수 있다.

---

13) 텍스트에서는 「 」으로 정리되어 있으나, " "의 삽입은 직접 화법임을 밝히기 위한 연구자의 임의적 표시이다.

혈연관계의 두 화자를 통한 한 가족의 이야기를 공적인 영역으로 확대시키고, 화자 간 상이한 신분의 대비를 통해 세대 간의 상이한 분단 시각을 문제 삼은 것은 <손풍금>이 연작형태를 취하는데 설득력을 부여한다. 또한 두 화자로 공정하게 분배된 연작형태의 서술형식은 표면적으로 화자 자신의 의지를 정당화하기 위한 진술과 관련되어 있다. 경식이 전달자로서의 임무에 충실한 '드러냄의 의지'를 보인다면, 도수는 고백자로서의 임무에 충실한 '감금의 의지'를 보이고, 도수가 독자의 감성에 호소한 '주관적 독백'이라면, 경식은 독자의 이성에 치중하는 '객관적 상황 제시'의 서사적 특징을 갖는다.

따라서 김원일은 <손풍금>을 통해 한 시대에 공존하는 여러 세대에 걸친 변화하는 분단인식의 태도를 효율적이고 현실감 있게 보여주기 위한 틀로서 연작형식을 채택했고, 두 화자의 서술형식이 대화적 담론을 이루면서 객관적 묘사를 지향하고 있음을 알 수 있다.

Ⅲ. 1인칭 화자를 통한 서술의 정서화와 거리화 실현

미케 발에 의하면 1인칭 소설에서 화자가 인물로서 자신을 명시적으로 언급하지 않을 때 그 화자를 외적 화자(external narrator:EN)라 한다. 이때 화자는 파블라에 모습을 나타내지 않는다. 반면에, '나'가 인물과 동일하다면, 인물에 갇힌 화자(character-bound narrator:CN)라고 한다. 이 두 화자의 차이점은 다른 사람에 대해 이야기하는 화자와 자신에 대해 이야기하는 화자로서 서사적 의도의 차이와 관련이 있다.[14] 따라서 외적 화자는 다른 사람에 관한 이야기를 진실인 것처럼 의도를 제시하고, 인물에 갇힌 화자는 마치 자서전을 쓰는 것처럼 보이기도 한다.

1인칭 소설인 <손풍금>에서 화자의 권위가 어떻게 수립되고, 이와 더불어 화자의 기능이 어떠한 서술방법으로 구현되고 있는지를 살펴보려는 의도 하에, 우

---

14) 미케 발, 『서사란 무엇인가』, 한용환 · 강덕화 역, 문예출판사, 1999, 220쪽.

선 '연작 형태'의 기능을 살펴본 다음 1인칭 서술 양식을 각각 자전적 서술과 관찰자적 서술 양식[15])으로 나누어 고찰해 보고자 한다.

앞서 언급했듯이 <손풍금>은 두 1인칭 화자의 서사적 교차로 구성되어 있다. 연작의 형태를 취하지 않는다면 1인칭 서술형식은 일반적으로 한 화자가 소설의 의미구조를 결정하는 경험적 자아와 서술적 자아로 나뉘어 긴장을 만들어가는 원동력으로 작동한다. 그랬을 때 이 형식을 이용하여 화자가 독자를 최고조로 긴장시키기는 어렵다. 왜냐하면 화자 스스로 긴장의 정점을 이미 알고 있을 뿐만 아니라, 독자 또한 화자가 그것을 알고 있다는 사실을 알고 있기 때문이다. 따라서 작가가 연작형식을 취한 것 즉, 두 명의 1인칭 화자를 내세운 의도는 독자의 독서법의 낯선 경험을 통해 분단문학의 새로운 접근법을 제시해 보고자 한 것으로 추측할 수 있다.

한 화자는 자전적 서술을 담당하여 이미 경험한 분단 체험을 현재의 일처럼 생생하게 재현시키고 그 상황 속의 주인공의 절실한 고통 또는 비애를 호소하려는 데 목적을 둔다. 즉, 인물에 갇힌 화자의 호소적 기능과 자기 변호적 기능에 각별한 관심을 가졌음을 발휘되고 있다. 또 다른 화자인 외적 화자는 관찰자적 서술을 담당하여 미스터리한 침묵을 밝혀내기 위해 동원되는 논리적 추리를 서서히 노출시킴으로써, 독자와의 긴장을 의도적으로 유도하면서 분단 체험이 전무한 분단 3세대의 가장 객관적이고 현재적 모습을 보여주는 거리조절 기능과 객관적 기능을 담당한다.

그렇다면 박도수와 박경식으로 분리 서술된 각각의 화자의 기능에 대해 살펴보자. 먼저 자전적 서술방법을 보이는 할아버지 박도수의 입장에서 서술되기 시작하는 2장의 서두에서 1인칭 화자는 손자의 끈질긴 추궁에 자신의 발설을 가로막는 원인과 자신의 운명에 대해 이야기 하고 있다.

---

15) 자전적 서술과 관찰자적 서술이라는 용어는 서술자에 따라 자전적 양식과 관찰자적 서술 양식 두 가지로 나눈 것을 참조한 것이다.

> 황점술, 그 개자식이 하던 짓거리와 똑같다. 4・19 나서 중손골로 돈 뜯으러 왔다 우연히 광수와 맞닥뜨리자 놈은 사냥개 본성을 드러내어 나를 협박하기 시작했다. 경찰에 신고해 보상금이나 타야겠다며 그가 협박할 때마다 제 발 저린 나는, 내 말이 사실이지만 광수와 내가 경찰서로 불려 다니며 취조받는 게 성가시다며 궤짝에 차곡차곡 모아 둔 돈을 헐어 쥐여 주었다. 손자 녀석도 그 시절 황가놈처럼 숫제 몽둥이 안 든 수사관 행세를 하려 덤빈다.
> 할아비가 치매에 걸렸나 안 걸렸나 시험해 보자는 속셈일는지도 모른다. 고드러진 풀처럼 육신은 이제 만신창이지만 정신만은 아직 흐리지 않다. 나는 손풍금을 연주하는 손자 녀석을 마치 망령 난 늙은이처럼 멍청한 낯짝으로 바라본다. 광수 문제를 시치미 떼자면 차라리 녀석 앞에 멍청이 노릇을 하는 게 낫다. 그래야 녀석도 성가신 질문을 더 안 할 테이다.
> 어쨌든 손풍금 소리와 노랫말을 들으니 새삼 지난날이 떠오른다. 까마득한 저쪽 시간인데, 그 시절이 머지않은 과거 같다. 과거는 전기 스위치가 한순간에 어둠과 밝음을 바꾸어 놓듯 빛같이 빠르게 그 시절로 넘어간다. 입속말로, 고향을 자나깨나 잊을 수 없구나 하고 녀석 노랫말을 따라 읊자, 떠나온 고향 전경이 눈앞에 어린다.(237-8쪽)

인용문에서 인물에 갇힌 화자인 '나'는 손자 경식이 동생 박광수에 관한 호기심을 간략한 묘사와 더불어 손자의 추궁으로 연상된 황점술에 대한 논평을 통해 자신의 함묵이 자신과 가족의 비극과 직결되어 있음을 설명하고 있다. 첫 단락에서 황점술과의 악연으로 화자 형제의 불행이 시작되었음을 알리면서 손자의 질문에 침묵으로 일관한다. 두 번째 단락에서는 이러한 논리로 손자의 손풍금을 이용한 고도의 전략을 알아차리고, '시치미', '멍청이'가 되자는 다짐을 하게 되는 것이다. 그러나 세 번째 단락에서 겉으로 보이는 모습과는 다르게 고향과 그 시절에 대한 절절한 그리움의 기억은 또렷하다고 술회하고 있다. 이것은 분단 1세대에서 느낄 수 있는 실향의식이 비단 박도수의 경우에 국한되는 것이 아니라 분단

현실의 구조적 모순을 암시하고 있는데, 이것을 통해 화자의 호소적 기능과 자기 변호적 기능이 더욱 효과적으로 표출되고 있는 것이다.

그리고 첫 번째 단락에서 손자와 황점술 두 사람의 공통된 이미지가 '사냥개', '협박', '취조'의 언어로 연상되고 있다. 특히 황점술을 "개자식", "황가놈"이라는 부정적 이미지로 형성하는 것은 두 번째 단락에서 자신의 침묵 의지를 더욱 공고히 하는 논리화를 가져오고, 세 번째 단락에서 "그 시절이 머지않은 과거 같다.", "전기 스위치가 한순간에 어둠과 밝음을 바꾸어 놓듯 빛같이 빠르게 그 시절로 넘어간다."라는 비유법을 통해 강한 메시지를 전달함으로써, 논평을 통한 서술의 정서화를 실현하고 있다. 이러한 기능은 한 가족문제를 통해 발휘되는 마지막 남은 분단문제의 해결을 이산문제로 확대시키는 것으로 광범위한 독자들의 공감을 불러일으키는 데 기여하고 있다. 자전적 서술로 하여 인물에 갇힌 화자가 독자와의 대화적 관계를 통해 자기실현적 기능을 표출하고 있는 것이다.

미케 발의 견해에서 보듯 인물에 갇힌 화자는 자신에 관한 진정한 사실들을 상세하게 말함으로써 마치 자서전을 쓰는 것처럼 가장할 수도 있다.[16] 그러나 김원일은 외부 화자인 박경식을 통해 인물에 갇힌 화자의 체험을 관찰자의 입장에서 서술하는 방식을 취한다.

두 번째, 관찰자적 서술방법은 화자가 자신의 경험을 이야기하는 방식에서 벗어나 자신이 직접 본 것을 중시하는 방식으로 대상과의 일정한 거리를 유지함으로써 보다 객관적인 서술태도를 유지할 수 있다. <손풍금>에서 관찰자로서의 화자 박경식이 스토리에 참여하기는 하지만 중심 사건과 관련해서는 관찰자의 입장에 있기에, 이것은 외부 시점을 통해 얻을 수 있는, 주관적으로 윤색되지 않은 객관적인 의식에다 내부 시점에 의해서 보장되는 더 큰 신빙성을 부여하는 방식[17]이 된다. 이때 화자는 관찰되는 인물의 내면세계에 대한 상세한 묘사를 포기

---

16) 미케 발, 앞의 책, 220쪽.

17) Gelfert, H.D., 『소설 어떻게 해석할 것인가?』, 정인모 · 허영재 역, 새문사, 2002, 24쪽.

해야 하는데, 주변 인물들의 관련된 에피소드 등과 같은 삽입된 서사를 통하여 이러한 한계를 어느 정도 극복하고 있다. 이러한 삽입 서사에서는 화자가 완전하게 교체되거나 부분적으로 교체되면서, 직접화법에 의하여 관찰되는 인물의 경험세계가 독자들 앞에 펼쳐지게 된다. <손풍금>에서 외적 화자인 박경식은 작은 할아버지 박광수와 관련된 일화를 주변인물로 부터 채록한 부분을 서술함으로써 이러한 예를 뒷받침한다.

자신의 고모나 큰아버지, 할아버지의 오랜 지인이자 큰아버지의 장인인 곽씨, 사촌형 등의 언술은 삼중, 사중의 화자 그리고 서술자인 경식마저 청자로 바꾸는 셈이 된다.

> 박종호(59세, 필자 백부, 박광수 장조카): (큰아버지가 경영하는 편의점 간이의자에서 면담 내용을 녹음기로 채록했음.) 네가 통닭 사들고 날 찾아온 이유가 이제야 알겠군. 작은아버지 그 양반이라면 골치부터 아파서 하구 싶은 말이 없어. 아무 실속 없는 평화 통일이니, 남북 협상이니, 북괴군 배가 채워 주는 북한 퍼주기니, 그런 것에 혈기 올리는 정치꾼이나 통일 운동꾼들조차 정나미가 떨어져. 너희들 세대는 전쟁을 안 겪어 봐서 모를 거야.(262쪽)

> 박종건(54세. 필자 부친. 박광수 조카):사일구가 나서 장면 정권이 들어선 이듬해야.(중략)엄마, 손님 오셨어요, 하고 내가 안방 문을 열자, 머릿수건 싸매구 앓아 누웠던 어머니가 자리에서 부스스 일어나시데. 마당 어둠 속에 선 남자가 개털모자를 벗으며 쭈뼛거리더니, 형수님, 제……광숩네다, 하고 말하지 않겠어. 그 말에 어머니가 얼마나 놀라던지, 서, 서방님이라구요? 하며 말을 더듬더니 너무 놀란 나머지 앉은자리에서 졸도하셨어.(중략)나라법이 위배되는 줄은 알지만 말이 쉽지 한 형제를 어떻게 고발해.(중략)작은아버지가 별세해 뒷산에다 장례 지낸 날 저녁 아버진 술에 흠뻑 취해선 울며, 「내가 이태 반을 감옥 살았어두 후회하지는 않는다. 그 전쟁통을 무사히

넘겨 고향에 부모님 살아 계시구 오매불망 내 가족 돌아오기만 기다린다는 소식을 걔가 전해 준 것만두 어딘데, 차마 내 손으로 광수를 어떻게 수갑 채우겠어」하시데……(267-9쪽)

위의 인용문을 보면, 박종호의 경우 주로 '부정' '외면'의 종결어미를 사용하고 있다. 이를 통해 독자들은 박종호의 박광수에 대한 부정적 의식을 엿볼 수 있다. 이와는 달리 같은 세대인 종건은 아버지 형제의 만남을 직접화법으로 삽입하여 현장감과 서술의 사실성을 뒷받침해준다. 이러한 삽입 서사를 통해 서사의 가장 바깥에 경식이 존재하고, 채록한 부분에서 '나'인 박종건의 기억 속에 또 다른 '나'인 박도수가 있는 삼중의 화자가 등장하고, 경식과 종건이라는 이중의 청자가 나오게 되는 셈이다. 또한 종건의 발언은 강경한 종호와는 달리 전쟁 1세대에 대한 인정(人情)적 태도를 엿볼 수 있다. 이외에도 경식의 고모인 박희옥, 박종호의 장인이자 도수의 오랜 지인인 곽성준, 박종호의 장남을 통해 다양한 세대의 수렴을 통해, 넓게는 분단에 대한, 좁게는 박광수에 대한 의견을 독자에게 제공한다.[18] 이것은 박경식의 태도 즉, 서술의 사실성과 객관성을 높이는 기능을 한다고 볼 수 있다. 이때 경식은 1인칭 화자이기는 하나, 실은 거의 3인칭 서사에 가깝다. 객관적으로 인물을 관찰하고 이해하기가 비교적 편리한 입장이기 대문에 공적 화자의 위치에서 서술의 설명화와 서술적 거리형성이 가능한 것이다. 또한 독자들의 이해를 돕기 위하여 괄호 안에 설명을 덧붙이는 행위는 독자들의 의문을 서서히 풀어주는 것이며, 동시에 확실한 목격자를 통해 화자의 설명적 서술의 방법이 획득되고 있는 것이다. 따라서 이는 소설의 리얼리티를 강화하고 이야기의 신빙성을 보장하기 위한 글쓰기 주체의 노력을 보여주는 것이라 하겠다.

이상으로 인물에 갇힌 화자의 자전적 서술과 외적 화자의 관찰자적 서술태도

18) 랜서, 앞의 책, 157쪽. 스토리 세계에 참여하지 않는 화자는 관습적으로 작가적 목소리에 가장 밀접하게 연결되어 연관되어 있다.

에 대한 살펴보았다. 박도수를 통해 보이는 자기 고백적, 자기 변호적 기능을 통해 서술의 정서화를 강조한 반면, 경식이 서술자로 등장하는 부분에서 등장인물의 다양한 입장을 객관적 진술을 요약적이고 종합적인 서술을 통하여 폭넓은 사회관계 속에서 분단에 대한 거리화가 이루어지고 있다. 결국 김원일은 박도수를 서술자로 내세운 부분에서는 감정 이입적 서술을 통해 독자의 정서적 부분을 자극하고, 박경식을 통해 2000년 오늘의 관점에서 분단에 대한 시각을 객관적 사실에 충실한 서술태도를 통해 보여준다.

Ⅳ. 내적 초점화를 통한 문제 인식의 다양성 실현

미케 발에 의하면 초점화는 시각, 즉 보는 주체와 보여지는 대상 사이의 관계를 뜻[19]하는 것으로, 초점화의 주체 즉, 초점화자가 행위자로서 이야기속의 등장인물 중 하나일 때 내적 초점화가 수행되고 이야기의 외부에 위치한 익명의 주체가 초점화자의 기능을 할 때는 외적 초점화가 수행된다고 보았다.[20] 미케 발의 견해에 따르면 <손풍금>은 관찰자적 서술과 자전적 서술의 두 형태가 번갈아 등장하는 내적 초점화 방식을 취하되, 박경식이 화자인 1・3장은 여러 명의 등장인물을 내적 초점화자로 삼는 가변적 초점화[21] 방식이라면, 박도수가 화자인 2・4장은 내적 독백과 내적 경험[22]이 확연히 부각되는 고정적 초점화 방식을 채택하고 있다. 결국 <손풍금>의 초점화는 동일한 사건과 인물을 각각의 초점화자가 어

---

19) 미케 발, 앞의 책, 188쪽. 미케 발은 사건들을 제시하는 화자의 시각과 관련된 조직 수단으로서 스토리의 양상을 결정한다고 한다.

20) 위의 책, 181-206쪽.

21) 주네트, G, 『서사담론』, 권택영 역, 교보문고, 1992, 177쪽. 가변 초점화는 주네트의 용어다. 미케 발은 이중 초점화라는 용어를 사용하지만 <손풍금>에서 이중 이상의 다중 초점화가 이루어지는 대목이 있어 이 부분에서 부득이 주네트의 가변 초점화라는 용어로 대신하고자 한다.

22) 랜서, 앞의 책, 190-194쪽. 직접적 사고, 의식의 흐름 혹은 내적 독백의 기록은 화자가 완전한 언어화에 선행할 수 있는 의식의 수준을 기록하고 있기 때문에 화자 목소리의 더 큰 연루를 허용한다. 그것은 대단히 명확한 심리적 효과와 이데올로기적 가능성을 남긴다.

떻게 바라보는가를 보여주는 것이다.

우선 전체 장에 걸친 초점화를 살펴보면 다음과 같다. 1장의 내적 화자 박경식은 '별 기대 없이' 대학원에 진학하여 '여전히 신문사와 방송국 취업을 목표로 했기에 낮 시간은 강의실과 도서관에서 배겨 냈고, 영화관과 록카페를 들락거리며 사랑앓이도 겪고, 온라인 게임 1세대라 게임 중독에 빠져 밤을 밝히기도 했고, 인터넷과 이메일로 시간을 까먹으며 어영부영 이태를 보내자, 슬며시 떠오른 얼굴이 박광수 그 분, 작은할아버지'[23]였다. 도입부에서 보이는 초점화자는 분명 경식이지만, 논문을 쓰기에 가장 큰 조력자 역할을 수행할 할아버지 박도수의 입을 열기 위해 그의 다락방을 뒤지고 거기서 발견한 할아버지의 수첩과 낙서장 속 내용이 공개되는 부분에서는 부분적으로 박도수와 가족이 내적초점화자로 등장하게 된다.

> 겹주름진 목울대가 격정으로 들먹거렸다. 나는 그 기회를 잡아 녹음기를 끄고 할아버지께, 작은할아버지가 손풍금 탔던 개천 살 때를 얘기해 달라고 했다.(중략)여기서 할아버지는 입을 다물었다. 내가 거푸 물었으나 할아버지는 더 이상 입을 열지 않았다. 낡은 응접 의자에 기댄 채 눈을 감고 손풍금이 반주되는 음악만 들었다.(235쪽)

> '50년 10월에 전북 도당 지령에 따라 지리산으로 들어가는 길에 남원 부근에서 토벌대와 총격전 끝에 대원 10여 명이 죽고 나는 다리에 총상을 입고 체포되었다, 남원경찰서와 특무대로 옮겨 다니며 고문을 엄청 당했다.(중략)72년부턴가, 전향 공작이 절정에 달해 전향서를 쓰면 사면 석방해 주겠다는 회유에, 이를 거부하자 고통을 많이 당하기도 했다. 배식이 중단되었고 열흘 넘게 날마다 몽둥이질을 당하기도 했다. 주림과 몰매질, 질병으로 죽은 동지도 내 눈으로 몇 명이나 보았다.'(225-6쪽)

23) 김원일, 앞의 책, 219쪽.

> **정군의** 눈동자가 한껏 열렸다. 천장 한 점에 고정된 부릅뜬 눈빛이 평소와 달리 날카로워 섬뜩했다. 갑자기 사지가 뻣뻣해지더니 온몸이 경련으로 떨다 축 늘어졌다. 정 군은 내 품에서 그렇게 숨을 거두었다. 육신으로는 나보다 더 늙어 버린 정 군을 안고 나는 오랜만에 통곡했다.(227쪽)

첫 번째 인용문은 박경식이 1장의 액자소설처럼 바깥의 큰 틀을 감싸는 전체 초점화자로 박도수를 초점화한 것이다. 두 번째 인용문은 할아버지 박도수의 다락방에서 몰래 발견한 박광수의 비밀스런 수첩 내용 중 일부로, 박광수가 초점화자로 등장한다. 그가 정리한 객관적인 자료와 간단한 메모에는 장기수에 대한 부당한 처우(處遇)와 죽음에 의연한 모습 보임으로서 독자들로 하여금 비전향장기수에 대한 정보와 '악령적' 존재였던 박광수를 '인민' 박광수로 전환시키는 동시에 그에 대한 더 많은 정보를 유발하게 된다. 세 번째 인용문은 박도수가 동생 박광수에 대한 검열을 우려해 정군이라는 가명으로 적은 낙서장의 기록 중 일부다. 이외에도 박경식의 고모 또한 초점화자로 등장하여 박도수를 초점화한다. 이러한 이중 삼중의 초점화를 통해 박도수의 침묵을 풀기 위한 입체적으로 접근이 시작되면서, 박경식의 역할이 주인공으로서의 사명보다 박도수의 기억을 효과적으로 이끌어내어 독자들에게 자연스럽게 해방공간과 분단에의 접근을 수월하게 유도하고 있는 것이다.

2장에서 내적 화자는 박도수이고 초점화자 또한 자기 자신이다. 2장의 도입부에서 이미 박경식의 의중을 간파하고 비밀을 누설하지 않으려는 강한 의지를 보인다. 그렇지만 집요한 손자의 모습에서 황점술을 연상하게 되면서 더더욱 아무에게도 말하지 않겠다고 다짐한다. 서사는 자연스럽게 황점술과의 악연에서 고생스러웠던 자신과 박광수를 회상하고, 며느리가 쑥국을 끓이면 피난민 수용소에서 쑥떡으로 허기를 달래던 시절을 연상하고, 손자가 페치카에 불을 붙이면 고향 대장간이 떠오른다. 이는 주변인물의 현재적 행동이 박도수의 과거의 기억을 유도하여 독자에게 소개되고, 도수의 내적 독백을 통해 독자는 내적화자인 박경식보다 오히려 박도수의 더 많은 정보에 근접하게 된다. 이러한 내적독백은 박도수의 심층적인 내면을 제시하는 것으로 내적 경험을 부각시키고 있다.

3장에서는 다시 경식이 내적 화자로 등장하지만, 1장에서 보다 더 적극성을 띤 자료조사와 증언 채록을 다루고 있다. 따라서 할아버지 박도수의 수첩을 토대로 동생 박광수의 이력을 정리하고 가족들이 직・간접으로 목격한 생생한 증언을 토대로 박도수 형제를 초점화한다. 박경식에 의한 내적 초점화에 주변 인물들이 다양하게 초점화자로 등장하는 증언은 스토리 전체에 특수한 의미를 부여하는데, 3장을 마지막으로 박경식의 진술이 마감되는 것을 감안하면 이러한 가변적 초점화는 4장에서 박도수의 진술을 확고하게 뒷받침하고 신뢰감을 주는 서사전략이라고 할 수 있다. 동시에 박경식의 두 번에 걸친 내적 초점화가 실은 경식 자신을 초점화자로 하기보다 도수의 내적 고백을 뒷받침하기 위한 자료로 쓰이는 것이고, 경식은 객관적이고 엄정한 상황 제시를 위한 관찰자로서의 임무가 더 부여된 데 무게를 둘 수 있다. 결국 경식인 '나'의 내적 화자로서의 역할보다 '나'의 관찰대상인 도수의 초점화자로서의 역할이 더 강조되고 있는 것이다. 따라서 이후 전개될 서사에서 박경식이 논문을 어떻게 완성했는지, 박도수의 진술이 있었는지는 없었는지는 사실상 무의미한 것이다. 중요한 초점화자는 박도수와 그의 손풍금으로 상징된 기억이기 때문이다.

따라서 김원일은 박경식이 전체 내용의 절반 이상을 담당하는 비중있는 화자이지만, 인물이 바라보는 것 이상의 정보를 내세우지는 않는다. 이는 경식이라는 화자의 권위를 축소시켜 화자의 말보다 인물의 말이 우세하기 위한 것이다. 인물의 말이 우세해지면서, 작중인물들은 작가의 의도에 의해 단일하게 규정되고 지배되지 않으며 작가적 언술의 단순한 객체가 아니라 그 자체로 의미 있는 언술의 주체가 되는 것이다. 화자의 말이 아니라 박도수의 언어와 동질적인 언어를 구사함으로써 인물의 심리를 내부로부터 드러내고 있는 것이다.

4장은 2장에서 살핀 도수의 내적 고백이 현재에서 과거로 더욱더 자유롭게 변주되는 양상을 띤다. 특이한 점은 2장은 연상 작용의 도움이 있었다면, 4장은 현재와의 연관성 없이 과거 회상이 수시로 수면에 떠오르고 급기야 환상과 환청이 오가는 양상을 보인다. 이것은 현재 자신의 생일로 떠들썩한 가족들 모습과 대조적으로 박도수는 고향 방문과 부모, 형제에 대한 그리움을 더 크게 실감하게 된다. 가족과의 대화부분을 제외하면 4장의 내적 초점화는 철저히 박도수의 내적 고백에 초점이 맞추어져 있다. 이는 경식에 의해 유도되던 독자의 호기심과 상상력을 가벼운 차원의 해결에서 보다 보편적 차원의 이산문제로 승화시키는 역할을 한다. 또한 비극적 민족의 한을 '손풍금'이라는 문학적 장치를 통해 교묘히 형상화하는 것이다.

이상 각 장을 분석한 것을 토대로 도출할 수 있는 <손풍금>의 초점화의 특성은 다음과 같다. 첫째, 환상과 공상을 통한 분단의식의 극대화를 꾀하고 있다는 것이다. 이는 박경식의 진술에서는 아주 부분적이지만, 박도수의 진술에서는 빈번히 이용되고 초점화 된다.

> 마치 죽은 자가 부활하듯 작은할아버지는 흐릿한 기억으로 남은 으스스한 예전 모습으로 나타나 쉰 목소리로, 이제 너도 성인이 되었잖아, 민족 분단으로 찢긴 내 생애에 관심을 가질 만한 나이가 됐어, 하며 소곤소곤 말을 걸어오기 시작했다.(219쪽)

> 남한에서 자식 서넛만 더 뒀어도 손이 지금의 배로 늘어났을 것이다. 그 자식들 다 데리고 고향 가는 기차를 탄다면……. 평안도 정중앙에 위치해 사통팔달 교통 요충지였던 개천역에서 시도 때도 없이 들리던 기적 소리가 귓가에 메아리친다.(291-2쪽)
> 남은 돈 챙겨 부모님 산소라도 찾아가야 한다. 그때까진 눈을 감을 수가 없다. 오마니, 여기 제 식구들 봐요. 이만함 이남 내래와 성공했잖소? 내 말에

어머니는 대답이 없다.(중략)기차 타고 간다면 한나절이면 개천역에 당도할 수 있고, 역에서 한달음에 달려가 대장간으로 뛰어 들면 아버지가 내리치던 메를 놓고, 도수가 돌아왔다며 안채에 대고 고함칠 거고, 어머니가 맨발로 달려 나와 나를 맞을 것 같다. 광수가 너 데리러 남조선에 내려갔는데, 그때 왜 안 올라오구 우리 양주 죽구 난 후 이제야 왔어? 어머니가 말한다. 오마니, 내가 여기 있잖아요, 하며 광수가 아래채에서 방문을 열고 나와 마당으로 내려선다. 형님 집에 불이 안 났담 월북했지요. 형님도 부모님 뵈러 저 따라 잠시 북으로 올라갔다 내래가겠다고 했구요. 광수가 말하곤, 손풍금 켜며 나를 맞아 환영 노래를 부른다. 얼굴에 흉터가 없고 목청 좋았던 시절, 젊었을 때의 그 모습이다. 동네 사람들이 대장간 집에 경사가 났다며 모여들고……. 그러나 감옥 생활을 오래했던 광수 탓인지, 내 옥살이가 호적에 남은 탓인지, 아니면 방북 신청자들이 워낙 많아 경쟁이 심한 탓인지 이산가족 상봉 신청은 지난번 4차에서도 낙방되었다.(295-6쪽)

첫 단락은 박경식이 초점화자로서 박광수의 목소리를 환상적으로 처리한 부분이다. 이는 박경식으로 표상된 전쟁 미체험 세대에게 분단의 현재적 의미 즉, 이제는 말할 수 있는 미전향장기수의 삶을 재조명할 시기가 되었음을 촉구하는 작가의 의중에 박광수의 목소리를 더한 것이다. 둘째 단락과 셋째 단락은 박도수가 초점화자로 등장하여 현재의 기억이 흐릿함에 비해 또렷한 과거의 기억을 더듬어 자신이 북으로 갔을 때 가상의 상황을 재현한 것이다. 가난체험을 바탕으로 창작을 시작한 김원일이 주요하게 관심을 가진 문학적 인식의 대상과 문학적으로 재현한 소설세계는 수로 '즐거운 상황'과 '아름다운 꿈결'이 아니라 '참담한 사건의 이미지'와 '악몽'일 수밖에 없었다. 그러나 바로 이런 참담한 사건의 이미지와 악몽이 김원일 소설에서 이제는 내적 초점화자의 감각에 의하여 끝없는 상념과 그리운 환상이라는 세부적 장면으로 펼쳐지면서 작품에 독특한 분위기를 형성하고 있다. 특히 박도수가 보는 환상 속 부모님과의 대화부분은 마지막 문장의 이산가족 신청 낙방과 대비되면서 더 비극성을 더하고 있어 독자로 하여금 동정적 태도를 획득하고 있다.

둘째, 시제 혼동의 내면 성찰에 의한 사고의 섬세화를 도모하고 있다. <손풍금>에서 주된 초점화자로 나오는 박도수는 환상과 공상을 현재와 과거를 넘나들면서[24] 누구에게도 발설하지 않은 자신과 동생 박광수의 비밀을 내적독백으로만 독자에게 알리고 있다. 내적 초점화 과정에서 오히려 현재 상황을 과거시제와 현재시제를 혼용하는 부분이 상당수 존재하고, 회상 서술 중 특히 행복한 상상을 할 때는 유독 현재 시제를 많이 사용하는 시간의 역전[25]을 통해 박도수의 활발한 심리활동 속에 빛나는 그 시절이 중심에 놓여있다는 것, 즉 손풍금을 연주하고 가족이 그 연주를 지켜보며 흐뭇해하던 해방 공간에 그의 진정한 행복이 있음을 보여준다. 이는 앞서 살핀 인용문 '개천 역에서 시도 때도 없이 들리던 기적 소리가 귓가에 메아리친다.'와 '광수가 아래채에서 방문을 열고 나와 마당으로 내려선다.'가 그 예라 할 수 있다. 이러한 혼선은 박도수가 팔순이라는 노인인 점을 감안하면 충분히 가능한 진술일수도 있지만, 작가는 초점화자의 극심한 간절함을 독자에게 효과적 전략으로 전달하기 위해 시제의 기준에 혼동을 초래할 만큼 박도수의 가족을 향한 그리움을 섬세하게 작업한다.

셋째, 고정 초점화와 가변 초점화를 통한 시각의 이질화로 분단문제를 생동감 있게 진행한다. 1・3장에서 내적 화자인 박경식의 목적은 논문에 필요한 자료의 채택을 위해 박광수의 유일한 혈육이자 소상한 정보원인 박도수의 기억이 필요하기에 자신을 초점화자로 삼는 것은 물론 박도수 형제 그리고 그와 관련된 사람들을 모두 초점화자로 삼는다. 2・4장은 박도수의 고정 초점화는 1・3장의 초점

---

24) 중간에 회상적인 사건을 배치하고 있는데, 이는 서구소설에서 플래시 백 또는 나라타주의 기법이라고 할 수 있다.

25) 김원일이 사용한 시간 역전의 기법은 서사 구조적 측면에서 사건 진행이 중심에 놓여 있던 서사 구성의 방식으로부터 탈피, 인물의 내면이나 사건의 전후 배경에 대한 관심의 증대를 보여준다.

화자들의 다양한 추정적 진술을 독자로 하여금 부분적으로 수용 또는 거부한다. 그리고 침묵으로 인해 자신을 향한 독자의 부정적 인식[26]을 내적 화자인 박경식보다 더 분단 문제에 독자를 밀착시킨다. 김원일이<손풍금>에서 내적 화자 두 사람만을 초점화자로 내세우지 않는 것은 독자가 가변 초점화를 통해 시각의 확장을 경험하게 하고, 또 고정 초점화를 통해 분단의 직접 체험자를 통한 문제의 심각성을 인식하게 함으로써 분단에 대한 세대 간의 다양한 문제인식의 장을 열어놓고자 의도한 것이다. 더불어 1・3장에서 박경식이 많은 부분 박도수를 초점화자로 내세우는 부분에서 박도수의 철저한 자기검열과 박광수의 미전향장기수로서의 신념과 행적을 추적하여 박도수의 '무지개 같은' 해방공간에 대한 향수를 짐작하기는 하지만, 그것은 박도수의 내면 독백에서 보이는 무지개는 그냥 무지개가 아닌 '오색찬란한 무지개'로 그리움의 실체를 형상화하는 것에서도 다소 차이를 보이게 된다.

> 이럴 게 아니라 내가 손풍금을 배워 할아버지 앞에서 직접 연주해 보자고 마음먹기는 그때였다. **작은할아버지가 손풍금을 연주하던 '해방 공간'의 시절이 무지개 같았다고 했으니, 내가 쓸 논문 내용과도 직접적인 관련이 있고** 거기서부터 작은할아버지의 생애에 어떤 매듭이 풀릴 거라는 판단이 강하게 마음을 움직였던 것이다.(235쪽)
> **광수와 나의 청춘은 해방과 전쟁 사이, 우리 가족이 한 울타리 안에 살았던 한 시절이었고, 그 한때는 분명 한여름날 소나기 끝에 보게 되는 오색찬란한 무지개, 그렇게 영롱하게 빛나던 시간대였다.** 아슴아슴 그 생각에 빠져드는 순간, 나는 내가 정말 노망에 들지 않았나 움찔 놀란다. 남한에서 살 동안, 죽기 전까지 **생각이 그렇게 돌아서는 안 된다고 수없이 다짐했는데**

---

26) 1장의 박경식이 박도수의 기억을 필요로 하는 이유는 개인의 명예라는 이기적 목적도 있었겠지만, 역사의 재발견이라는 긍정적 취지가 분명함에도 불구하고 박도수가 비협조적으로 나오면서 박경식을 호통치는 모습은 독자들에게 박도수에 대한 부정적 인식에서 출발하도록 유도한다. 그러나 서사가 진행될수록 독자의 부정적 인식은 초점화자 박도수와 밀착된다.

팔순 나이에 이르자 돌아갈 수 없는 그 시절이 왜 그렇게 안타깝게 떠오르는지 알 수 없다. 누구나 한 번은 맞게 되는 죽음처럼, 누구에게나 젊은 한 때는 오직 한 차례, 조금 전 꿈처럼, 꿈결이듯 짧게 스쳐 가버리기 때문일까.(307쪽)

인용문에서 박경식과 박도수는 각각 스스로의 내면을 초점화하는 것은 일치하지만 각각 다른 의도로 문제에 접근하고 있다. 문제의 본질적인 이질화를 노출시키지 않았다면, <손풍금>의 서사는 평범하고 단조로울 가능성이 높지만, 오히려 두 내적 화자의 이산문제의 다른 접근을 시도함으로써 독자에게 분단의식의 생동감을 줄 수 있었던 것이다. 더불어 이러한 생동감은 마지막 단락에서 완전히 박도수의 초점화에 기울어져 분단에서 남은 문제는 이산의 해결이라는 강력한 메시지로 작용한다.

V. 마무리

이 글은 김원일의 분단소설이 의미 있는 내용에 못지않게 의미 있는 형식을 갖추고 있다는 논리로 출발하여, <손풍금>을 선정하여 작가 김원일의 미적 구조, 특히 서술형식에 대한 노력을 새롭게 조명해 보고자 했다.

우선, <손풍금>이 연작형식을 취한다는 점에 착안하여 두 화자의 교체라는 관계설정방식, 화자의 상이한 신분과 관계가 텍스트의 담론 양상에 기여함을 알 수 있었다. 박도수의 문체적 특징이 '절규'와 '호소'임에 반해, 박경식은 직접화법을 적절히 활용함으로써 최대한 감정적 처리를 조정하고 있다. 이는 작가가 공정하게 배분한 연작형식이 전달자에 충실한 박경식과 고백자의 임무를 수행하는 박도수를 통해 독자로 하여금 여러 세대에 걸친 분단인식의 다양한 태도를 보여주고자 의도한 것이다.

둘째로, 두 1인칭 화자를 통한 서술의 정서화와 거리화를 실현한다는 것을 미케 발의 이론을 받아들여 자전적 서술과 관찰자적 서술 양식으로 나누어 살펴보았다. 자전적 서술을 담당하는 박도수는 인물에 갇힌 화자로 화자의 호소적 기능과 자기 변호적 기능에, 관찰자적 서술을 담당하는 박경식은 외적 화자로 거리조절 기능과 객관적 기능을 담당한다. 이는 김원일이 박도수를 통해 감정 이입적 진술로 최대한 독자의 정서적 부분을 자극하고, 박경식을 통해 2000년의 젊은 세대의 분단에 대한 객관적이고 이성적인 판단을 조화롭게 서술형식으로 형상화했다고 볼 수 있다.

셋째로, 미케 발에 의하면 내적 초점화에 해당하는 <손풍금>은 박도수를 고정 초점화자로, 박경식을 비롯한 다양한 증언 자료를 참조한 가변초점화로 각 장의 초점화 과정을 먼저 살펴본 뒤, <손풍금>의 초점화의 특성을 정리해 보았다. 환상과 공상을 통한 분단의식의 극대화, 시제 혼동에 의한 내면 성찰의 섬세화, 고정 초점화와 가변 초점화를 자유롭게 넘나들면서 시각의 이질화를 통해 분단문제를 생동화 하였음을 알아낼 수 있었다.

이상 김원일의 <손풍금>을 통해 연작형식에서 비롯된 다양한 서술형식을 살펴보았다. 그동안 김원일의 분단문학은 시대적 요구와 시대적 수용의 폭만큼 조금씩 전진하는 모습을 보여왔다. 그것은 민중 속에서 민중의 눈높이에 자신의 시선을 맞추었다는 해석이 가능하다. 김원일이 분단문학을 연작소설 형태로 변모시킨 것은 21세기에도 분단문제는 지속되고 있지만, 소재적 차원에서의 감정적 접근이 일정한 한계가 있음을 인식했기 때문이다. 따라서 김원일 분단 소설에서 새로운 서술형식을 시도하는 일련의 최근작은 일종의 '호소'와도 같은 것이다.

탈북자 소설에 드러난 한국자본주의의 문제점
-박덕규 소설을 중심으로

Ⅰ. 들어가며

남북한의 통일은 크게 두 가지로 나누어 생각해 볼 수 있는데, 하나는 땅의 통일이고 다른 하나는 사람의 통일이다. 일반적으로 땅의 통일은 통상적이고 거시적인 통일의 최종 모습으로 여겨진다. 그러나 우리가 더 세심하게 고려해야 할 통일의 모습은 사람의 통일이라 생각한다. 사람의 통일이란 60여 년의 분단 기간을 통하여 극단적으로 이질화 과정을 겪어 왔던 남・북한 사람들이 함께 어울려 건강한 생활공동체를 만들어 가게 되는 통일을 말한다.

이제 우리는 분단체제의 관성에서 벗어나 새롭게 변화된 국내외 상황을 진정한 민족적 화해와 통합을 위한 긍정적 요소로 적극 활용하는 통일지향적인 자세가 요구된다. 이러한 문제의식에 입각하여 통일시대를 맞이하기 위해서는 무엇보다 남・북한의 이질성을 확인하고 인식하는 절차가 선결되어야 한다고 생각한다. 남・북한 양 체제의 이질성을 가장 극적으로 보여주는 요소가 '자본'에 대한 문제라고 할 때, 그 양극을 모두 체험한 사람은 탈북자라 할 수 있을 것이다.

따라서 본고는 자본주의와 분단문학, 더 나아가 통일문학을 지향하기 위해 한국적 자본주의의 그늘을 파헤치는 것, 그리고 우리 민족의 처한 현실을 집약적으로 보여주는 것, 또한 그것이 전에 없는 눈을 제공하기 위해 등장한 존재가 대표적으로 탈북자[1])임에 주목했다. 왜냐하면 탈북자야말로 한국인이면서 그 자본주의적 삶을 극적으로 경험한 인물이기 때문이다.

그동안 탈북자의 삶은 다룬 소설은, 1990년대 최 윤을 시작으로 탈북자의 증가가 본격화되는 2000년대 김정현, 김영하, 김원일, 정도상 등에 이르기까지 양적·질적 성장을 거듭해 왔다. 주목할 것은, 과거 '1세대 분단소설'이 6·25, 현대사 등의 역사적 상처와 '이념'에 초점을 맞추었다면 '2세대 분단 소설'[2])은 현재 진행형인 탈북자들의 아픔과 '인간'에 초점을 맞추고 있다. 따라서 탈북자 소설은 이데올로기의 해체가 이어지고 있는 현 시점에서, 이념과 일상이 길항하는 지점을 통과하는 의미 있는 작업이 될 것이다.

이러한 점을 염두에 둘 때, 본고는 박덕규[3])에 주목하고자 한다. 박덕규는 자본

---

1) 북한을 탈출하여 남한으로 온 사람에 대해 과거에는 '귀순용사', '귀순자' 등으로 불렀으나 1990년도 중반이후 일반적으로 '탈북자'라고 부르고 있으며, 1997년 북한이탈주민의 보호 및 정착지원에 관한 법률 제정이후 법률적 용어는 '북한이탈주민'이라고 부르고 있고, 일부 탈북자들은 '자유이주민'으로 불러 줄 것을 요구하기도 한다. 탈북자라는 용어가 어감이 부정적으로 인식될 수 있으므로 다른 용어로 바꾸어야 한다는 의견이 분분하다. 그리하여 2005년 1월 9일 대한민국 통일부는 한국거주 탈북자를 순화용어로 새터민으로 바꾼다고 발표했다. 그렇지만 아직 통일된 용어는 없다. 본 논문에서는 가치중립적인 용어이고, 문학적 함의가 있다고 판단되는 '탈북자'란 용어를 사용하였다. 조용관·김병로, 『북한한걸음 다가서기』, 예술전도단, 2002, 109쪽.

2) 여기서 말하는 '2세대 분단소설'이란 소설 속에 등장한 탈북자가 본격적으로 주인공으로 자리잡기 시작함을 의미한다. 작품으로는 최윤의 <아버지 감시>(1992), 김정현의 <길없는 사람들>(2003), 전성태의 <강을 건너는 사람들>(2005), 강영숙의 <리나>(2006), 김영하의 <빛의 제국>(2006), 김원일의 <카타콤>(2006), 정도상의 <함흥·2001·안개>(2006), <소소, 눈사람이 되다>(2006), 문순태의 <울타리>(2006), 황석영의 <바리데기> 등이 있다. 소설 뿐만 아니라 뮤지컬과 영화에서도 탈북자를 주인공으로 한 작품이 쏟아지는 데 본고에서는 탈북소설만 언급하기로 한다. 탈북문학에 대한 이론적 작업은 아직 체계적으로 이루어지지 않아 미흡한 실정이고, 탈북문학에 대한 학위논문이나 학술논문도 찾기 힘든 실정이다. 김태훈, 「'탈북자 문학' 한국 소설의 새 영역으로」, 조선일보DB, 2008년 11월 30일자, 김소라, 『남한의 북한 인권 담론연구』, 북한대학교 대학원, 2008, 98-109쪽.

3) 박덕규(1958-). 1980년 ≪시운동≫동인지 창간호에 <낙하산>등의 시를 발표해 시인으로 등단, 1982년 ≪중앙일보≫신춘문예와 ≪한국문학≫신인상에 문학평론이 당선해 비평 활동을 시작했다. 또한 1994년 ≪상상≫에 소설 <날아라 지섭!>을 발표하면서 소설가로도 활동하는 등, 다양한 영역에서 재능을 보여주고 있다. 박덕규의 소설은 경쾌하고 날렵한 풍자의 서술이 특징이다. 그의 작품은 소비 산업시대의 문화 현상에 대한 예리한 진단을 동반하면서 강렬한 시사성을 전달하며, 그는 현대의 부조리하고 혼탁한 문화의 생산·소비 현장을 비판적으로

주의 사회의 물신성 아래에서 신음하는 문화생산의 메카니즘과 문화 생산자들의 일상을 소설의 주된 소재로 삼으면서 주인공에 함몰되지 않고, 경원시 하지 않고, 엄정한 눈을 가지고 주인공의 삶의 추이를 관찰[4]한다는 평가를 받는 소설가다. 또한 그의 소설은 본고가 문제 삼고자 하는 탈북자들의 남한 사회 적응과 한국자본주의[5]의 속물성에 관심을 집중하고 있기 때문이다.

박덕규의 소설에서 탈북자의 남한 삶을 다룬 작품들은 몇 가지 특징적인 문제점을 보이는데, 그것은 그들의 문제점이기도 하지만, 그들이 체험한 한국자본주의 전체의 문제점이기도 한 것이다. 나아가 우리 사회가 통일 역량을 얼마나 갖추고 있는가를 비판적으로 성찰해 볼 수 있는 계기가 될 수 있을 것이다.

연구 방법으로 문화인류학적 방법[6]을 부분적으로 수용할 것이다. 원래 문화인류학적 방법은 다른 문화권에 들어가 시행하는 연구를 할 때 사용하는 방법이다. 탈북자들은 완전히 이질적인 사회인 북한에서 태어나 자라나고 적응하였던 사람들이므로 그들이 남한 사회에 적응하면서 겪는 현상을 총체적으로 연구하는 데

다루려는 작가 중의 한 명으로 평가되고 있다. 가람기획 편집부 엮음, 『한국현대문학 작은 사전』, 가람기획, 2000. 211쪽.
박덕규가 탈북자의 삶에 주목하기 시작한 것은 분단문학의 대가로 평가받고 있는 김원일의 영향이 상당히 컸던 것으로 짐작된다. 김원일과 박덕규 두 사람의 인연은 박덕규가 고3때 처음 만난 이후 당시 문학의 열성학도였던 박덕규는 자신의 시 '깊은 산 아버지'는 김원일의 영향력을 잘 보여주는 대목이다. 또한 박덕규는 김원일의 소설 ≪마당깊은 집≫에 큰 감명을 받아 ≪마당깊은 집≫을 직접 찾아다니는 모임을 만들었고, 그 모임의 결실은 산문집 ≪마당깊은 집을 찾아서≫로 발간되었다. 낭독의 발견, 「기억의 저편, 아름다운 상처에 대한 기록-김원일, 박덕규편」, KBS, 2006년 방송.

4) 하응백, 「한 문화주의자의 글쓰기」, 『낮은 목소리의 비평』, 문학과지성사, 1999, 65쪽.

5) 기존에 북한민이었던 탈북사의 입장에서 살펴보면 '남한자본주의'라는 용어가 적당하겠지만, 통일문학을 지향하는 입장에서 본고는 용어의 통일로 한국자본주의로 명명하고자 한다. 이때 자본주의 라는 말은 일반적인 자본주의의 성격을 함의하고 있다.

6) 본고는 문화인류학자인 로저 키징의 『현대문화인류학』의 도움을 받고자 한다. 이 책은 현대사회에서의 인간의 문제를 다각도로 점검하는 시도들을 인류학적 측면에서 전개함으로써 미래지향적인 인간 생존의 문제를 제시한 '관점으로서의 인류학'이라는 평가를 받고 있는 바, 탈북자의 자본주의사회에서의 생존문제를 설명하기에 적절하다고 판단한다. 로저 키징(전경수 역), 『현대문화인류학』, 현음사, 1985. 한국문화인류학회에서 출간한 개론서인 『처음 만나는 문화인류학』도 참고하고자 한다.

적합한 방법이라 판단되었기 때문이다.

따라서 본고가 사람의 통일을 위한 작은 시작이라 믿으면서, 박덕규의 탈북자를 주인공으로 한 소설을 대상으로, 그들이 자본주의 체제에 노출되면서 겪는 이질감이라는 심리적 적응의 측면과 그들이 체감한 한국자본주의의 문제점을 사회적 적응의 측면으로 나누어 살펴봄으로써 통일문학을 지향하는 새로운 분단문학의 방향성을 살펴보고자 한다.

II. 자본주의 체제의 노출과 삶의 이질성 내면화

2008년 현재 탈북자의 월남은 매우 빈번하고 대규모[7]로 감행되고 있다. 북한은 1990년대 초부터 구소련과 동구권 여러 사회주의 국가들이 급격히 몰락하면서 사회주의 우호경제의 붕괴, 북한의 중공업 위주 계획경제 생산성 저하, 북한 농업체제의 비효율성과 연속된 천재지변에 의한 농산물 생산량 감소 등의 다양한 원인이 동시다발적으로 발생하여 심각한 수준의 경제난과 식량위기가 도래하였다. 또한 미국과 일본을 주축으로 하는 서방 세계는 북한의 핵무기와 장거리 미사일 개발 포기와 관련하여 6자 회담을 통해 정상적인 절차에 의한 외교적 해결 노력에도 불구하고 얻어진 결과가 지지부진한 것에 대한 대책으로 북한에 대해서 보다 강력한 제재 조치와 전방위 압력을 행사하기 위해 '대북 경제 봉쇄'와 '북한 인권문제 제기' 등 외교적 고립에 적극적으로 개입[8]하기 시작하였다. 여기

[7] 2008년 현재 1만 3천명을 넘어선 것으로 집계되고 있다. 최순호, 『탈북자 그들의 이야기』, 시공사, 2008.

[8] 박은주, 『최근 탈북자 국내・외 망명 동향과 정책적 대안』, 서강대학교 공공정책대학원, 2007, 12-28, 80-81쪽. 허지연, 『탈북자의 탈북요인과 중국・한국 이동경로에 관한 연구:이상적 정착지와 행위 변화를 중심으로』, 고려대학교 대학원, 2003, 43-48쪽. 미국은 탈북자 신병처리 문제와 북한 인권 문제 등에 대한 직접 개입이 핵 및 장거리 미사일 개발 문제로 동북아 정세를 복잡하게 만드는 북한에 대해 전방위 압력을 행사할 수 있는 효과적인 수단이 될 수 있다고 판단하고, 김정일 정권이 부도덕하고, 반인륜적인 독재 정권이라는 것을 전 세계에 널리 알려 국제적인 공조와 공감대를 형성하여 향후 북한과의 대립 상황에 처할 경우 보복과 응징에 대한 명분과 정당성을 축적하는데 도움이 될 것이라는 판단을 한 것으로 여겨진다.

에 북한 정권의 사회적 통제력 상실과 심리적 이완 심화가 더해지면서 탈북은 가속화되기 시작한 것이다. 이렇듯 탈북은 어느 하나의 특정한 원인 때문이 아니라, 매우 복잡하고 다양한 원인이 있다고 볼 수 있다. 이러한 상황 속에서 이들이 한국행을 택하게 되는 대표적 이유는 자유로운 생활과 안정된 신분보장에의 희구, 그리고 같은 민족으로서 동질성과 동포애[9] 등이다. 그러나 탈북자가 자본주의라는 낯선 사회적 경제적 환경에서 적응하는 것은 쉽지 않은 일일 것이다.

사회적 통제와 순응의 압력이라는 측면에서 로저 키징은 모든 생활방식, 모든 사회체계는 내적인 모순과 스트레스를 부과한다고 한다. 집합적 행동을 위해서는 반드시 협동해야 할 사람들이 자원, 신분, 계승 등에 대해 서로 경쟁하는 입장[10]에 있기에 보이지 않는 이질성을 불가피하게 내면화해야 한다는 의미다. 하물며 공산주의체제에서 자본주의체제로의 급격한 변화를 겪게 되는 사람이 있다면, 이는 더한 내적 갈등의 상황에 놓이게 될 것이다.

한국에서 캐나다에 가는 것은 이미 서양 문화의 영향을 받았기 때문에, 북한에서 남한으로 오는 충격보다 덜할 것이다. 또한 그들이 난민이 아닌 이산민이기에 연민을 가지고 있음에도 불구하고 실상 남한 사람들이 북한 사람들에 갖는 감정은 이질감과 두려움 또한 공존한다. 왜냐하면 탈북자는 어떤 의미에서는 체제에의 배신을 감행한 인물이기 때문에, '우리 안의 타자'라는 인식이 부지불식간에 내면화되는 것이다.

자의식은 스스로에 대한 객관적 거리를 바탕으로 형성된다. 스스로를 타자(他者)화하는 아픔, 즉 타자를 통한 스스로의 위상 정립과 맞물려 있는 전체절명의 과제[11] 속에서 형성될 것이다. 자본주의 사회에서 탈북자의 자의식도 마찬가지다. 판단의 이중 잣대로 말미암아 우리의 일상생활 속 감정적 분단이 발생하는 것

---

9) 위의 책, 47-50쪽.
10) 로저 키징, 앞의 책, 410쪽.
11) 고인환, 「남북문학의 이질성과 문학 교류의 방향」, 『공감과 곤혹사이』, 실천문학사, 2007, 58쪽.

과 마찬가지로, 박덕규 소설 속 탈북자들은 남한인의 불안한 시선과 생활 변화의 적응이라는 이중의 무게로 한국자본주의에 심정적으로 안착하지 못한다. 본고는 이 장에서 박덕규 소설에서 탈북자들이 느끼는 한국자본주의 삶의 이질감[12)]을 심리적 적응의 측면에서 3가지로 요약해 보았다.

우선, 경제적 불균형에서 오는 심리적 불평등을 들 수 있다. 자본주의 사회의 사회계급에 따른 분화는 '만인은 법 앞에 평등하다'는 이념을 전제하면서, 재산이나 소득 또는 직업 등 경제적인 영역에서 나타나는 개인 간의 차이를 기초로 성립하는 불평등 체제[13)]다. 탈북자는 한때 다른 사회계급에 속했던 사람이었고, 박덕규는 남한인이 이들을 대하는 태도가 '차이'의 인정보다 '차별'적 시선에 가까움을 지적한다. <노루사냥>의 주인공 박당삼은 청진에 있는 호텔 주방장으로 일하다 1994년 남한으로 귀순한 탈북자다. 현행 법률에서는 탈북자의 북한에서의 학력, 경력, 자격증을 인정한다고 하지만 실질적으로 인정되는 경우는 드물고 그로 인해 자신의 인적자원을 적재적소에서 활용하지 못하는 경우가 많다[14)]. 박당삼 또한 북한에서는 호텔 요리사였지만 남한에서는 큰 분식집 정도로 취급받던 차에, 요리학원의 홍보라는 '나'의 상업적 목적으로 케이블 텔레비전 프로그램에 요리 공개 특강에 나선다. 이 요리 특강에서 돌발적으로 벌어진 사건이 <노루사냥>에서 보이는 남북한 현실의 집약된 불균형을 보여준다.

박당삼은 요리 내내 함경도 사투리를 지우기 위해 의도적으로 서울 말씨를 쓰는데, 그때마다 방청석에서는 킥킥거린다. 또한 남한식 유머에 적응하지 못하고 겁먹은 눈을 굴리는 그에게 '나'의 남편은 '인민군 패잔병' 같다고 한다. 요리 프로의 사회자 또한 박당삼이 명태 간에 붙어 있는 기름인 간유를 소개하면서 북한에서는 고위층에서나 먹는 고급 재료라는 말에 사회자를 비롯한 방청객은 모두

---

12) 본고의 주제가 한국자본주의를 경험한 탈북자를 대상으로 한다. 따라서 해외 망명에 대한 입장은 논외로 한다.

13) 한국문화인류학회, 「차이와 불평등」, 『처음 만나는 문화인류학』, 일조각, 2003, 188쪽.

14) 정원전, 「탈북자 정책 지원 활성화 방안연구」, 원광대학교 대학원 석사논문, 2006, 95-97쪽.

의아한 반응을 보인다. <노루사냥>은 북한 탈출에는 성공하지만 '패잔병'의 신분 밖에 주어지지 않는 '노루 박당삼'을 향한 남한사회의 '우월식 사냥'을 보여준다.

또한 <청둥오리>에서 이 같은 의식은 보다 극명하게 나타나는데, 라디오 프로듀서 최성규와 탈북자 김봉혁이 청둥오리 집에서 점심식사를 하는데, 최성규의 위압적이고 빈정거리는 태도에서 사건은 촉발된다.

> "야 이 새끼야, 여기가 니네집 안방인 줄 알아?"(중략)
> "내가 니네 종이네? 아까부터 와 이래라저래라 반말이가?"
> "이 새끼 좀 봐. 먹여 살려 줬더니 행패를 부려?"
> "이런 제국주의 쓰레기같은 종간나새끼래 누구 누굴 멕여 줬다고 기래?"
> "뭐? 이 거지발싸개 같은 게 어디서!"[15] (청둥오리, 73쪽)

탈북을 계기로 만난 남북의 사람들 사이에 빚어지는 모순을 풍자적으로 그린 이 소설에서 두 사람은 알 수 없는 대립의 감정으로 서로 주먹다짐을 하기에 이른다. 최성규는 '니네집 안방', '거지발싸개'라는 말로 김봉혁을 거침없이 몰아붙이고, 탈북자 김봉혁 또한 '제국주의 쓰레기'라고 최성규는 맞받아친다. 김봉혁은 북한에서 자본가와 자본가계급, 제국주의 등을 증오의 대상으로 설정하고 그에 대한 강렬한 복수심과 적개심을 갖도록 내면화한 것을 여과 없이 드러낸 것이다. 이는 최성규의 발언 즉, 남한의 경제적인 우월함 과시에 대한 즉각적 반응이기 때문에 이들의 정직한 발언은 탈북자를 대하는 우리의 부정적 자세를 가늠하게 함과 더불어 그들의 경제력에 억눌린 심리를 대변하는 것이고 볼 수 있다.

탈북자를 민족이라는 이름아래 생활은 하지만, 한수 아래라는 차별적 시각이 공존한다는 것이다. 두 사람의 다툼으로 엎질러진 오리탕에서 청둥오리가 솟아

---

15) 박덕규, <청둥오리>, ≪고양이 살리기≫, 청동거울, 2004. 이하 소설 제목과 쪽수 표기로 각주를 대신하고자 한다.

오른다는 다소 환상적인 결말처리는 피 흘리며 위태롭고도 위험한 비행을 하는 청둥오리를 통해 가진 자의 횡포에 익숙한 남한의 자본주의적인 발상이 탈북자에게도 그대로 적용되고 있는 현 실태의 불균형을 상징한다고 볼 수 있다.

<노루사냥>과 <청둥오리>는 함께 먹으면서 친분을 쌓는 우리의 보편적 의식과 문화에서 소재를 채택하지만, 아이러니하게도 음식을 앞에 둔 남북한 사람의 감정적 거리를 적나라하게 드러낸다. 이것은 곧 경제적인 불균형을 감정적으로 극복하지 못하는 우리의 태도를 비판하고 있는 것이다.

둘째, 중간자의 입장에서 느끼는 이중의 정체성이다. 내가 누구인지를 구성하는 토대는 개인적 자아 형성에서부터 한 사회의 구성원으로서 획득해 나가는 사회적 역할까지 다양한 특질[16]로 이루어져 있다. 따라서 모든 사람들은 자신이 속한 집단과 상황에 따라 여러 가지 다른 정체성을 동시에 갖게 된다. '삼팔선'은 절대 넘기면 안 되는 자본주의 사회에서 그들은 '이등시민'이라는 딱지를 떼기 위해 전면적인 자기 쇄신을 좌우명으로 삼고 있다. 그리고 이 과정에서 충돌하고, 경합하며 긴장을 만들어 내고 있는 다양한 정체성들과 협상하고 타협하는 일상의 전략들을 갖게 된다. 이러한 감정의 교류는 결국 그들에게 자신들이 중간자임을 인정하는 절차인 것이다. <함께 있어도 외로움에 떠는 당신들>은 북한에서 정치보위부에 근무하면서 탈북자를 잡는 일을 하던 염정실이 스스로 탈북자의 경로로 탈출에 성공하여 그녀의 수기를 책으로 완성하는 과정에서 그녀의 후견인 격인 특수 기관 수사관과, 출판사 사장 그리고 무명작가가 단합을 다질 겸 한 노래방에서 벌어지는 상황이 소설의 내용이다. 겉보기에는 아무 문제없이 잘 어울리는 염정실이지만 그녀의 마음 속 상황은 다음과 같이 독백된다.

> 별다른 생존의 위협을 느끼지 않는데도 한순간도 방심해서는 안 되는 세상이 있으리라고는 그녀는 한 번도 생각해 본 적이 없었다. 자유, 자유, 그것

16) 한국문화인류학회, 앞의 책, 120-121쪽.

만으로도 더 이상 남을 한이 없겠건만, 더욱이 풍요롭기까지 한 세상이 아닌가. 그런데 이상한 일이었다. 약간의 노동력만 있으면 의식주가 해결되고, 남파된 무장공비며 각종 폭력범이 날뛰는 중에도 전쟁이나 폭력의 공포를 잊고 있어도 좋은 세상인데도, 불안하고 초조하고 갑갑한 느낌은 웬일일까.(함께 있어도 외로움에 떠는 당신들, 118쪽)

탈북자들의 대부분은 남한에서 주체적이고 능동적인 삶의 영위가 희박하다. 이들이 처해있는 사회적 조건과 제약들이 이들을 남한 사회 내에서 약자로 위치지우고, 이러한 재현이 고착화될 경우 이들을 주어진 환경에 수동적으로 반응하는 존재로만 유형화할 위험을 가지고 있다는 점에서 문제적이다. 그들은 탈북자의 이미지가 남한 사회에서 부정적으로 인식되고 있으며, 탈북자라는 딱지가 자신들에게 붙어있는 한 남한 사회에서 자신들이 성취할 수 있는 것들의 한계가 분명하다는 점을 알고 있다. 또한 이들에게는 북한에서 이미 외부에 대해서 알고 있던 정보와 해외 체류 경험을 통해서 학습하는 문화적 차이에 대한 인식이 존재하고, 자본주의 사회에서 생존하는 법칙들을 내면화하고 있다.

예컨대, 노래방이 만원이라 되돌아 나와야 할 상황에서 '이까짓 방 하나 잡을 힘이 없느냐'고 되묻는 염정실이 한국의 자본주의에도 적응해가고 있는 듯 보이지만 실상은 그렇지 못한 것이다. 남한에서 그녀의 생활은 생존의 위협 없어도 방심해서는 안 되는 이중적 안전장치가 필요한 사회다. 그래서 탈북자들은 남한인과 잘 융화되어 사는 듯 보여야 한다는 강박과 동시에 실상 북한에서 길들여진 내면의 익숙함을 위장해야 하는 두 겹의 정체성을 가지게 되는 것이다.

이들의 인식이 '무기력한 타자'라는 방식으로 일면적으로만 설명되지 않는 현실 감각과 전략들을 가지고 있는 것처럼, 남한인의 인식에서도 그들은 완전한 타자로 인식되는 외국인 노동자와는 달리 이론적으로 완전한 시민권을 가진 '잠재적인 간첩'이라는 이중적 시각은 존재하고 있다.

셋째, 소통의 비공유자로서 느끼는 소외감이다. 사회주의 사회의 기본적 가치는 집단주의이므로 학교의 학습활동이나 생활도 집단주의적 원칙에 의하여 모든 것이 이루어진다. 북한에서도 이러한 원리에 입각하여 조직생활 즉 집단생활을 강조하고 있다.[17] 따라서 남한 사회에서 서울이 모든 문화적, 경제적 자본이 집중되어 있는 곳이기 때문에 기반이 없는 탈북 이주민들이 서울을 유일한 '기회의 공간'으로 여기는[18] 것은 어쩌면 다수의견을 통한 공동체 생활에 익숙한 그들에게는 자연스러운 선택과정이다.

탈북 이주민들은 전무한 사회적 자본을 획득하기 위해서 또한, 익숙한 그들의 집단적 사회생활의 네트워크를 제공할 수 있는 교회나 다른 사회단체들에서 활동하기도 한다. 정부에서 제공하는 사회 복지의 '수동적 수혜자' 이상의 어떤 '경쟁력'을 확보하기에는 턱없이 부족하기 때문이다.

특히 탈북자들에게 교회는 이주와 정착의 과정에서 물적·정신적 자원을 공급하고, 사회적 연결망을 구축할 수 있는 통로가 되는 등 다른 사회로 이주한 사람들에게 일차적으로 실제적 도움을 주는 기능을 한다. 그러나 실상 탈북자들이 남한에 와서 신앙생활[19]을 통한 집단생활에 쉽게 적응하지 못하는 경우가 많다.

<동화 읽는 여자>의 오준태는 아들과 어머니를 데리고 탈북에 성공하고 교회[20]를 매개로 한 남한 사람들, 사실은 북한사람들과의 교류를 갖기 위해서 교회

---

17) 김동규, 「북한 교육학의 기본원리」, 김형찬, 『북한의 교육』, 을유문화사, 1990. 198쪽.

18) 이는 첫째, 주택공급이고, 둘째, 경제적·사회적 기회를 더욱 많이 제공한다는 생각으로 인한 결과로 보여진다. 전우택·윤덕용·엄진섭, 「탈북자들의 남한사회 적응생활 실태조사-2001년도 553명의 탈북자들에 대한 조사를 중심으로, 『통일연구』제7권 제1호, 2003, 183쪽.

19) 이는 탈북자들이 어릴 때부터 종교를 전혀 접해 본 적이 없고 모든 종교는 저급한 미신이며 비과학적이라는 교육 탓으로 종교 자체에 익숙하지 않기 때문이다. 또 예배의식 등 교회의 모임 형태가 북한에서 경험한 사상학습 방법 또는 형태와 유사하다고 느끼는 순간 당황하고 거부감을 갖게 되는 것이다. 특히 기독교를 믿을수록 주체사상에서 가르치는 김일성이 하나님의 자리를 대신하고 있어 거부감이 일어나 하나님이 어렵다고 고백한다. 조용관, 「북한 정치교육의 내면화가 탈북자 남한사회적응에 미친 영향」, 『한국정치외교사논총』제25집 2호, 한국정치외교사학회, 2004, 168-169쪽.

20) 이들은 북한을 떠난 이후 중국에서 선교 활동을 하는 이들의 도움을 받는 과정에서, 혹은 제3국을 거쳐오는 과정에서 개입하고 있는 동남아 현지의 교회 조직을 통해서, 혹은 남한에 입국

에 나간다. 그러나 가정의 안정은 곧 결혼이라고 믿고 교회 사람들의 추천으로 여성들을 만나는 과정에 뛰어들면서 오준태는 상처를 입고 결국 아내를 데려온다며 다시 월북하기에 이른다. 또한 그의 아들 명수는 교회 신도들의 집과 집을 오가며 외면 받고 PC방과 학원을 전전하며 시간을 보내는 등 정상적인 학교생활에 장애를 겪는다. 탈북 과정을 도와 준 사람들의 권유에 따라 수동적으로 종교 생활을 하고, 교회에서 경제적 지원을 해 주는 것에 관심이 많으며, 종교 교리에 대한 이해도 그다지 많이 하고 있지 못한 것으로 보인다. 오준태의 적응을 위한 새로운 장(場)인 교회뿐만 아니라 탈북자의 독립을 위해 우선적으로 고려되어야 할 힘이 되어줄 수 있는 사회적 네트워크의 미비와 그로 인한 소수자의 소외는 탈북자 가족을 불행하게 만들고 마는 것이다.

이처럼 사회적・인적 망을 형성하지 못해 자신처럼 북한을 떠나와 한국자본주의에 적응하지 못하고 사는 탈북자를 위해 <기러기 공화국>[21]의 장용철은 사람들에게 겨울 철새가 전해주는 북한 냄새를 권하고 싶었기에 규합을 도모하고자 철새 보호구역을 추진하고자 한다.

> 북한이 대만에서 핵 폐기물을 수입하기로 했다는 기사에 가슴이 답답해서 신문을 찢듯이 넘기다가, 스포츠 신문 신춘문예 시상식 공고를 보게 되었다. 그 뒤로는 망설이지 않았다. 자신이 할 일은 명지호 같은 사람이거나 남한으로 넘어온 귀순자들과 함께 철새를 지키고 자연을 보존하고 환경을 순화시키는 일이라고 그는 마음속으로 선언했다.(중략)남한 자본주의에 적응하지 못하는 그들을 위해 보호구역이년서 철새들의 보호구역이 바로 지금

한 후 하나원 교육 과정에서 알게 된 교회 인사들을 통해서 기독교를 접한다. 이들은 신앙과 교리에 대해서 자신의 영적 체험과 믿음 체제로 생각하는 부분은 크지 않았고, '같은 북한 사람을 만날 수 있어서'라는 이유를 공통적으로 이야기했다. 권나혜, 『남한내 탈북이주민 대학생의 정체성과 생활경험』, 연세대 대학원 석사논문, 2006.

21) <기러기공화국>은 전체 4장에 중심인물 한 명을 화자로 배치하여 남북한 이산가족이 철새를 이용해서 서로의 소식을 전한다는 내용의 신춘문예 작품을 둘러싼 서로 다른 스토리가 전개된다.

필요하다고 그는 생각했다. 일단 조용히 사람을 모으고 보겠노라고 그는 두 손을 모았다.[22)]

장용철은 남파간첩으로 월남, 공작선이 난파되어 행려병자의 주민등록증으로 살고는 있지만, 실제 자신은 세상에 존재하지 않는 사람이다. 박덕규는 탈북자 뉴스에 유난히 신경을 쓰는 그가 회사 동료에게 이름을 빌려줘 신춘문예에 당선된 명지호를 마치 자신과 뜻을 같이 할 동지를 만난 듯 기뻐하는 것을 감안할 때, 남한사회에서 그들만이 공유한 삶의 이해 또는 소통[23)]이 그들에게 얼마나 절실한 문제인가를 장용철의 신념과 외면하는 명지호를 를 통해 비판적으로 대비시키고 있다.

박덕규는 그의 소설을 통해 탈북자의 문제를 남한 사회의 소수자 인권 이슈로 인식하고, 보다 근본적으로 이들의 부적응을 일관적 정책의 부재에서 찾고 있다. 그는 탈북자의 관점을 취함으로써 지금까지 탈북자를 미완의, 부적절한 정체성을 지닌 이들로 인식하게 하는 관점과 두드러진 차이를 보이고, 더불어 그들을 향한 우리의 감정적 경계심을 작품을 통해 인지시키고 반성하게 한다.

Ⅲ. 탈북자의 자원화와 한국자본주의의 고발

생물학적 체계로서의 생태계보다 경제적 토대가 한 사회의 기본구조와 이데올로기들의 종류와 그 성격을 최종적으로 결정한다[24)]는 것은 다소 과장되어 있기는 하지만, 경제적 토대가 생존의 문제와 직결된다는 것은 자본주의 사회에서 부정하기 힘든 현실이다.

---

22) 「특집2 · 21세기를 여는 한국의 새로운 소설가들/박덕규 <기러기 공화국>」,『문학정신』, 1997 봄호, 104쪽.

23) 이들은 남한에서 자란 사람들은 절대 짐작할 수 없는 '배고픔'의 고통이라는 생지옥이자 고향의 향수를 간직한 낭만적인 곳으로 묘사되는 이중성을 가지고 있다.

24) 로저 키징, 앞의 책, 470쪽.

탈북의 원인은 다양하고 복잡한 양상을 보이지만, 탈북자들의 탈북 동기를 묻는 질문에 그들이 예외 없이 꼽는 가장 중요한 이유는 식량난[25]이다. 하지만 경제적 어려움과 식량난을 이야기할 때, 한편으로 경계해야 하는 것은 우리가 이것들을 단순히 생존의 문제로만 해석하는 것이다. 물론 이것이 가장 중요하고 일차적인 원인으로 꼽히는 데에는 반론이 존재하지 않는다. 그럼에도 불구하고 놓치지 말아야 할 것은 식량난과 경제난으로 인해서 촉발된 불만과 비판 의식이 자신이 속한 사회에 의문을 갖게 하고 외부에서 유입된 정보와 함께 다른 '기회'를 찾고자 하는 갈망으로 연결되고 있는 부분이다. 북한의 경제난으로 인하여, 생존을 위한 북한 주민의 이런 사회 일탈현상과 가치관의 변화는 이미 식량배급조차 제때에 주지 못하는 국가권위의 실추와 함께 물리적 통제의 범위를 어느 정도 넘어선 것으로 짐작된다. 또한 탈북 루트로 주로 경유하는 중국에서 돈이 갖는 위력이 권력 기관 앞에서도 얼마나 효과적으로 작용될 수 있는지를 알았고, 남한 사회에 대해서도 기본적으로 권력과 자본의 유착 관계에 대해서 비판적으로 생각하고 있다.

이 장에서는 탈북자라는 색다른 신분 또는 한국자본주의의 속성에 무사히 안착하지 못함을 역으로 이용하는 남한인의 모습과 우리 사회에 만연해 있는 자본주의의 문제점을 그들의 사회적 적응이라는 측면에서 살펴 볼 것이다. 개인의 이익을 위해서는 어떠한 민족적 당위성과 동포애적 명분도 쉽게 저버리는 남한 사

---

25) 대부분 탈북자를 대상으로 연구한 사회과학분야의 학술지에서 1순위로 꼽는 것이 북한의 식량난이다. 조용관, 「북한 정치교육의 내면화가 탈북자 남한사회적응에 미친 영향」, 『한국정치외교사논총』제25집 2호, 한국정치외교사학회, 2004, 168-169쪽. 전우택 · 윤덕용 · 엄진섭, 「탈북자들의 남한사회 적응생활 실태조사-2001년도 553명의 탈북자들에 대한 조사를 중심으로」, 『통일연구』, 제7권 제1호, 2003, 155-208쪽. 정주신, 「탈북의 발생요인과 탈북자 문제의 국제화」, 『정책과학연구』, 단국대학교정책과학연구소, 2006, 69-83쪽. 특히 최창동의 경우 이들의 법적 지위는 '현대적 난민'인 '정치적 환경난민'이라고 지칭한다. 왜냐하면 이상기후, 인위적 환경파괴로 자신의 국적국에서 불가피하게 이탈 할 수밖에 없는 21세기형 난민이기 때문이다. 최창동, 『탈북자 어떻게 할 것인가』, 두리, 2000, 103-140쪽. 오인혜, 『탈북자의 고향의식과 그 변화』, 서울대학교 대학원, 2007, 35-36쪽.

회에 만연해 있는 자본주의의 천박한 요소가 탈북자의 생활상을 통해 극명하게 드러난다.

첫째, 탈북자의 자원화가 그것이다. <노루사냥>에서 '인민군 패잔병의 이미지'를 지닌 박당삼과, 익살스런 진행의 강길동, 그리고 잘 뻗은 늘씬한 슈퍼모델 다리의 여미지를 대비시키는 작가의 시선은 남과 북의 현실을 날카롭게 해부하고 있다. 북의 요리사를 강사로 두고 있는 유일한 곳이라는 선전을 명분으로 박당삼을 취직시킨 화자의 요리학원 또한 자본의 논리[26]를 보여주는 대목이다. 특히, 요리학원장 '나'의 남편은 박당삼의 존재가 오로지 '이용가치'의 측면에서만 의미가 있다.

> "저 자식이 뭐 써먹을 게 있다고 자꾸 끼고 노나 그래. 차라리 내가 데리고 있다가 잘 구슬려서 북한 부동산 얘기나 쓰게 하는 게 나을 것 같지 않아?" (중략)남편은 정말 그에게 북한의 땅 얘기를 써 보라고 한 것 같았다. 그렇게 해보겠노라던 박당삼이 하루 만에 "슬라고 보니까니, 잘 모르겠습메다" 하고는 두 손 들더라는 남편의 설명이었다.(<노루사냥>, 81-2쪽)

> 북한의 명승고적을 전부 김일성이가 다 제 별장으로 삼아 버렸다는 말이 나올 때마다 "저기다가 콘도를 세우고 스키장을 만들면 끝내 주는 건데……."(중략) "텔레비전이며, 온갖 신문, 잡지에 다 나가는 거니까, 유명 인사들을 다 끌어와서 특별 시식 시간을 넣는 거야. 대기업 재벌들, 북한에 진출하지 못해서 안달이 난 친구들 있잖아, 그 사람들 중에서 북한이 고향인 사람들 많다구. 정치인 중에도 있고.(같은 책, 83쪽)

> "이 새끼, 미친놈이잖아. 이 새끼 땜에 우리 사업 다 망쳤어. 확, 죽여 버릴까, 이걸!"(같은 책, 91쪽)

---

[26] 고인환, 앞의 책, 96쪽.

박당삼의 순박한 모습은 천박한 자본의 논리가 판을 치는 남한의 현실을 비추는 거울의 기능을 한다. 반면, 위와 같이 이와 대비되는 '나'의 남편은 박당삼의 상품성에 주목하면서 '북한의 부동산이야기', '콘도', '스키장', '요리특강' 등 박당삼을 통한 잉여가치[27]의 생산 계획을 구상하기에 바쁘다. 그러다가 박당삼이 '요리 공개 특강'에 초대한 월북한 북한 고위간부 아들의 요리에 생아편을 넣어 쓰러지게 만들자마자 '박당삼의 상품가치'는 '미친놈', '새끼'로 급락하게 되고 마는 것이다.

<세사람>에서도 요리사인 주철남이 방송가에서 만나 알게 된 한 매니저 출신의 사기에 넘어가 믿고 맡긴 돈을 고스란히 날려 남한의 누구에게도 속마음을 열지 않기로 다짐[28]하는 대목이 있다. 또한 <함께 있어도 외로움에 떠는 당신들>에서 염정실의 탈북과정을 소설로 엮는 작업에 연관된 출판사 최 사장과, 무명작가 고창규, 그리고 그녀의 탈북을 도운 김 선생의 각자 다른 잇속의 대비를 통해 탈북자를 하나의 상품성 있는 대상으로 밖에 바라보지 않는 남한인의 철저한 자본주의적 사고의 현실을 보여준다.

> "여간첩 마타하리 식에다가, 애정소설 패턴을 얹는다면 충분히 승산 있을 것 같은데, 어때요?" "이번 여름 시장에 한번 밀어 붙여 보겠어!"하고 어금니를 물어 보이기까지 했던 최 사장이었다. "요즘 귀순자들이 책을 너무 많

---

27) 잉여 가치란 마르크스의 용어이며, 생산과정에서 투입된 자본보다 더 이윤을 얻은 것을 의미한다. 이는 자본에 의한 노동력의 착취를 의미하는 것으로 본고에서는 요리사인 박당삼의 본연의 업무 외에 탈북자라는 신분을 이용할 수 있는 한 이용하는 '나'의 남편의 착취를 표현하고자 한 것이다. 칼 마르크스(손철성 엮음), 『자본론:자본의 감추어진 진실 혹은 거짓』, 풀빛, 2005.

28) 마르크스가 미덕・사랑・지식・양심과 같이 상품화될 수 없고 상품화되어서는 안 되는 것까지 마구잡이로 상품화한다는 것을 신랄하게 비판했다. 이런 것들은 "소통되었지 교환되지 않았고, 줄 수는 있었지만 팔지는 않았으며, 획득할 수는 있었어도 사지는 않았던" 것들인데, 그는 이런 것들까지 사고팔게 된 자본주의 사회를 '보편적 타락'이라고 통렬하게 비판했던 것이다. 홍성욱, 「21세기에 다시 읽는 칼 마르크스」, 『하이브리드 세상읽기』, 안그라픽스, 2003, 109쪽.

이 내서 말이지요, 화제성도 점점 떨어지고 판매도 영 그래요." 영업부장의 설명이 사실 그럴 듯하게 들려왔다. 경영 수완이 남다르다고 소문난 최 사장이 그 정도 일로 적지 않은 돈을 투자하며 오래 계획해 온 일에 회의를 느낀다면 정말 곤란했다. 가장 현실적으로, 원고료 잔금을 못 챙기게 되지 않을까 하는 불안감도 고창규의 마음을 자꾸 불편하게 하고 있었다.(중략)한국에 와서 기자회견도 없이 숨겨져 있던 북한 사회 안전부 소속 여자 안전원의 비밀스런 공작 활동 이야기라면 먼저 나온 어떤 책들보다 호기심을 끌 수 있는 소지가 분명 있었다. 먼저 언론에서 다투어 이 책의 내용을 받아 실을 거였다. 중요한 건 그 뒤였다. 이번 책을 시작으로 앞으로 낼 몇 권의 책들이 실은 김 선생에 의해 관계기관에 소개되고 단체 구매될 것들이었다. (<함께 있어도 외로움에 떠는 당신들>, 112-3쪽)

자신의 직업적 소임은 자본주의 사회에서는 모두 화폐로 환산된다. 고창규에게 작가 정신은 원고료 잔금을 받은 다음에 드는 것이고, 최 사장은 책을 투자 개념으로, 김 선생은 책이 화제가 되면 정부기관에서 다시 자신을 주목할 지도 모른다는 명예욕으로 각각 염정실을 앞세운다. 남한 사회에서 새로운 인물로 등장한 탈북자들은 자본의 생산을 위한 자원화 개념으로 여겨지기도 하는 것이다. 물론 탈북자들 또한 그들의 속내를 모르는 바 아니고, 이러한 자본주의적 발상과 물질중심주의에 환멸을 느끼기도 한다.

그것이 둘째, 물질만능의 역겨움과 속물성이다. 세상의 변화에 가장 민감한 곳, 한국자본주의 사회의 속물성을 가장 집약적으로 보여주는 장소로, 박덕규는 한국의 단란주점에 주목한다.

세상이 얼마나 바뀌고 있는가를 알려면 한국의 단란주점에 가면 된다.(중략)중국은 말할 것도 없고, 홍콩도 미국도 일본도 한국에서의 변화만큼 급격하고 휘황찬란하지는 않았다. 머리 위에서 현란하게 돌아가는 미러볼하며, 색정적인 내용으로 구성된 화면 배경, 잠시도 가만있지 않고 꽝꽝꽝 울려 대는 음악소리며, 초미니 스커트를 입고 치어걸처럼 테니스공처럼 튀어다니는 접대부 아가씨들, 그런 여자를 껴안고 겨드랑이나 유방을 집적거려 가며 찍찍거리는 사내들, 잠시 앉아서도 어느 새 수십 병씩 해치우는 주량들, 아직 술과 안주가 잔뜩 남아 있는데도 툭하면 들어와 재떨이를 교환하면서 더 주문할 것을 종용하는 웨이터, 마침내 폭탄주가 돌아가고 누가 손님이고 누가 접대분지 누가 여자고 누가 남잔지 누가 선배고 누가 졸병인지 분간할 수 없는 시간이 와서, 누구는 쓰러져 자고 누구는 싫다는 여자애를 침을 질질 흘려 가며 빨아 대고 누구는 불쾌하다는 표정으로 먼저 나가 버리고 누구는 그래도 무슨 질서를 잡아 보겠다고 마이크를 잡고 구령을 외쳐대는 이 기상천외한 풍습을, 이 나라 방방곡곡 사람 모여 사는 곳이면 어디에서든 얼마든지 발견할 수 있었다.(<함께 있어도 외로움에 떠는 당신들>, 115-6쪽)

인간의 욕망이란 원래 그런 것인지도 몰랐다. 살아남아 있는 모든 인간들은 끝없는 편리와 끝없는 풍요를 향해 달리는 질주족들이었다. 인간으로서는 견딜 수 없는 땅을 벗어나서, 이제 마음놓고 숨쉬고 사는 땅에 와서는 더욱 더한 갈증에 시달리고 있는 염정실이나, 굶어 죽을 염려까지는 안 해도 되는 처지이면서도 하염없는 공복감에 시달리는 고창규 자신이나 별다를 게 없었다. 빌어먹을! 아직도 제가 무슨 대단한 기관에 있는 몸인 줄 착각하는 김선생이나, 어리석게도 그런 사람에게 빌붙어서 뭔가 부를 획득해 보려는 최사장이나 모두가 그런 족속들이었다. 이 세상 모두가 49호 병동 그 자체였다.(위의 책, 124쪽)

<함께 있어도 외로움에 떠는 당신들>에서 탈북자 염정실의 눈에 비친 한국자본주의의 모습은 '무장공비가 몰려온다 해도 환락에 열중할' 사람들로 묘사되고 있다. 염정실은 살아남아 있는 자체의 의미를 몸소 체험한 인물로 한국에서 발견

한 모든 사람들이 '끝없는 편리와 끝없는 풍요를 향해 달리는 질주족들'이라고 비판한다. 또한 고창규는 쓰고 싶은 글만 쓰겠다던 젊은 날의 패기를 팽개치고, 죽어도 그따위 글을 쓰지 않겠다고 다짐했던 그런 글이 아니면 한시도 생존이 불가능한 존재로 전락해 있으며, 최 사장은 힘을 잃은 김 선생의 처지 때문에 자신의 사업에 차질이 생길까 전전긍긍하는 모습을 보이는데, 박덕규는 이를 통해 물질 만능의 씁쓸함과 자본주의 일상의 속물성을 보여주고자 한다.

북한에서는 정신병자를 수용하는 49병동은 성한 사람도 정신병자로 몰아넣을 수 있다. 따라서 <함께 있어도 외로움에 떠는 당신들>에 등장하는 사람들 즉, 인간으로서 견딜 수 없는 땅을 벗어나서, 이제 마음 놓고 숨 쉬고 사는 땅에 와서 더욱 갈증에 시달리고 있는 염정실이나, 굶어 죽을 염려까지는 안 해도 되는 처지이면서도 하염없는 공복감에 시달리는 대필 작가 고창규나 아직도 대단한 기관에 있는 몸인 줄 착각하는 김 선생이나, 어리석게도 그런 사람에게 빌붙어서 뭔가 부를 획득해 보려는 최 사장이나 모두가 49병동 그 자체임과 더불어 물질적 풍요 속에 정신적 빈곤을 겪고 있는 인간 군상들의 삶을, 박덕규는 탈북자들의 현실과 포개어 놓는 것이다.

<기러기 공화국>에서는 남파 공작원출신으로 한국자본주의에 제대로 적응하지 못하는 자신과 탈북자들이 함께 일한 '철새들의 보호구역'을 마련하고자 하는 장용철과 부패한 교육 현실과 가정의 안락을 도모해야 하는 처지에 놓인 시인이자 문학평론가인 대학 강사 이진수와 운동권 출신으로 이미 달라진 세계 자본주의의 현실 앞에서 이념의 실종 상태를 스스로의 심각한 의식분열로 드러내는 조동엽 등이 각각 작중 화자로 등장한다. 조동엽은 한때 민족시인과 자신의 이름이 유사하다는 이유로 사회주의 이론에 경도되어 운동권에도 몸담았으나, 소박하게 살고자 감행한 중국행에서 자본주의 사회에서 그것은 환상과 꿈에 지나지 않는다는 후회를 시작한다. 또한 이진수는 임용을 위해 가방에 돈뭉치를 준비하고 다니는 지식인이자 시대의 엘리트임에도 불구하고 자본주의에 굴복하는 나약한 소

시민의 행태를 보인다.

> "나도 상금 한 번 받아서 이런 미인한테 술 한 잔 샀으면 죽어도 한이 없겠다."
> 김 청 기자의 야릇한 농에 이진수를 비롯한 몇 사람이 어색하게 소리 내 웃고 있었다. 자본주의란, 저런 값싼 모자와 귀걸이를 하고서 귀부인 멋을 내는 천박한 여자들을 양산하다가 멸망해버릴 거라고 조동엽은 진심으로 소리치고 싶었다. 왼손을 들어 허공을 가르면서 열변을 토하던 그때 그 시절로 돌아가고 싶었다.(<기러기 공화국>, 91쪽)

> 자신의 몸에서 떨어져 나갔다가 뒤이어 달려오는 트럭에 치여 더 높이 공중으로 치솟게 된 자신의 가방을 힐끔 쳐다보고는, 묘하게 웃음 띤 얼굴로 아스팔트 바닥에 처박히고 있었다.(중략)그러는 동안 사내의 검은 가방 속에서 함께 뿜어져 나온 종이뭉치 하나가 공중으로 높이 솟더니 갑자기 수많은 종이쪽으로 풀어져 흩어지기 시작했다. 지폐였다. 내리는 눈송이 속으로 흩어진 종이돈들은 마치, 갑작스런 방화에 놀라 저수지 상공으로 날아오른 새들처럼, 수천 마리 기러기 떼처럼, 겨울 도시 허공을 날아가고 있었다.(<같은 책>, 106쪽)

조동엽은 사회주의의 실종상태인 현실을 진심으로 받아들이지는 않고, 이진수는 자신의 학문이 돈과 교환되는 지점에 비애를 느낀다. 그러나 두 사람 모두 자본주의 질서의 일탈을 도모하지는 않는다. 박덕규가 이진수의 죽음 장면에서 날리는 종이돈을 기러기로 묘사하는 것은, 종이돈 공화국을 사는 우리에게 겨울 상공을 가르는 기러기 공화국을 통해 돈의 위력을 내려놓지 못하는 비판을 상징적으로 표현한 것이다. 또한 자본주의적 질서에 대한 적응이 미흡해 자세한 내막을 알지 못하는 장용철의 순수한 시선을 속물인 이들의 시선과 대비시킴으로써 자본주의의 문제점을 더욱 여실히 보여주고 있다.

따라서 박덕규는 그의 탈북자를 주인공으로 한 작품을 통해 양심과 동포애를 쉽게 저버리고 욕망의 공모자로 전락하기도 하고, 그로 인해 삶의 진정성을 상실한 채 살아가는 현재 우리의 모습을 들여다보게 하기 위해 새로운 체제에서 온 탈북자의 시선을 투사(透寫)함으로써, 우리로 하여금 자본주의에 대한 반성적 평가를 내리게 한다.

Ⅳ. 나오며

지금 우리는 새로운 국내외 상황 변화에 대응하여 남・북한의 이질성을 극복하고 새로운 통일시대를 맞이하려는 시기에 와 있다. 분단문학도 통일문학을 지향하고 있는 바, 본고는 북한민의 신분에서 남한민으로 새로운 체제를 경험한 탈북자에 주목하게 되었다.

경제 위기 이후 북한 사회의 변화는 생산 경제의 급속한 악화를 수반했고, 이로 인해 북한 주민들의 경제적 삶의 조건은 낮아질 수밖에 없었다. 이로 인해 공공하게 유지되고 있었던 정부의 관리 체제가 느슨해지면서 국경지대를 중심으로 중국과의 비공식적 교류가 부분적으로 확대되고 있는 실정이다. 이러한 변화는 북한 사회 내에서 담론의 변화 내지는 개인적 차원에서 인식의 전환을 가져오는 계기가 되었고, 탈북이 가속화되는 원인의 커다란 한 축을 이루고 있다. 앞으로 이들의 존재가 남한 사회에, 혹은 통일에 장기적으로 미칠 영향들에 대한 많은 논의가 이루어져야 할 때라고 판단한다.

그리하여 탈북자에 대한 지속적이고 진지한 성찰을 해 온 소설가 박덕규를 통해 남한의 자본주의 성격을 점검해 보는 시간을 갖고자 했다. 본고는 새로운 체제에서 탈북자의 이질감이라는 심리적 적응 차원에서, 그리고 한국자본주의에 직면해서 발견한 우리의 모습을 사회적 적응이라는 측면에서 살펴보았다.

우선 그들이 갑자기 자본주의에 노출되어 겪게 되는 이질감을 중심으로 경제적 우위를 심리적 우위로 착각하는 남한민의 고압적인 자세, 탈북자 일상 속에서 체득한 중간자라는 이중의 정체성, 그리고 그들만의 또는 남한민과의 소통의 비공유자로서 느끼는 소외 등을 대상으로 살펴보았다. 이와 같은 탈북자들이 남한 사회에서 느끼는 갈등과 고통의 양상은 남·북한의 삶의 이질성의 현황을 단면적으로 드러내 주는 실례라고 할 것이다.

또한 탈북자의 시각에서 파악되는 한국적 자본주의의 속성을 중심으로 탈북자를 하나의 상품으로 파악하고 그들의 자원화에 몰두하는 자본주의의 천박성을 살펴보았고, 두 번째로 물질만능과 속물성에 둘러싸인 남한민에 대한 탈북자의 비판적 시각을 통해 물질의 노예가 되어 사는 오늘날 우리의 모습을 반성해 볼 수 있었다. 왜냐하면 우리 스스로가 자본주의 제도가 펼쳐놓은 그물망 속에서의 욕망의 공모자이기 때문이다. 따라서 박덕규의 소설은 자본주의에 대한 반성적 사유의 결과물이다.

물론 박덕규의 소설적 한계는 분명 존재한다. 첫째, 엽편소설(minifiction)계열에 속하는 작품들이 다수 존재하여 함축적인 표현과 무한한 상상력을 맛보게 한다는 점에서는 긍정적이지만 극단적인 결말처리 부분에서 미숙함을 노출한다. 둘째, 등장인물의 시선을 분산하는 연작형태를 채택함으로써 의미의 통합이라는 측면에서 아쉬움이 남기도 한다.

세계가 하나의 전산망으로 연결되는 '잡종(hybrid)'의 시대다. 이분법적 척도의 이질적인 태도에서 벗어나, 다양한 공존의 열린 성찰로 발상을 전환해야 할 때다. 이러한 시기에 탈북자들의 남한에서의 삶을 살펴 본 문학은 분단 극복 내지 민족 통합의 길 찾기에 매우 긴요한 역할을 수행할 수 있을 것이다. 앞으로 탈북자 문학은 이러한 문제의식에 입각하여 남·북한의 문화적 이질성을 좁히는 방안, 인간적 덕성이 상실되어 가는 남한 사회의 냉철한 자기반성, 탈북자의 재교육 문제 등의 다양한 내용으로 분단문학을 너머 진일보한 통일문학으로 확산되어야 할 것이다.

탈북자 문제로 본 분단의식의 대비적 고찰
-김원일과 정도상 소설을 중심으로

Ⅰ. 머리말

21세기 화두가 '생존과 경쟁'이듯이, 국제사회에서 국가 간 이익에 도움이 되지 못하는 나라가 있다면 도태되는 것이 자명한 이치다. 이는 북한이 국제적으로 생존과 경쟁 국면에 소외될 수밖에 없음을 역설적으로 보여주는 대목이다. 물론 핵 문제와 관련된 국제사회의 북한에 대한 견제도 중차대한 사안임에는 틀림없으나, 국제적 관점에서도 북한의 인권문제와 탈북자 문제 또한 중대한 초점임은 벗어날 수 없는 현실이다. 여기서 우리가 신경 써야 할 대목은 탈북자 문제가 국제사회에서 차지하는 비중이 크건 작건 간에 국제사회로부터 한민족의 난제인 남북문제 및 통일의 해법을 찾는 소중한 열쇠가 될 수 있다는 점이다.

통일부에 따르면 2010년 현재 국내에 들어온 탈북자[1]는 1만 9천 16명으로, 올 하반기면 우리는 탈북자 2만 명 시대를 맞게 된다고 한다. 물론 중국에 머물고 있는 1만 명의 탈북자를 합한다면 그 수효는 훨씬 늘어날 것이다. 이것은 탈북자 문

1) 장임숙 · 전영평, 「탈북자 인권 운동과 정책대응방식의 평가」, 『국가정책연구』 제23권 제1호, 2008, 124쪽. 수적인 증가세만큼이나 이들을 지칭하는 명칭도 탈북자를 비롯해 탈북동포, 탈북주민, 북한이탈주민, 귀순자, 귀순북한동포, 월남자, 망명자, 새터민 등으로 다양하다. 본고에서 사용하는 탈북자라는 용어는 탈북자의 집단적 정체성을 가장 잘 반영하는 명칭이라는 탈북자단체의 주장에 근거한다.

제가 국제사회에서 뿐만 아니라 우리 사회의 중요한 사회문제도 되고 있음을 보여준다. 탈북자 문제가 분단 현실과 전(全)지구적 자본주의가 야기한 국제적 모순에서 발생한다는 것은 이미 잘 알려진 사실이고, 따라서 탈북자 문제는 곧 분단문학의 연장선에서 성찰[2]하는 것이 옳은 방법이라 하겠다.

물론 소설에서 탈북자에 대한 기존 연구가 인권이나 자본의 전지구화로 인한 사회적 약자의 입장을 보여주는 것, 그리고 디아스포라 문학으로의 접근이 현재로선 효과적 방법이긴 하나, 본고는 1990년 이후 이어져 온 소설의 양과 질을 감안해 볼 때 분단의식의 변화에 주목해 보았다. 이럴 경우 세대의 문제는 필연적이다. 그리하여 필자는 탈북자 문제를 분단문학이라는 큰 틀 아래 두고 이 분야의 대표적인 작가로 평가받고 있는 김원일과 새롭게 주목 받고 있는 정도상이라는 두 작가를 통해 탈북자 문제를 바라보는 분단의식의 상이함을 살피는 것도 의미 있는 일이라 생각하였다.

김원일은 분단의 상황을 제시하는 데 있어 강한 일관성을 드러낼 뿐만 아니라 같은 세대군의 작가 중에서도 독보적인[3] 존재로 알려진 것은 이미 주지의 사실이나, 그가 탈북자 문제에 지속적인 관심을 가져오고 있었다는 것은 잘 알려지지 않은 사실이다. 또한 3세대 작가에 속한다고 할 수 있는 정도상은 최근 ≪찔레꽃≫으로 탈북자 문제를 전면에 내세워 새롭게 주목[4]받고 작가다. 두 작가는 탈북자

---

2) 고인환, 「탈북자 문제 형상화의 새로운 양상 연구-<바리데기>와 <리나>에 나타난 '탈국경의 상상력'을 중심으로」, 『한국문학논총』52집, 2009. 8., 230쪽.

3) 김윤식 · 정호웅, 「분단 · 이산소설의 전개」, 『한국소설사』, 예하, 1993, 432-434쪽.

4) 정도상(1960～)은 1987년 광주항쟁 소설집 『일어서는 땅』에 단편 「십오방이야기」를 발표하며 작품 활동을 시작한 이래, 줄곧 한미문제, 분단문제, 통일문제에 천착해왔다. 현재 정도상을 '겨레말 큰사전 남북공동편찬위원회' 상임이사를 맡아 활동하고 있으며, 또한 몇 해 전에는 남북작가회담이 성사될 수 있도록 추진한 남한 쪽 핵심 실무자 중 한 명으로 역할 했다. 2003년 단재문학상 수상, 이경재, 「네이션과 2000년대의 한국소설」, 『문학수첩』겨울호. ≪찔레꽃≫은 '전(全)지구적 배경의 소설들이 네이션과 내셔널리즘에 대한 이탈의 상상력을 보여준다고 평하고 있다. 또한 이 작품은 제25회 요산문학상을 수상한 바 있다.
본고가 정도상을 분단 3세대로 언급한 것은 전쟁 체험, 유년기 체험, 미체험 세대의 분류법에 따른 것이다.

라는 분단의 현재적 소재를 가지고 비슷한 시기에 다른 시각을 견지하고 있다. 김원일은 전쟁 체험세대로서 그의 소설에서 남은 분단 문제, 즉 비전향장기수와 실향민에 대해 휴머니즘적인 시각을 가져왔다. 반면, 정도상은 전쟁 미체험 세대로서 기존의 소설에서 줄곧 현실의 문제[5]에 집중해 왔다.

따라서 본고는 탈북자라는 분단소재를 가지고 다른 세대의 두 작가인 김원일과 정도상이 작품 <카타콤>과 ≪찔레꽃≫을 통해 탈북자 문제를 어떤 시각을 갖고 바라보는지, 그들의 차이점은 무엇인지를 살필 것이다. 이를 주체의 성격과 자본에 대한 접근 방법으로 살펴보고자 한다. 구체적 방법으로 키에르케고르의 철학을 활용하기로 한다. 왜냐하면 키에르케고르는 인간 경험의 깊은 차원을 여러 측면에서 조명하는 철학자이며, 특히 그의 실존의 문제는 본고에서 밝힐 주체의 의미를 밝히기에 유용하기 때문이다.

II. 윤리적 주체와 실존적 주체

주체는 타자들과의 마주침을 통해 생성해 가며, 그로써 자신의 동일성을 상실하게 된다.[6] 주체는 그 시작부터 타자의 부름에 의해 형성되며, 그 맥락에는 타자의 이데올로기가 작용하고 있다. 그런데 이러한 주체와 타자의 관계 맺음이 실제 현실 속에서 그리 간단하지만은 않다. 더구나 탈북자가 남한 사회에 적응하는 과정이 곧 문화적응의 과정[7]이라고 할 때, 문화 동화[8]가 그들에게는 더욱 당혹스

---

[5] 김원일은 <손풍금>에서 미전향장기수의 삶을 통해 송환문제에 대한 자각을 촉구하였고, <오마니별>에서 실향민의 아픔을 드러내고 있다. 정도상은 위의 소개에서와 같이 광주민주화운동을 소재로 한 다수의 소설과 더불어 운동권 소설가로 불리고 있다.

[6] 이정우, 『주체란 무엇인가』, 그린비, 2009, 13쪽. 이정우는 주체는 이데올로기에 의해 소집되고 변형된 존재이며, 지배한다기 보다는 이미 종속되어 있다는 알튀세르의 의견에 동감하는 입장이다. 루이 알뛰세르, 김동수 옮김, 『아미엥에서의 주장』, 솔, 1991, 115-121쪽. 참조.

[7] 이순형외 3인, 『탈북 가족의 적응과 심리적 통합』, 서울대학교출판부, 2007, 257-258쪽. 문화적응(acculturation)이란 한 문화에서 다른 문화로 이동할 때, 자기 정체성의 많은 부분이 새로운 문화 내의 경험과 정보에 적응하기 위해 수정되는 과정을 일컬으며, 문화적 근원이 다른 사람들 간의 지속적이고, 직접적인 접촉의 결과로 일어나는 변화를 뜻한다. 김은경・권정혜, 「탈

러운 현실로 다가올 것이다. 탈북자를 소재로 한 소설에서 주체를 문제 삼는 것은 새로운 문화적 현실에 직면했을 때 탈북자의 심리적 변화가 작품에 미치는 영향이 지대하고, 반면에 주인공이 탈북자를 적극적으로 조력하는 행위의 선두에 설 때 그 의식의 저변을 살펴보는 것이 필요하기 때문이다. 더불어 이것은 전쟁 체험 세대와 미체험 세대인 두 작가의 서로 다른 분단의식을 엿볼 수 있는 중요한 단초가 되기도 한다.

김원일의 <카타콤>은 한국에서 빈민운동 · 장애인 · 외국인노동자 선교에 힘쓰던 강시욱 목사가 중국 선양으로 건너가 탈북자를 중심으로 한 선교활동을 하던 중 카타콤(묘지)인 땅, 예비 탈북자가 즐비한 북한으로 과감한 사역을 시도하는 과정을 그린 소설로, 강 목사의 소신과 다른 견해를 가진 '나'인 정 목사의 시선[9]을 채택하고 있다. 북한 사역의 중심에 있는 강 목사는 기독교 요람인 평북 정주에 평양신학교를 나온 부친으로부터 단단한 기독교적 윤리관을 물려받았으며, 스스로를 엄격히 통제하는 살아있는 예수의 모습이다. 행위의 순수성, 즉 '고난'을 무릅쓰는 것이 목회자가 나아갈 옳은 방향이기에 '나'에게 정 목사는 흠모의 대상[10]이다. 그러나 이런 강 목사의 행위는 '나'에게 마치 '부나비가 불빛을 좇듯' '지옥 불로 뛰어들 사명감'인 '불가능한 환상'으로 비춰진다. 강 목사의 '극단적 포옹'과 달리 '나'는 '현실적 잣대'를 중요한 덕목으로 삼기 때문이다. 이는 '나'의 아내 생각도 덧붙이면서 '나'의 생각이 대다수 사람들의 보편적이고 일반

북자 문화적응척도 타당화 연구」, 『한국심리학회지 : 임상』제28권 제3호, 한국임상심리학회, 2009, 762쪽.

8) 개인과 가족이 새로운 사회에 정착하여 적응하는 과정을 살펴본 초기 연구들은 이주민들이 새로운 사회의 문화를 받아들이는 것을 동화라는 개념으로 설명하였다.

9) 이는 김원일이 기존 소설에서 자주 쓰는 방식으로, 주인공의 행위에 대해 반감과 동조의 감정을 동시에 가진 서술자를 통해, 독자의 흥미는 유지하되 객관적 사고 속 보편화를 꾀하고자 하는 서사전략이 그대로 유지되고 있다고 볼 수 있다.

10) 이 소설에서 정 목사인 '나'라는 서술자는 강 목사와 같은 신앙을 실천하는 동지이지만, 가족의 부양, 자신의 일상을 유지하기 위한 나약한 모습을 노출한다. 또한 소설의 중반까지 강 목사는 정 목사의 눈에 '돌출행동', '의욕과잉'등 다분히 객관적인 묘사를 띰으로써, 강 목사의 희생을 더욱도 숭고한 차원으로 부각시키고 있다고 짐작된다.

적인 사고라는 탄력을 받는다. 동시에 강 목사의 헌신적 실천성은 투철한 사도의 모습으로 각인된다.

강 목사에게 탈북자는 윤리적 실천의 대상이다. 또한 이 실천은 선교라는 이름으로 과감하고 직접적이고 더불어 기독교 신앙의 희생적 본질[11])이 재확인되는 대목이다.

> 나는 강목사의 북한 잠입 선교가 가능성이 희박한 선교 방법이요, 희생의 자의적 선택이란 말은 차마 할 수 없었다. 그러나 내 말에 강목사는 망설임이 없었다.(중략)우선 북측 동포는 피부색 같고 같은 말 쓰는 한 핏줄 아닌가요. 하나님을 받아들인 탈북자 청년과 국경지방 조선족 동포가 제 사명을 돕고 있어요." 강목사가 그 말을 할 때, 나는 그의 우묵한 눈자위에 퀭하게 뚫린 눈에서 한 줄기 광채를 보았다. 아흔아홉 마리 양보다 한 마리 잃은 양이 더 귀하다는, 그 잃은 양 한 영혼을 구원할 책임이 자신에게 있다는 듯 그의 눈에 섬광이 번쩍였다.
> 궁극적으로 주님이 하신 말씀 중에 가장 핵심적인 말씀은 정치와 종교, 인종적 편견까지 넘어서서 사람들에게 '서로 사랑하라'는 가르침 아닙니까?[12])

또한 이런 강 목사의 윤리적 실천은 자기 자신에게 국한되지 않고 다른 이, 그리고 또 다른 이에게로 각각 이동하는 양상을 띤다. '나'에게 조 군으로 불리는 탈북자 조근식은 1990년 중반 흉년으로 발생한 꽃제비 1세대다. 강 목사는 탈북 청소년 대안학교에서 맺은 인연으로 탈북의 아픔을 간직한 조 군에게 도움을 주었고, 조 군은 무엇보다 강 목사의 탈북자를 향한 헌신적인 태도에 감화되어 자신의 나갈 바를 결심한 이후 줄곧 강 목사와 함께 탈북자 가족을 북에서 빼내거나 숨겨

---

11) 허명숙, 「위험한 기독교인이 실천하는 신앙의 아이러니」, 『한국문예비평연구』제30집, 2009. 12., 188-191쪽. 허명숙은 <카타콤>의 강 목사를 기독교적 진리에 충실한 사람으로 진술한다.

12) 김원일, <카타콤>, ≪오마니별≫, 도서출판 강, 2008, 245-6쪽. 이후 쪽수만 표기한다.

주는 것 그리고 가난한 북한 주민을 돕는 일을 하게 된다. 조 군과 강 목사는 마치 예수와 그의 제자 베드로처럼 견고한 관계로 이어져, 이후 조 군은 강 목사를 돕는 안내자이자 조력자 역할을 하고 있다.

> "강목사님은 북측에서 이안으로 귀환할 때 저쪽 강안에서 유리걸식하는 탈북자 가족도 두 차례나 빼내어 안전가옥 고씨 집에다 숨겨주었구요."
> "그럼 조군이 안내자 역할을 맡겠군요?"
> "처음은 고만복 씨가 길잡이로 나선 모양인데 지금은 조군과 둘이서 북측으로 드나드나봐요. 제가 한번 조군한테 물었지요. 남한 체제가 북한 체제보다 좋지 않느냐. 우선 배불리 먹는 문제만은 해결되니깐, 했더니 그 말에는 대답을 않고 성경을 읽고 새로운 세계에 눈뜨게 된 점, 그리고 강목사님을 만나게 된 게 남한에 온 가장 큰 보람이랍디다.(중략)조군은 베드로 같은, 목사님의 충실한 제자입니다. 지금은 대입 검정고시를 준비 중이라, 때가 되면 신학교에 진학하겠대요."[13)]

강 목사와 조 군은 주로 중국 지역 거점 도시 선양의 조선족과 탈북자를 돕는 일에 몰두한다. 이를 테면 조선족이 사는 농촌 가옥을 찾아 가정예배를 하는 데, 그들 중 탈북자들도 상당수 섞여 있었다. 조선족 집에 숨어 지내는 탈북자에게 한국행을 주선해 주기도 했다. 고만복도 그러한 인연으로 강 목사를 돕는다고 할 때, 강 목사의 탈북자에 대한 사랑이 조 군에게서 고만복에게로, 그리고 선양에서 마침내 잠재적 탈북자가 즐비한 북한으로 직접 들어가 양식과 종교적 구원을 도모하는 모습으로 나타난다.

서술자 '나'인 정 목사는 비록 강 목사가 자신의 신앙과 흠모의 모델이라 할지라도, 아직은 종교가 봉인된 북한에 기독교 복음 전도를 위해 생명을 담보로 한 위험한 모험을 감행하려는 강 목사가 '의욕과잉' 또는 '돌출행동'으로 보인다. 왜

13) 위의 책, 272-273쪽.

냐하면 '나'는 현재로선 북한 주민 돕기, 탈북자를 기독교인으로 인도하는 것이 북한 선교의 최선의 방법이라고 생각하기 때문이다. 정 목사는 보편적 사고의 규범을 가진 대다수의 사람으로 작가가 정 목사를 서술자로 상정한 것은 강 목사의 취지를 보통사람의 시선에서 숭고하게 처리하기 위한 전략으로 볼 수 있다.

흡사 종교소설의 면모를 보이는 <카타콤>은 강 목사의 탈북자를 향한 사랑, 그의 혜택을 입은 탈북자 조 군이 자신의 처지와 비슷한 탈북가족을 돕는 모습, 그리고 강 목사와 조 군의 도움을 받은 고만복과 같은 탈북자가 다시 북한 주민이라는 잠재적 탈북자를 지원하려는 움직임은 휴머니즘을 실천하는 케노시스[14]의 모습을 띤다.

> "한 민족으로 묶고 한 임금을 세워 다스리게 하나니 다시는 두 민족으로 갈리지 않을 것이다. 다시는 반으로 갈라져 두 나라가 되지 않을 것이다."[15]
> "기독교나 주님을 먼저 내세우기보다 보편적인 인간애, 공동체 생활에 서로 아끼고 사랑하는 마음이 얼마나 중요한 지를 먼저 가르친다."[16]

강 목사의 궁극적인 목적은 연민과 사랑의 본질을 바탕으로 가족에서 사회로, 민족으로 그리고 인류 전체에 사랑을 전파하는 점진적으로 확대되는 양상을 보인다. 표현방식 또한 카타콤이라는 성지의 상징성만을 취하고 나머지 수사적 기교를 배제한 직접호소방식이다. 김원일은 <카타콤>의 정 목사를 통해 탈북자 문제에 대한 소통의 객관성을 확보한 후, 강 목사를 통해 탈북자 문제의 핵심은 교화와 실천의 직접성이라고 강조한다. 결국 김원일이 생각하는 탈북자에 대한 문제 인식이 당면한 현실적 상황을 상당부분 인정하면서도 그들을 포용하고 교회

---

14) 강 목사의 소신은 '케노시스' 즉, 자기를 비우는 정신으로 그 쪽 체제를 이해하고 그들과 한 몸이 되어 스며들 듯 선교에 임해야 한다는 것이다.

15) <카타콤> 앞의 책, 253쪽.

16) 위의 책, 280쪽.

와 국가를 초월한 가능태[17]로서의 비전을 강 목사라는 윤리적 주체를 통해 보여주는 것이다.

한편, ≪찔레꽃≫의 주인공 충심은 북의 경제사정이 나날이 악화되는 가운데 달리 미래가 없는 자신에 대해 회의해 오던 중 이종사촌인 미향과 함께 조선족 여자의 꾐에 빠져 두만강을 건너게 되고, 이들이 인신매매범에게 넘겨지면서 파란만장한 여정을 시작하게 된다. 인신매매범은 미향과 충심을 불법체류자[18]의 마을이 되어버린 광명촌과 신흥촌의 늙은 남자에게 팔아넘긴다. 미향은 남편과 시아버지에게 번갈아 육체를 유린당하는 고통을 참지 못해 실성하고 결국 죽는다. 충심은 의처증 남편으로부터 탈출하여 선양에서 안마사로 일하던 중 조선족인 최옥화와 그의 애인 김화동에게 빌려준 돈을 받으려 하자 비법월경자인 충심의 처지를 중국 공안에 고발하여 서탑지역을 도망 다니다가 한국선교사의 도움으로 탈출하여 한국에 정착하게 된다. 그러나 그녀는 한국에서 노래방 도우미로 돈을 벌어 중국 브로커를 통해 북의 가족에게 송금하지만 그 돈은 제대로 전달되지 못하고 엄마와의 마지막 통화를 마치고 그래도 살려는 의지를 찾는다.

≪찔레꽃≫에서 작품 전체를 관통하는 시선은 충심이지만, 정도상은 충심을 비롯한 다양한 인물의 내면을 들여다보기 위해서 연작형태를 취한다. 그 중 미향과 영수가 대표적이다. 미향은 제4장 <풍풍우우風風雨雨>에서 시아버지와 남편을 오가며 겪은 육체적 고통으로 정신까지 황폐화된 실성한 여자의 내면을 그려

17) 키에르케고르에 있어 주체성이란 실존하는 각 개인이 자신이 사고한 것을 점유하거나 자신의 가능태를 실현시킴으로써 자신의 현실태를 구성하는 과정이다. 본고에서 비존재적 존재는 '가능태', 현존하는 존재는 '현실태'라는 용어를 활용하였음을 밝힌다. 심민수, 「키에르케고어의 실존적 주체성의 교육적 함의」, 『교육문제연구』제21집, 고려대학교 교육문제연구소, 2004. 9., 56쪽.

18) 이호규, 「'타자'로서의 발견, '우리'로서의 자각과 확인-2000년대 이후 한국소설에 나타난 조선족의 양상연구」, 『현대문학의 연구』, 한국문학연구학회, 2008, 159-160쪽. 이호규의 논문은 ≪찔레꽃≫연작소설 중에서 중국 내에 불법적으로 거주하는 탈북자의 현실과 조선족의 삶에 맞추어져 있다. 불법월경자, 불법거주자 등의 용어가 있지만 본고는 충심이 일시적으로 중국에 머물다 한국으로의 탈출에 성공하는데 초점을 맞춰 불법체류자라고 명명한다.

내고 있다.

> 어머니가 보낸 편지 그거 좀 줄래, 응? 미안, 까마귀가 가져갔어.
> 안돼, 안돼, 안돼! 까마귀가 가져가면 편지를 읽지 못하잖아?(중략)나쁜 까마귀! 미안할 거 없어 까치야. 오늘은 내 머리에 근사한 까치집을 지어줄게.(중략)미향은 옥수수밭으로 가는 하얀 길을 봄날의 민들레 홀씨가 날리듯이 걸었다. 까치 한 마리가 뒷산 너머 옥수수밭으로 날아가는 게 보였다.(중략)뒷산 꼭대기에 올라 옥수수밭을 바라보니, 꽉 막혔던 숨이 툭 트이는 기분이 들었다. 언젠가 청진항에서 본 바다처럼 옥수수밭은 끝이 보이지 않을 정도로 광대했다. 바람에 따라 황금물결이 이리저리 출렁거리는 옥수수밭을 향해 미향은 노루처럼 우아한 뜀박질로 달려갔다. 밭에는 메기수염의 늙은 남자가(중략)미향이 팔랑거리며 달려오자 일손을 멈추고 검은 이를 드러내며 웃었다. 치미 속 미향의 허벅지 사이에는 늙은 남자의 메기수염이 오래오래 붙어 있었다.(중략)옥수수밭에 불을 지르겠다고 집에서 준비해온 성냥을 꺼내보면, 그것은 성냥이 아니라 메마른 싸리울타리 가지였다. 혹시나 다른 것이 있나 싶어 주머니를 뒤져보면, 성냥이나 라이터 대신 구름이거나 혹은 이야기가 나올 뿐이었다. 주머니 속에서 이야기가 나오면 옥수수밭에 불을 지르겠다는 생각을 까맣게 잊었다.[19]

미향이 까치를 향해 지속적으로 까마귀를 잡아달라고 부탁하는 행위는 까치가 두만강 건너 온 반가운 고향 편지를 가져간다고 믿기 때문이다. 미향이 자신의 머리에 까치집을 만들어 달라는 의미는 반가운 소식이 머물 수 있는 공간, 즉 항상 고향에서 연상되는 기쁜 소식이 자신의 곁을 맴돌기를 바라는 마음일 것이다. 까치를 뒤쫓아 다다른 옥수수 밭은 고향 청진항과 흡사하여 달려들고 싶으나, 옥수수 밭에서 '메기수염'으로 명명되는 시아버지에게 윤간당하는 자신의 모습을 발

---

19) 정도상, ≪찔레꽃≫, 창비, 2008, 103-105쪽.

견한 후, 그 옥수수 밭을 불바다로 만들고 싶은 욕망을 느낀다. 현실에서 미향은 손 쓸 수 없을 만큼 황폐한 수동적 삶을 영위하지만, 내면에서 실현되기를 기대하는 욕망은 환상으로 치환하고 그것을 오히려 현실처럼 느낀다. 이는 현실성과 가능성의 긴장을 전달하는 방법으로, 인물이 타자와 대치할 수 없는 자기 독자(獨自)의 실존[20]을 강조하는 동시에 독자(讀者)들의 주체적 점유화를 유도한다.

≪찔레꽃≫에는 미향과 유사한 과정이 6장 <얼룩말>편에도 나타난[21]다. 영수가 즐겨보는 텔레비전 「동물의 왕국」 속 얼룩말은 영수 그 자체로 상정할 수 있다. 영수는 엄마가 있는 한국을 가기위해 기차를 타고 북경에서 우루무치행으로 다시 알렌에서 몽골국경을 넘는 기나긴 여정을 울지 않고 수행하기로 충심이모와 약속한 것은 그 여정의 경로를 세렝게티 평원으로, 얼룩말을 자기 자신으로 투사했기 때문이다. 대지는 언뜻 자유로운 세상이지만 사자, 치타, 표범, 하이에나 같은 무서운 포식자가 존재한다. 그래서 잘 달리기 위한 날 센 다리와 경계를 늦추지 않는 강한 정신력이 있어야 한다. 비록 자유로운 대지에서 만나는 포식자는 얼룩말을 잡아먹지만, 그것은 어디까지나 인간의 질서에 포박되지 않은 생명력 넘치는 자유로운 대지, 최소한의 생명유지를 위한 약육강식의 질서다. 영수가 대지를 건너는 위험한 도전을 낭만적 상황으로 치환하는 것은 앞서 밝혔듯이 '날것'의 자연 상태를 염두에 두었기 때문이다.

그러나 영수가 텔레비전이 아닌 실제 현실에서 발견하게 되는 것은 모두 낭만적이지 못한 사람들뿐이다. 목사님과 박선교사는 국경을 넘을 때마다 돈의 지불을 다그치고, 선교사는 연신 비디오를 들이대며 선교 사업회 전시용으로 쓰기 위

20) 여기서의 실존이란 자신의 존재를 이루는 근원적인 힘이며, 개인이 자신의 경험을 해석하는 과정으로, '삶의 태도'이자 개인의 자아가 발달하는 '단계'라는 키에르케고르의 의견을 가져온 것이다.

21) ≪찔레꽃≫의 프롤로그는 어린 아들을 저 세상으로 보낸 후 허망한 마음을 가눌 길 없어 스스로 유랑을 떠난 한 남자가 몇 년 전 우연히 중국 변경에서 만난 이북출신의 화교 여성을 미나라는 조선족 안마사와 함께 찾아 나서는 이야기다. 이 프롤로그와 연관 지어 볼 때, 또한 실제 아들을 잃은 작가의 개인사를 생각해 볼 때, <얼룩말>은 정도상이 영수의 시각에서 탈북자의 현실과 그 책임문제를 생각하게 만든다.

해 크레용으로 옷을 일부러 더럽히거나 찢고, '김정일이 나쁜 사람이고, 조선은 지옥이고, 밥도 많이 먹고 싶고, 자유를 원한다'는 말을 하라고 종용한다. 앞에서 이끄는 중국인 아저씨는 "치타처럼 빨랐"고, 나머지 아홉 명은 "하이에나처럼 제멋대로"였고, 냉혈인간 만복삼촌은 "코끼리처럼 성큼성큼" 이라 맞출 수밖에 없었다. 충심이모를 제외하고 영수가 탈북하는 과정에서 만나는 사람들은 하나같이 세렝게티 평원에서 본 사자보다 무서운 대상으로 묘사되고 있는 것이다.

> 마라강……은 얼마나 더 걸어가야 하는 것일까? 마라강만 건너가면 엄마가 있는 쎄렝게티가 펼쳐져 있을 텐데……(중략) 영수는 고비사막 근처에서 작은 가젤의 무리를 추격하는 한 마리의 푸른 늑대를 떠올리고는 희미하게 웃었다. 아야, 무언가에 발이 걸려 영수는 몸을 돌려 밤하늘을 바라보았다. (중략)별과 별을 이어보니 엄마 얼굴이 그려졌다. "엄마!" 영수는 환하게 웃으며 엄마를 불렀다. 눈을 감았다. 문득 마라강이 나타났다. 수만 마리의 얼룩말과 누 무리가 강변에 모여 잔잔하게 흐르는 강물을 보며 서성거리고 있었다.(중략)영수도 새끼 얼룩말이 되어 마라강을 헤엄치기 시작했다. 악어들이 강력한 힘과 쏜살같은 속도로 공격했지만 영수는 뒷다리를 세차게 차올리며 물살을 헤치며 앞으로 나갔다.(중략) 그때, 뒷다리에 송곳니가 박히는 느낌이 들었다. 악어가 물었나? 몸부림을 쳐봤지만, 악어는 새끼 얼룩말을 물고 물속으로 가라앉았다. 그러다 어느 순간, 평온이 찾아들었다. 눈을 감으니 배가 고프지 않았고, 춥지도 않았다. 악어들이 얼룩말의 몸에 이빨을 박고 세차게 몸을 돌렸다. 얼룩말의 다리가 떨어져나갔다. 작은 별 하나가 꼬리를 달고 서쪽으루 길게 떨어졌다. 초원의 거친 바람이 영수의 몸을 흔들고 지나갔다. 움직이는 것은 바람에 흔들리는 머리카락뿐이었다. '엄마!'라는 소리를 닮은 바람이 초원을 가로질러갔다. 엄마, 엄마![22]

[22] 정도상, 앞의 책, 194-196쪽.

사실상 영수처럼 북한을 탈출하다 죽은 아이들은 세렝게티에서 죽은 얼룩말과 닮아 있다. 어린 얼룩말이 '별'을 동경하며 '마라강'을 건너는 행위는 '악어'의 먹잇감으로 전락한 후 흔적도 없이 사라져버린다. 탈북자들의 생명을 담보로 한 월경(越境)행위의 숭고한 뜻은 수많은 방해꾼에 의해 '몸에 이빨이 박히고', '다리가 떨어져나가'는 등 처참히 파괴되고 만다. 정도상은 8살 아이의 내면을 얼룩말의 최후라는 자연현상을 동화적이면서 환상적으로 살핌으로써 탈북자의 실제적 상황을 사실감 있게 다루고 있다. 이는 앞서 보여준 미향의 경우보다 더욱 진지한 이중반사[23]를 유도한다. 왜냐하면 작품 내부에 존재하는 목표물을 놓고 봤을 때 미향의 경우 까마귀는 훼방꾼에 가깝지만, 영수의 경우 악어는 파괴자기 때문이다. 이를 외부에 존재하는 공격의 대상으로 유추해 볼 때, 미향은 기억을 방해하는 현실자각에 가까운 반면 영수는 중국 국경수비대로 표상되는 국가권력, 즉 탈북자 문제에 대해 확립되지 않은 인권으로 나아갈 수 있다.

흥미롭게도 이 작품은 미향의 내면은 탈출 이전의, 영수의 내면은 탈출 과정에서, 그리고 ≪찔레꽃≫의 주인공 충심은 남한으로 무사히 탈출에 성공한 탈북자의 내면을 각각 보여주고 있다. 또한 미향과 영수의 죽음은 북한주민의 중국내 비법월경자라는 신분을 감안하면 불행한 최후가 납득가능하다. 그러나 충심은 남한에서도 역시 불행한 내면을 드러낸다.

> 벌떡 일어나 냉장고를 뒤졌다. 한 달 전쯤 친구들과 함께 구워먹고 남은 삼겹살을 찾아 굽다가 신 김치를 보시기째 엎어 넣고 밥을 비볐다. 방바닥에

---

23) 임병덕, 『키에르케고르의 간접전달』, 교육과학사, 1998, 164-166, 180쪽. 구민두, 『키에르케고르의 주체성과 간접전달의 도덕교육적 의미』, 부산대대학원 석사논문, 2002. 8., 33-34쪽. 키에르케고르의 이중 반사는 무한한 열정적 추구로 대표되는 실존하는 개인의 주관적 사고와 그 개인의 실존을 규정하는 현실성과 가능성의 긴장이 전달받는 사람의 실존에 고스란히 반사되도록 하는 것이다. 또한 이 반사에 의한 전달을 간접전달이라고 한다. ≪찔레꽃≫에서는 각각의 액자 주인공이 자신의 현실태와 가능태의 긴장을 서술하는 부분을 1차 반사로, 독자에게 이 긴장을 다시 비추는 것을 2차 반사로 보았다.

신문지를 깔고 그 위에 프라이팬을 놓았다. 다리 사이에 프라이팬을 끼고 앉아 수저 가득 밥을 떠서 먹었다. 엄마의 말대로 절대로 밥을 굶지 않겠다고 다짐했다. 밥을 먹다 말고 진숙언니한테 전화를 걸어 내일 당장 만나자고 약속을 정했다. 수저 가득 비빔밥을 떠서 입 안으로 밀어 넣으며 찔레꽃을 보았다. 찔레 잎사귀가 바람에 살랑거리고 있었다.[24]

충심의 경우는 앞의 두 사례와는 다르게 환상이 아닌 내면독백으로 되어 있다. 작품 전체를 관통하는 주인공인 까닭에 존재화[25]하기 위한 주관적 관점에 초점을 맞추려고 한 의도로 보인다. 밥을 먹는 행위는 굶주림에 대한 거부이자 인간적 삶을 향한 실천의지다. 실상 많은 탈북자가 이 행위를 위해 목숨을 담보로 위험한 도주를 하고 있는 현실을 감안해 볼 때, 충심의 행위는 기쁨과 환희여야 옳을 일이다. 그러나 밥을 먹기 위한 행위 이면은 노래방 도우미라는 실상 중국에서 겪은 인신매매로 유린당한 삶과 별반 다르지 않기 때문에, 함께 먹을 가족이 없기 때문에 밥을 먹는 행위는 충심에게 행복이 되지 못한다. 요컨대 ≪찔레꽃≫은 미향과 영수 그리고 충심이라는 탈북자를 대상으로서 바라보는 것이 아니라, 그 내면적 실존성을 부각시키는 위해 다가서려한 작가의 고뇌가 돋보인다.

김원일의 기존 작품이 과거 역사로서의 분단에 초점을 맞추었다면, <카타콤>은 현재형으로서의 분단을 문제 삼는다. 북한 잠입선교라는 민감한 소재를 다룬 이 소설에서 작가가 힘주어 강조하는 것은 이념과 정치와 종교 등 모든 가치에 앞서는 인간과 생명의 존엄성이다. 주인공 강 목사가 난민구호자원에서 위험을 무릅쓰고 북한 땅을 드나드는 이유는 이념이나 종교보다는 굶주려 죽어가는 동포와 탈북자들을 살리는 문제가 더 시급하다고 느꼈기 때문이다. "생명을 잃으면

24) 정도상, 앞의 책, 221쪽.

25) 키에르케고어에 의하면 사고(thought)와 존재(being)가 일치하는 진리는 "필수적인 것"(desideratum)이 되고 "존재화"(becoming)란 용어로 이해된다. 끝이 날 수 없고 그 인식의 작용을 하는 정신 스스로가 존재화의 과정 안에 있다고 하는 의미에서 가져온 용어다.

아무 것도 할 수 없"다는 것은 결국 국민 개개인의 소중한 생명을 담보로 한 국가 간 이해관계는 무의미하다는 작가의 의도가 숨겨져 있다. 그렇기 때문에 김원일이 강 목사를 통해 자신의 모든 것을 던져 헌신적으로 탈북자를 돕고 북한 주민을 걱정하는 모습은 주체의 윤리화를 도모하는 동시에 가능성으로서의 현실을 보여주고 싶었다고 할 수 있다.

이에 비해 정도상의 ≪찔레꽃≫은 김원일의 <카타콤>의 정 목사처럼 객관적 현실을 진단해 줄 등장인물이 없다. 이는 정도상이 인물의 존재화에 상당히 치중하고 있음을 보여준다. 왜냐하면 <카타콤>의 강 목사는 탈북자를 돕는 사람이고, ≪찔레꽃≫에 등장하는 주 인물들은 모두 탈북의 상황에 놓여있는 당사자다. ≪찔레꽃≫은 실성한 여자의 내면과 여덟 살 꼬마의 영문을 모르는 탈출기를 의식의 흐름과 동화적인 수사를 발휘함으로써 현실의 상황과 대비되어 독자로 하여금 탈북자의 고통을 더욱 심화시키는 효과를 거둔다.

Ⅲ. 자본의 긍정적 수용과 폭력적 논리

사실상 탈북은 교회와 깊이 연관되어 있다. 한국 교회는 1980년대 후반과 1990년대에 들어서며 중앙아시아 즉, 구소련에서 일어난 사회주의 체제의 대 변혁 속에 북한선교에 대한 움직임이 고조되기 시작했다. 구소련이 무너지면서, 중국의 경제, 외교적 개방정책으로 인해 북한의 문이 점점 열리기 시작했고, 이것을 본 많은 한국교회와 미주 교포들은 북한 선교를 위해 다각적으로 접촉하며 북한 선교에 관심을 드러냈다. 2000년대에 들어와서 북한 선교는 통일이라는 염원과 병행되어지며 한국 교회의 가장 중요한 선교적 쟁점과 사역 대상국으로 부상[26]했다.

선교는 크게 내지선교(Inside Mission)와 외지선교(Outside Misson)으로 구분

[26] 권형재, 「북한 선교의 나아갈 길: 새터민들의 안정된 정착을 돕는 사역을 통한 미래의 북한 교회 지도자 양성을 목표로 하는 한국교회의 선교전략」, 『한영논총』 12권, 한영신학대학교, 2008, 175쪽.

해 볼 수 있는데 북한은 내지선교가 불가능하기 때문에 <카타콤>과 ≪찔레꽃≫에서 보는 바와 같이 외지선교 즉, 식량위기에 몰려 두만강을 건너 중국으로 탈출해온 북한 주민들을 돌보는 중국 내에서의 선교사들의 사역, 험난한 여정을 거쳐 남한으로 입국한 탈북자들을 위한 선교사역 등이 여기에 해당될 것이다.

김원일의 <카타콤>은 현재의 정치적 상황에서는 매우 위험스런 소재를 다루고 있는데, 한국, 북한, 중국 등 어느 국가에서도 용인하지 않는 북한 잠입 선교가 그것이다. 주인공 강 목사는 중국 공안국에서 탈북자를 체포하는 대로 북으로 보내는 안타까운 상황을 해결하기 위해 북한선교를 차근차근 준비해왔다. 탈북자 청소년대안학교 강사도 했고, 중국을 진맥회나 밀알회를 조직하여 지하교회목회를 통해 ≪찔레꽃≫에서 미향이나 충심의 경우처럼 탈북여성과의 결혼으로 이루어진 조선족 가정에서 예배를 담당하기도 한다. 또한 조 군의 경우처럼 탈북자를 기독교인으로 인도하여, 목회자 후보로 훈련하기도 한다. 그리하여 중국과 북한의 국경도시 지안의 조선족 가정을 결신자로 영접하기까지 1년을 걸려 성공, 국경을 넘어 북으로 들어가는 상인 고만복을 통해 북한 잠입을 위한 교두보로 성사시켜 북으로 가져갈 양식도 준비한다.

강 목사가 북한의 비밀 집회 장소에 가기 위해 온갖 위험과 불법을 감수하는 이유는 "기다릴 분들을 생각해서", "영양실조 끝에 질병으로 죽어가는 생명부터 구하는 데 전력투구하"[27]기 위해서다. 강 목사는 "좌파니 우파니, 어떤 이념이 옳으니 그리니, 어떤 방식으로 남북이 통일되어야 하느니 따위의, 이를테면 중구난방(衆口難防)으로 자기주장이 옳다고 떠들어대는 말들에 별 관심이 없는 것 같"[28]다. 그는 오로지 '하느님께 속한 것'이 자비, 정의, 굶주린 자를 먹이는 것, 이민자를 환대하는 것, 빈곤한 자에게 안식처를 제공하는 것, 가난한 자를 권력자의 압제에서 보호하는 것"이라는 기독교적 진리에 충실하고자 할 따름이다.

---

[27] 김원일, 앞의 책, 109쪽.
[28] 위의 책, 109쪽.

그러나 강 목사는 기독교적 진리에 충실한 정신적 양식만으로 북한 주민을 도와주는 것이 아니라 압축건빵, 좁쌀, 밀가루라는 양식을 구입하고 위안화를 북한 돈으로 교환하느라 동분서주한다. 이는 강 목사가 종교적으로 정당한 행동이 정치적으로 범죄가 된다는 아이러니한 상황을 알면서도, 물질이 보다 적극적인 구호라고 생각하는 것은 자본의 긍정적 측면을 수용했다고 볼 수 있다.

> 대체로 해외 선교사는 모교회의 지원에 힘입어 가족이 함께 현지로 떠나 선교 활동을 하지만 강목사 경우는 사명감 하나로 선양을 택해 훌훌히 떠났기에 물질적 어려움이 많을 터였다. 내가 알기로 그의 해외 선교를 돕기는 형제분과 주위에 가까운 이들 열댓 명이 조직한 '강목사선교후원회'에서 송금해주는, 한 달에 백오십만 원 정도가 전부였다. 집사람도 그 후원회에 월 오만 원 한 구좌를 들고 있었다.[29]

> 선양행을 결정한 교우들에게 강목사가 선양의 지하교회를 통해 탈북자 돕기, 북한주민 돕기로 한다는 말을 전하자 청년부 학생들이 자선 바자회를 여는 등 선교헌금 모금에 앞장섰다.[30]

강 목사의 신념은 아무리 공산주의 이데올로기가 위대할지라도 인민을 굶기는 공산주의는 거짓이라는 것, 인권이란 기본적 욕구의 해결이 선행될 때 가능한 것이라는 건강한 선교활동의 표본이라 할 수 있다.

그러나 ≪찔레꽃≫에서는 <카타콤>의 강 목사처럼 자본을 긍정적 선교활동으로 활용하는 사람은 찾아볼 수 없다. 왜냐하면 그들에게 탈북자는 명분으로 포장된 기획입국이기 때문이고, 북한의 인권을 얘기하는 수많은 사람들이 실은 인권을 빙자하여 돈벌이에 몰두하는 것을 보여주는 것이기에 ≪찔레꽃≫의 한국인

---

29) 위의 책, 239쪽.
30) 위의 책, 256쪽.

선교활동은 자본의 논리를 앞세운 수단일 뿐이다.

탈북자들의 한국행은 탈북과 더불어 한국으로 바로 오는 것이 아닌, 중국에 잠시 체류한 후에 입국하는 것이다.[31] 그러나 중국 내 불법체류자로 상태로 있는 탈북자들이 합법적으로 남한에 입국할 방법은 없다. 게다가 남한은 중국과 육지로 바로 연결되어 있지 않기 때문에 굉장한 위험을 감수해야만 한다. 합법 신분이 아닌 사람들이 남한에 들어오기 위해서는 누군가의 개입이 필요한데, 이런 경로로 들어오려면 일정 기간 보살핌을 해주는 즉, 탈북자의 입국을 기획하는 주체가 있어야 한다는 얘기다. 통일부가 밝힌 해외 탈북자 지원민간단체는 한국의 종교그룹, 특히 기독교 그룹 활동가들이 중국에서 탈북자의 입국지원활동을 하면서 탈북자의 남한입국이 확대되었다. 물론 <카타콤>에서처럼 인도적 선교를 위한 종교단체가 없는 것은 아니나, 대다수는 미국의 지원을 등에 업고 북한체제를 뒤흔들 목적으로 기획탈북을 만들고 있는 것이다.

≪찔레꽃≫의 충심은 중국 땅을 밟은 후 다양한 이름을 전전한다. 안마를 할 때는 '미나', 중국인은 '메이나' 그에게는 '소소'[32]였다. 그녀의 이름은 떠돌이 탈북자의 부적응을 보여주는 부분이다. 그래서 충심이 필요한 것은 신분증이다. 중국 공안에 끌려가지 않고 불안 속에 살지 않아도 되는 합법적인 신분이지 한국에 가서 누리게 될 기본적인 생활의 해결은 충심에게 그리 중요한 문제가 아니다.

충심의 탈출과정은 처음부터 끝까지 아니, 한국에 도착한 이후에도 집요한 금전적 요구에 노출되어 있다. 한국에서 온 선교사는 서울 가서 김정일을 욕한다는 조건으로 데려다 준다고 한다. 목사님과 박선교사는 출발 전부터 그들의 선교선

31) 정주신, 『탈북자문제의 인식』, 한국학술정보, 2007, 46쪽.

32) 소설 속에서 이름을 부르는 행위는 호칭, 이름을 붙이고 부르는 것을 포함하여 사회적 질서 이데올로기에 의한 주체 구성에 관여한다. 이것은 그 사회적 질서가 개인을 주체로 강제해내는 의미가 강하기 때문에 지배적 질서의 매커니즘이라는 의미로 쓰인다. 말하자면, 소소는 충심의 중국식 이름이고 이는 탈북자임을 숨기고 조선족, 중국인임을 가장한 이름인 셈이다, 메이나, 미나도 마찬가지다. 김정숙, 『한국현대소설과 주체의 호명』, 도서출판 역락, 2006, 27쪽.

전에 도움이 될 민박집 구석구석을 비디오에 담고, 무조건 예수님을 모셔야 한다고 몇 번이나 다짐을 받는다. 그리고 돈도 다짐받는다.

> "비용은 정확히 해야 돼요. 비용을 받아도 어차피 여러분들을 위하여 사용하지, 우리가 쓰는 건 한푼도 없어요. 어건 자선사업이고 어디까지나 선교사업이라는 걸 아셔야 해요.(중략)한 사람당 한국돈으로 오백만원이라는 건 알고 있지요? 선금으로 이만 위안을 내시고요. 한국 가서 정착금 받으면 삼백만원을 잔금으로 내는 것도 알고 계시죠? 자, 그럼"
> "비용을 받지 않고 한국으로 데려다주는 목사님도 있다는 말을 들었는데……"
> 주현이모가 혼잣말로 중얼거렸다. 주현이모의 말에 박선교사의 눈초리가 먹이를 두고 싸우는 수사자처럼 사납게 변했다.
> "그렇다면 이번 일을 없던 것으로 합시다."[33]

이들은 자신들 스스로 또는 중국 국적의 탈북사냥꾼들을 고용하여 중국내 불법체류하고 있는 탈북자와 접촉하여 한국에 가면 잘 살 수 있다고 회유하고 포섭한다. 선교사들은 8살 영수의 빌리지도 않은 돈의 증서인 현금차용증을 써달라고 요구까지 하고 생사의 길을 걷는 동안 하느님의 이름을 외치도록 주문하고, 그것을 촬영하는데 여념이 없다. 또한 한국에 도착해 하나원을 벗어나자마자 박 선교사는 잔금 900만원을 받으러 사람을 보낸다. 충심의 정착금 500만원은 고스란히 살아남음의 대가로 지불된다. 심지어 한국 탈북자 중 같은 처지의 사람들에게 탈출 경로를 알려주겠다고 돈을 요구하는 대목은 악화가 양화를 구축하는 형국이다.

탈북여성들의 경우, 북에서 교사나 디자이너 등 전문직에 있던 사람조차 환경미화원, 식당보조, 유아원 보모를 전전하기 마련이다. 그 나마도 말투나 문화의 차이를 견디지 못해 결국 모든 사회생활을 포기하는 경우가 허다하다.[34] 충심은

---

33) 정도상, 앞의 책, 178-179쪽.

목숨을 담보한 탈출에 성공하여 남한에서 은미라는 이름을 얻었지만 중국에서 자신의 신분이 비법월경자였다면, 한국에서는 외국인과 다를 바 없다. 그럴수록 북에 있는 가족들이 더욱 생각나고, 그들의 생계를 위해 노래방 도우미를 하며 악착스럽게 돈을 모아 보지만 브로커는 증발하고 만다. 이들은 기획탈북으로 활용된 뒤 자본주의 정글의 법칙이 지배하는 한국에 내팽개쳐지는 것이다.

함흥, 해림, 옌지, 한국으로 이어지는 여정을 걷는 주인공 충심은 수많은 국경을 넘지만 "그 어느 곳에나 자본의 논리가 지배하는 매끈한 평면의 세계가 펼쳐져 있을 뿐"임을 보여준다.[35] 남한 사회의 편입은 자본의 논리에 익숙해지는 것인데 충심의 "세상에는 돈으로 할 수 없는 일이 하나쯤은 있어야 한다."고 끊임없이 되뇌는 심리적 저항을 통해 정도상은 탈북자의 남한 적응의 또 다른 상처를 드러내고 있다. 이는 탈북을 돕는 단체의 실상과 한국사회의 야만성을 드러내는 것으로 삶의 온전성을 돌려주기는커녕 자본주의의 물신화의 덫에 빠지게 만드는 기획탈북의 실상을 통해 세계화된 현실의 어둡고 끔찍한 자본주의의 구조적 폭력과 맞닿아 있음을 보여준다.

요컨대 <카타콤>에서 자본의 긍정적 가치는 강 목사의 강직한 성품에서 비롯되었음은 틀림없는 사실이다. 하지만 탈북자를 도와주고 북으로 들어가는 첫 단계로 양식을 비롯한 생필품을 꾸리는 것은 그것이 그들의 마음을 녹이는 제일 첫 요소이기 때문이다. 그렇다면 자본이란 기(旣)탈북자와 예비탈북의 가능성이 있는 북한주민에게 상당히 유용한 도구로 작용한다는 의미다. 따라서 <카타콤>에서의 자본의 총체적 모습은 상당히 우호적이다.

반면에 ≪찔레꽃≫에서 자본이란 고발의 대상이 된다. 충심이 탈북 이전의 북한에서 두만강을 건널 수 있었던 것, 그리고 중국에서 곳곳을 비법월경자로 숨어 지내면서 견딜 수 있었던 것, 그리고 죽음을 각오하면서 국경을 넘어 남한으로 들

---

34) 조선일보, 2001년. 4월 24일.
35) 이경재, 「네이션과 2000년대의 한국소설」, 『문학수첩』 겨울호 제7권 4호 통권 28호, 2009.

어올 수 있었던 것, 그리고 남한에서 살아가는 것.. 이 모든 것에 놓인 자본은 충심의 인간으로서의 진정성을 황폐화시키는 도구인 것이다.

Ⅳ. 맺음말

본고는 탈북자 문제를 통한 분단 문제의 상이한 시각을 생각해 보았다. 이를 김원일의 소설 <카타콤>과 정도상의 소설 ≪찔레꽃≫을 통해 주체와 자본의 문제로 접근해보았다.

우선, 김원일의 <카타콤>의 경우 기존 분단 소설에서 보여준 휴머니즘적 측면을 강조한다. 관찰자인 정 목사를 내세워 객관적인 동시에 현재적인 현실의 모습을 보여주는 동시에 주인공 강 목사를 통해 이념과 정치, 종교 등 모든 가치에 우선하는 것으로 인간과 생명의 존엄성을 역설하면서 윤리적 주체의 모습을 부각시킨다. 또한 탈북자를 향해 이해관계를 넘는 헌신적인 주체의 모습은 희망적인 가능태로서의 현실을 제시한다고 할 수 있다. 이에 반해, 정도상의 ≪찔레꽃≫은 객관적 현실을 진단해 줄 인물이 빠져있으면서 주인공 충심과 주변인들의 실상을 그대로 노출시키면서 인물의 존재화에 치중하고 있다. 탈북자의 현실태를 탈북자의 목소리 그대로 담아 고통을 심화시키고자 한 것이다. 다시 말하면 김원일은 탈북자를 우리가 도와야 할 타자로 인식하기 때문에 목사의 신분인 주인공을 내세워 우리로 하여금 윤리적인 주체화를 꾀하지만, 정도상은 탈북자가 직접 탈북과정에서 겪는 고통을 내면의 흐름과 환상적 기법으로 묘사함으로써 존재론적 주체의 모습을 부각시킨다.

두 번째, 탈북은 교회와 깊이 연관되어 있다. 두 소설에 모두 선교사나 목사가 등장하는 것도 그 이유다. 그러나 두 소설에서 자본의 가치를 대하는 태도는 상이하다. 김원일의 <카타콤>에서 강 목사는 물질이 보다 적극적인 구호라는 측면에서 자본의 가치에 긍정하며 이를 통해 적극적으로 탈북자를 돕는다. 그러나 ≪찔레꽃≫에서 자본은 기획입국으로 포장된 고발의 대상이다. 국경을 넘을 때마다 강요받지만 표면은 선교행위이고, 노동의 대가이면서 동시에 진정성을 해치는 도구로 나타난다. 김원일은 선교행위에 대해 상당히 긍정적인 평가를 내리지만 정도상은 종교적 선전도구로 이용당하는 선교에 일침을 가한다.

이러한 결과로 볼 때, 김원일은 한국전쟁이라는 분단구조의 모순을 처음부터 경험한 세대이기에 탈북자 문제를 관찰대상의 입장에서 보다 긍정적으로 평가하는 동시에 의식주라는 생존과 관련한 접근법이 두드러진다고 하겠다. 이에 비해 정도상은 분단의 연속성보다 탈북자를 주체적 시각에 놓고 보기 때문에 부정적이고 생존의 문제와 더불어 문화적응이라는 소외와 불안요소를 보여준다.

그럼에도 두 작품의 공통점이라면 탈북자의 현실을 바라보는 우리 자신의 문제점을 냉정하게 비판한다고 할 수 있다. 탈북자 문제는 분단구조가 가져오는 구조적 문제인 동시에 정치경제적 갈등과 결부되는 동시에 인권에 관한 민감한 사안이다. 그러나 서두에서 밝혔듯이 수 숫자가 적지 않은 만큼 보다 체계적이고 현실감 있는 대안이 나와야 할 때다.

참고 문헌

김원일의 분단문학

기본 자료

김원일, ≪노을≫, 문학과지성사, 1978.

______, ≪불의 제전≫1권-7권, 문학과지성사, 1997.

______, ≪겨울 골짜기≫, 이룸, 2004.

______, ≪마당깊은 집≫, 문학과지성사, 1988.

______, ≪연≫, 나남, 1985.

______, ≪물방울 하나 떨어지면≫, 문이당. 2004.

______, ≪도요새에 관한 명상≫, 문이당, 2005.

국내 논저

강정성, 「반공주의」, 『역사비평』, 역사문제연구소, 1999 여름호.

강만길, 「6・25 전쟁은 왜 일어났으며, 어떤 전쟁이었을까요」, 『20세기 우리 역사』, 창작과비평사, 1999.

강상대, 「70년대 소설에 나타난 죽음의 의미-김원일의 경우」, 『국문학 논총』15권. 단국대학교출판부, 1997.

______, 「시대적 광기의 증언과 극복 : 김원일의≪겨울골짜기≫에 대하여」, 『포엠Q픽션』제2권 통권5호, 2002. 2.
강정구, 『민족의 생명권과 통일』, 당대, 2002.
강진호, 「한국 반공주의의 소설 사회학적 기능」, 『한국언어문학』제52권, 2004.
곽지현, 『김원일 소설연구: 구조분석을 중심으로』, 연세대대학원 석사논문, 2004.
권명아, 「가족이야기, 그 역사적 형식에 관하여: 김원일의≪가족≫을 중심으로」, 『동서문학』239, 2000. 12.
권성우, 「80년대 우리 문학을 결산한다」, 『문학사상』202, 1989. 8.
권영민, 「분단 시대 문학의 문학사적 인식」, 『한국현대문학사』2, 민음사, 2002.
권오룡 엮음, 『김원일 깊이 읽기』, 문학과지성사, 2002.
권혁범, 「탈분단 시대의 냉전주의와 민족주의」, 『통일논총』제19호, 2002.
김 현, 「객관적 현실주의로의 길」, 『오늘의 역사, 오늘의 문학』15권, 중앙일보사, 1987.
김귀옥, 「한국전쟁의 사회학 연구의 쟁점과 과제-분단과 전쟁을 넘어 통일과 평화의 사회를 향하여」, 『성공회대학논총』19호, 2004.
______, 『월남인의 생활경험과 정체성』, 서울대출판부, 1999.
______, 『이산가족, '빨갱이'도 아닌』, 역사비평사, 2004.
김근희, 『김원일의 성장소설연구』, 부산대대학원 석사논문, 2003.
김동춘, 『전쟁과 사회』, 돌베개, 2000.
김만수, 「지식인 작가로 살아온 30여 년의 기록: 김원일 중단편선집」, 『동서문학』228, 1998. 3.
김무용, 「해방 후 사회주의세력의 경제체제 구상: 평등주의와 발전주의 사이에서」, 『한국사학보』, 고려사학보. 2005.
______, 「해방 후 사회주의세력의 경제체제 구상: 평등주의와 발전주의 사회에서」,

『한국사학보』, 고려사학보, 2005.
김병희, 「가족공동체를 향한 염원, 그 지향점 :김원일론」, 『태릉어문연구』8, 1999. 7.
김삼웅, 「양민학살의 변증적 이데올로기」, 『해방 후 양민학살사』, 가람기획, 1996.
김성보, 『남북한 경제구조의 기원과 전개』, 역사비평사, 2004.
김성호 외, 『농지개혁사연구』, 한국농촌경제연구원, 1989.
김승환, 「1980년대와 민족분단의 서사: 황석영, 이문열, 김원일」, 『작가 연구』제15호, 2003, 4.
김승환・신범순, 「분단문학과 분단시대」, 『분단문학비평』, 청하, 1987.
김승훈, 「전시와 평시의 인도주의에 관한 연구」, 『인문사회과학연구』제7권, 2004.
김영민, 「1970-80년대 민족・민중문학론」, 『한국현대문학비평사』, 소명출판, 2002.
김영범, 「집단학살과 집합기억: 그 역사화를 위하여」, 『냉전시대 동아시아 양민학살의 역사』, 제주4・3연구소, 1999.
김우종, 「성장소설의 한국적 성취 : 김원일의 『늘 푸른 소나무』」, 『현대문학』460, 1993. 4.
김원일 산문집, 『기억의 풍경들』, 도서출판 작가, 2007.
김원일, 「6・25문학의 반성」, 『한국문학』, 1985.
______, 「문혜원, 그림이야기 삶이야기: 소설가 김원일과의 인터뷰」, 『문학사상』334, 2000. 8.
김원일・김선학 대담, 「나의 文學, 나의 小說作法」, 『현대문학』, 1984, 3.
김유남 편, 『한국정치연구의 쟁점과 과제』, 한울아카데미, 2001.
김윤식, 「문학사적 개입과 논리적 개입: 노을, 난장이가 쏘아올린 작은 공재평가」,

『문학과 사회』16, 1991. 11.

______, 「소설쓰기의 기원에 대하여: 김원일과 양귀자의 경우」, 『예술세계』19. 1992. 4.

김윤식, 정호웅 공저, 『한국소설사』, 문학동네, 2002.

김일영, 「한국에서 발전국가의 기원, 형성과 발전 그리고 전망」, 『한국정치외교사논총』23집 1호, 2001.

김종성, 「원폭피해자들의 삶과 소외의식의 형상화」, 『새국어교육』 통권65호, 2003.

______, 『한국 현대소설의 생태의식연구: 조세희, 김원일, 한승원을 중심으로』, 고려대대학원, 2003.

김종회, 「김원일 대담, 가족사의 수난에서 민족사의 비극으로: 불의 제전 작가」, 『동서문학』184, 1989. 11.

김지현, 『해방 후 농지개혁의 성격에 관한 일 연구』, 숙명여자대학교 대학원, 1997.

김천식, 『남북한의 민족개념분석』, 서울대행정대학원, 1985.

김치수, 「개인과 역사1:≪먼동≫과≪늘푸른 소나무≫를 중심으로」 『현대문학』 23. 1993. 8.

나병철, 「리얼리즘의 두 가지 근대성」, 『근대성과 근대문학』, 문예출판사, 1995.

남미영, 『한국 현대 성장소설연구』, 숙명여자대학교대학원 박사논문, 1991.

노민영 · 강희정, 『거창양민학살: 그 잊혀진 피울음』, 온누리, 1998.

대중문학연구회 편, 『추리소설이란 무엇인가』, 국학자료원, 1997.

대한민국국회, 『대한민국 국회공보』제161회 국회 제3호, 대한민국국회, 1993.

려증동, 『한국역사용어』, 시사문화사, 1987.

류 미, 『김원일 소설에 나타난 갈등연구-어둠의 혼, 노을, 불의 제전을 중심으로』, 한남대대학원, 1992.

류보선, 「김원일론: 분단문학의 새로운 지평을 위하여」, 『문학사상』197.

문학사와 비평연구회, 『1970년대 문학연구』, 예하, 1994.

박명림, 「태백산맥과 '1980년대' 그리고 문학과 역사」, 『문학과 역사와 인간』, 한길사, 1991.

박명림, 「한국전쟁 연구의 의미와 방법」, 『한국전쟁의 발발과 기원 I』, 나남출판, 1996.

박원순, 『국가보안법연구』1, 역사비평사, 1989.

______, 『국가보안법연구』제2권. 역사비평사. 1992.

박은태, 『1960년대 소설 연구-시민사회의 전개와 소설 구조의 조응 양상』, 부산대대학원 박사논문. 2002. 8.

박진숙 외 7인, 「대담/기억의 저편, 아름다운 상처에 대한 기록」, 『마당발, 김원일의 '마당깊은 집'을 찾아가는 발걸음』, 청동거울, 2002.

박혜숙, 「미군정기 농민운동과 전농의 운동노선」, 『해방전후사의 인식』3, 한길사, 1987.

방선주, 「한국전쟁 당시 북한자료로 본 '노근리 사건'」, 『정신문화연구』, 2000년 여름호.

방영이, 『한국현대문학사』, 한국문화사, 2004.

백낙청, 「분단시대의 문학과 사상」, 『씨올의 소리』, 1976.

백지연, 「역사적 기억의 내면화와 고백의 화법」, 『비교문학연구』제9권 1호, 2006. 6.

법무부, 『한국교정사』, 1989.

변형윤 외, 『분단시대와 한국사회』, 까치, 1985.

부산일보, 「거창사건」, 『臨時首都千日』, 부산일보사, 1985.

사순옥, 「한독생태문학연구」, 『독일문학』42권, 2001.

서석준, 「부성 망실과 찾기의 변증법: 김원일, 임철우, 김성동의 소설을 중심으로」,

『경남어문논집』제4집, 1991, 12.

서정기, 「상상력의 인류학적 분석과 실례」, 『현대문학의 연구』제19집, 2003. 8.

서준섭, 「김원일의 현실주의 소설: 아우라지로 가는 길 서평」, 『현대문학』501호, 1996. 9.

서중석, 『한국현대민족운동연구2』, 역사비평사, 1996.

성민엽, 「고향찾기, 혹은 화해와 서사」, 『문학사상』317, 1999. 3.

______, 「윤리적인 것과 역사적인 것: 이청준과 김원일의 근작 중・단편에 대하여」, 『문학과 사회』20, 1992. 11.

송명희, 「도요새에 관한 명상과 에코페미니즘」, 『비평문학』12집, 한국비평문학회, 1998.

송병선, 「중남미 문학의 수용 과정과 문제점」, 『외국문학』제48호, 1996년 가을호.

신병식, 「토지개혁을 통해 본 미군정의 국가성격」, 『역사비평』, 1988. 여름.

신복룡, 『한국분단사연구』, 한울아카데미, 2001.

______, 『한국분단사자료집(Ⅰ)』, 원주출판사, 1991.

신언철, 『한국근대리얼리즘 발전 양상연구』, 충남대대학원 박사논문, 1992.

신형기, 「분단사의 소설화에 대한 사색-노을, 불의 제전, 겨울 골짜기를 중심으로」, 『작가세계』, 1992. 여름.

심정민, 『분단소설의 변모 양상 연구』, 중앙대학교 대학원 문예창작학과 문학이론전공 석사논문, 1994.

안남일, 『현대소설에 나타난 분단콤플렉스 연구』, 고려대 대학원 박사논문, 2002.

양진오, 「노인에 관한 명상: 박완서, 최일남, 김원일의 소설을 읽으며」, 『오늘의 문예비평』통권44호, 2003 봄.

______, 「좌익의 인간화, 그 문학적 방식과 의미: 김원일의≪노을≫을 중심으로」,

『우리말글』35집, 2005.

양현준, 『김원일 소설연구』, 경희대대학원 석사논문, 2001.

오태호, 「분단 상처의 응시를 통한 통일시대의 모색」, 『실천문학』통권 80호, 2005년 겨울호.

______, 「자연 생태계에 1960·70년대 소설적 대응양상고찰」, 『고봉논총』23권. 1998.

오현봉, 「한국전쟁문학의 연구」, 『한국현대문학의 사회학적 시고』, 형설 출판사, 1990.

우찬제, 「리얼리즘의 혁신과 새로운 리얼리티: 황석영과 김원일 소설을 중심으로」, 『문화예술』통권 266, 2001. 9.

______, 「새로운 서사기획과 스타일 창조」, 『문학사상』 제31권, 2002, 1.

유임하, 「아버지 찾기와 성장 체험의 역사화-김원일의 분단서사」, 『실천문학』, 2001. 여름.

______, 『분단현실과 서사적 상상력』, 태학사, 1998.

윤덕영, 「해방 후 좌익진영의 농업개혁론」, 『한국 근현대의 민족문제와 신국가건설』, 지식산업사, 1997.

윤충로·강정구, 「분단과 지배이데올로기의 형성·내면화」, 『사회과학연구』, 동국대 사회연구소, 1998 제6호.

이기인, 「서정성과 산문성: 마당깊은 집」, 『세계의 문학』51, 1989. 3.

이대영, 「김원일 장편소설연구」, 『한국언어문학』43권. 1999.

______, 「김원일 중·단편소설연구」, 『한국언어문학』41권, 1998.

이동재, 「대하역사소설의 역사성과 일상성」, 『현대문학이론연구』9권. 1998.

이동하, 「사랑의 이야기와 모순의 이야기: 사랑아 길을 묻는다」, 『문예중앙』21. 1998. 8.

이재현, 「'민족·민족문학'을 다시 생각한다: 이문열, 김원일, 김영현 작품의 폭과 깊이」, 『한길문학』10, 1991. 9.

이주헌, 『황순원 분단소설의 성격연구-인본주의적 특성을 중심으로, 경희대 교육대학원 석사논문, 2004.

이중재, 「다양한 삶의 기록으로서의 소설」, 『문학과 창작』제10권, 2004 가을.

______, 「소설의 영원한 테마, 사랑」, 『문학과 창작』34, 1998. 6.

이혜숙, 「미군정기 농민운동의 성격과 전개과정」, 『해방직후의 민족문제와 사회운동』, 1988.

이효재, 『분단시대의 사회학』, 『창작과비평』, 1979년 봄호.

이희춘, 「고향찾기와 세상보기의 따스함: 김원일론」, 『밀양산업대학교 논문집』3, 1995. 12.

임영천, 「김원일 기독교소설연구: 그의 3대 중편소설 기독교 소설들을 중심으로」, 『한국문예비평연구』제16권, 2005.

______, 「민중의 동지로 살기와 비판적 신자로 살기」, 『교회와 신학』, 2004.

______, 「새 밀레니엄시대의 종교와 문학: 황석영, 김원일, 조성기 소설들을 중심으로」, 『월간문학』제39권. 2006.

______, 「한국 기독교 믿음의 세 유형과 행태: 김원일과 유재용의 두 중편 소설들을 중심으로」, 『한국문예비평연구』제14집, 2004.6.

임우기, 「80년대 분단소설의 새로운 전개: 태백산맥과 겨울골짜기에 대하여」, 『문학과 사회』1, 1988. 1.

임종찬, 『간직하고 싶은 우리의 정서들을 위하여』, 국학자료원, 1996.

임헌영, 『분단시대의 문학』, 태학사, 1992.

장수익, 「자전적 경험, 이념에의 공포, 그리고 중산층의식: 김원일의 『마당깊은 집』」, 『문학정신』74, 1993. 2.

전영태, 『한국문학 50년』, 문학사상사, 1996.

전현수, 「산업의 국유화와 인민경제의 계획화: 공업을 중심으로」, 『현대북한연구』

2권 1호, 1999.
전흥남, 「분단 소설에 나타난 아비찾기 모티브와 그 문학적 의미: 이니시에이션 소설의 변모과정을 중심으로」, 『한국언어문학』42. 1999. 5.
______, 「환경위기와 소설의 대응력에 관한 일고찰: 김원일의 「도요새에 관한 명상」을 중심으로」, 『한국언어문학』43. 1999. 12.
정문권, 「황순원 소설의 휴머니즘 담론 양상」, 『인문논총』제21집, 2004.
정승재, 「장애인의 영원한 아버지, 작가 김원일 가난하고 소외된 사람들을 위한 소설쓰기: 어떤 사람이 소설을 쓸 수 있는가」, 『숏대문학』 제54호, 2004 여름.
정주아, 『김원일 소설에 나타난 기억방식 연구』, 서울대대학원 석사논문, 2005.
정진교, 「83년 KBS 이산가족찾기 캠페인, 그 후의 이야기」, 『월간 동화』, 1999, 9월호.
정찬영, 「김원일의 겨울골짜기론」, 『현대소설연구』15호, 2001. 12.
______, 『한국 증언소설 연구』, 부산대대학원 박사논문, 2000. 2.
정청세, 『해방 후 농지 개혁의 사회적 조건과 형성 과정』, 연세대 대학원, 2003.
정태현, 「해방전후 경제계획론의 수렴과 전쟁 후 남북에서의 적대적 분화」, 『한국사학보』17호, 2004.
정항균, 「추리소설의 경계변천 고찰(2)」, 『뷔히너와 현대문학』27집, 2006.
정현기, 「기억의 강 양각에 관한 김원일의 명상: 바람과 江을 다시 생각한다」, 『소설과 사상』12, 1995, 9.
정호웅, 「한국 역사소설과 성장의 행로」, 『현대소설연구』제18호, 2003. 6.
정홍수, 「장편소설의 자리:≪가족≫의 김원일,≪샷보르 여인숙≫의 하성란」, 『문학사상』336, 2000. 10.
정희상, 「월북자 가족들의 삶과 한」, 『월간 말』3월호, 1991.
조구호, 「역사적 비극의 문학적 형상화:≪겨울골짜기≫론」, 『문학한글』제15호,

16호, 2002. 12.
조남현, 「1990년대 문학의 풍경」, 『1990년대 문학의 담론』, 문예출판사, 1998.
______, 「김원일론」, 『예술과 비평』22, 1990. 12.
조희경, 「가족, 그 슬픈 초상: 김원일의≪슬픈 시간의 기억≫」, 『우리문학연구』 제16집. 2003.
______, 「김원일 소설에 나타난 장자의식의 양상」, 『한중인문과학연구』제16권. 2005.
진덕규 외, 『1950년대의 인식』, 한길사, 1980.
차기문, 『한반도 정전체제 연구: 쟁점 및 평화체제로의 전환방안』, 경남대대학원, 2003 6월.
차봉희, 「한국에서 리얼리즘의 수용와 영향」, 『비교문학』18호, 한국비교문학회, 1993.
차석규, 『남부군과 거창사건』, 창작과예술사, 1988.
차혜영, 『한국현대소설의 주체와 이데올로기』, 푸른사상, 2004.
편집국, 「1985년 이산가족 방문」, 『통일한국』12월호, 1999.
하응백, 「김원일 중 · 단편소설연구」, 『현대소설연구』14권, 2001.
______, 「니힐리즘과 리얼리즘의 밀회: 슬픈 시간의 기억」, 『서평문화』제44집, 2001 겨울.
하정일, 「문학의 눈으로 바라본 인혁당 사건: 김원일의≪푸른혼≫」, 『역사비평』 통권 71, 2005 여름호.
한국산업사회연구회 편, 『한국사회와 지배이데올로기』, 녹두, 1991.
한국토지법학회, 『토지법학』22호, 2006. 12.
한수영, 「분단과 전쟁이 낳은 비극적 역사의 아들들」, 『역사비평』, 1999. 2.
한옥신, 『사상범죄의 실증적 연구』, 동국대학교 박사학위논문. 1974.
한지희, 「1949~50년 국민보도연맹 결성의 정치적 성격」, 『숙명한국사론』2,

1996.
한홍구, 『대한민국사』1권, 한겨레신문사, 2003.
허선영, 「김원일 소설의 세계」, 『국문학보』제12권. 1994.
현길언 외, 『문학과 정치이데올로기』, 한양대학교 출판부, 2005.
홍성애, 『현대소설에 나타난 강의 상징성 연구』, 서강대 교육대학원 석사논문, 1998.
홍정선, 「정의로운 사회에 대한 한 가족주의자의 갈망: 그곳에 이르는 먼 길」, 『현대소설』12. 1992. 9.
홍진호, 「자연주의와 객관적 진실의 묘사」, 『독일어문화권연구』15집, 서울대학교 독일어문화권연구소, 2006, 1.
홍혜미, 「김원일의 가족사 소설: <어둠의 혼>, <미망>, <깨끗한 몸>,≪마당깊은 집≫, 『전단학지』4. 1998. 4.
황병덕 · 김학성 · 박종철 · 전성훈, 「한반도 · 독일의 냉전구조 해체방안 비교연구와 정책적 함의」, 『한국과 국제정치』, 2002년 봄호.

번역/국외 논저

M. 로페르, (김치수 · 이윤옥 옮김), 『기원의 소설, 소설의 기원』, 문학과지성사, 1999.
골드만(조경숙 옮김), 『소설 사회학을 위하여』, 청하, 1986.
르네 지라르(김치수 · 송의경 옮김), 『낭만적 거짓과 소설적 진실』, 한길사. 2001.
엘리아드 카네티(심성화 옮김), 『군중과 권력』, 한길사, 1982.
웨인 부스(최상규 옮김), 『소설의 수사학』, 새문사. 1985.
윌리암 케니(엄정옥 옮김), 『소설분석론』, 원광대 출판국, 1980.
페터 지마(허창운 · 김태환 옮김), 『이데올로기와 이론』, 문학과지성사, 1996.

_____(서영상 · 김창주옮김),『소설과이데올로기』,문예출판사, 1996.
레이몬드 윌리엄즈(이일환 옮김),『이념과 문학』, 문학과지성사, 1982.
폴 리쾨르(김한식 옮김),『시간과 이야기 3』, 문학과지성사, 2004.
부르스 커밍스(김자동 옮김),『한국전쟁의 기원』, 일월서각, 1986.
존 메릴(이종찬 옮김),『새롭게 밝혀낸 한국전쟁의 기원과 진실』, 두산동아, 2004.
하버마스(장은주 옮김),『의사소통의 사회이론』, 관악사, 1995.
Hans Meyerhoff(김준오 옮김),『문학과 시간현상학』, 삼영사, 1987.
B, Uspensky(김경수 옮김),『소설구성의 시학』, 현대소설사, 1993.
수잔 랜서(김형민 옮김),『시점의 시학』, 좋은날, 1998.
찰리 헨리, 마사 멘도사 공저(남원준 옮김),『노근리 사건: 한국전쟁의 숨겨진 악몽』, 잉걸, 2003.
한나 아렌트(김정한 옮김),『폭력의 세기』, 이후, 1999.
칼 본 클라우제비츠(이종학 옮김),『전쟁론』, 일조각, 1987.
롤랑 부르뇌프 · 레알 윌레(김화영 옮김),『현대소설론』, 현대문학, 1996.
알프레드 아들러(설영환 옮김),『아들러 심리학 해설』, 선영사, 1987.
마르쿠제(김인환 옮김),『에로스와 문명-프로이트 이론의 철학적 연구』, 나남, 1994.
케사레 벡카리아(이수성 옮김),『범죄와 형벌』, 길안사, 1995
이브 뢰테르(김경현 옮김),『추리소설』, 문학과지성사, 2000.

김원일 소설 〈손풍금〉의 서술형식

김원일, <손풍금>,≪물방울 하나 떨어지면≫, 문이당, 2004.
_____,≪슬픈 시간의 기억≫, 문학과지성사, 2001.

______,≪푸른혼≫, 이룸, 2005.
권영민, 「연작소설의 새로운 가능성」, 『소설의 시대를 위하여』, 이우출판사, 1983.
김지미, 『1970년대 연작소설의 서사 구조 연구』, 서울대학교 석사논문, 2001.
Gelfert, H.D., 『소설 어떻게 해석할 것인가?』, 정인모・허영재 역, 새문사, 2002.
미케 발, 『서사란 무엇인가』, 한용환・강덕화 역, 문예출판사, 1999.
이성희, 『김원일의 분단문학연구』, 부산대학교 박사논문, 2008.
수잔 스나이더 랜서, 『시점의 시학』, 김형민 역, 좋은날, 1998.
주네트, G, 『서사담론』, 권택영 역, 교보문고, 1992.
하정일, 「민중의 발견과 민족문학의 새로운 도약」, 민족문학연구소 엮음, 『민족문학사 강좌』, 창작과 비평사, 1995.
한용환, 『소설학 사전』, 문예출판사, 1999.

탈북자 소설에 드러난 한국자본주의의 문제점
–박덕규 소설을 중심으로

박덕규, <노루사냥>,<청둥오리>,<함께 있어도 외로움에 떠는 당신들>,<기러기 공화국>,≪고양이 살리기≫, 청동거울, 2004.
______, 「특집2・21세기를 여는 한국의 새로운 소설가들/박덕규 <기러기 공화국>」,『문학정신』, 1997 봄호, 73-106쪽.
김내훈, 「‘탈북자 문학’ 한국 소설의 새 영역으로」, 조선일보DB. 2008, 11월 30일.
KBS, 「기억의 저편, 아름다운 상처에 대한 기록-김원일, 박덕규 편」,『낭독의 발견』, KBS, 2006년 방송.
가람기획 편집부 엮음, 『한국현대문학 작은사전』, 가람기획, 2000. 211쪽.

고인환, 「남북문학의 이질성과 문학 교류의 방향」, 『공감과 곤혹사이』, 실천문학사, 2007, 58쪽.

권나혜, 『남한 내 탈북이주민 대학생의 정체성과 생활경험』, 연세대 대학원 석사논문, 2006.

권영민 편, 『한국 현대문학대사전』, 서울대출판부, 2004. 321-2쪽.

김소라, 『남한의 북한인권 담론연구』, 북한대학교 대학원, 2008, 98-109쪽.

김재홍·홍용희 편저, 『그날이 오늘이라면-통일시대의 남북한 문학』, 청동거울, 1999.

로저 키징(전경수 역), 『현대문화인류학』, 현음사, 1985. 400-470쪽.

박은주, 『최근 탈북자 국내·외 망명 동향과 정책적 대안』, 서강대학교 공공정책대학원, 2007, 12-28쪽. 80-1쪽

오인혜, 『탈북자의 고향의식과 그 변화』, 서울대학교 대학원, 2007, 35-6쪽.

임현진·정영철, 『21세기 통일한국을 향한 모색』, 서울대학교출판부, 2005.

전우택·윤덕용·엄진섭, 「탈북자들의 남한사회 적응생활 실태조사-2001년도 553명의 탈북자들에 대한 조사를 중심으로」, 『통일연구』, 제7권 제1호, 2003, 155-208쪽.

정원전, 「탈북자 정책 지원 활성화 방안연구」, 원광대학교 대학원 석사논문, 2006. 95-7쪽.

정주신, 「탈북의 발생요인과 탈북자 문제의 국제화」, 『정책과학연구』, 단국대학교정책과학연구소, 2006, 69-83쪽.

조용관, 「북한 정치교육의 내면화가 탈북자 남한사회적응에 미친 영향」, 『한국정치외교사논총』제25집 2호, 한국정치외교사학회, 2004, 168-9쪽.

조용관·김병로, 『북한한걸음 다가서기』, 예술전도단, 2002, 109쪽.

최순호, 『탈북자 그들의 이야기』, 시공사, 2008.

최창동, 『탈북자 어떻게 할 것인가』, 두리, 2000, 103-140쪽.

칼 마르크스(손철성 엮음), 『자본론:자본의 감추어진 진실 혹은 거짓』, 풀빛, 2005.

하응백, 「한 문화주의자의 글쓰기」, 『낮은 목소리의 비평』, 문학과지성사, 1999, 65쪽.

한국문화인류학회, 「차이와 불평등」, 『처음 만나는 문화인류학』, 일조각, 2003, 188-121쪽.

허지연, 『탈북자의 탈북요인과 중국·한국 이동경로에 관한 연구:이상적 정착지와 행위 변화를 중심으로』, 고려대학교 대학원, 2003, 43-48쪽.

홍성욱, 「21세기에 다시 읽는 칼 마르크스」, 『하이브리드 세상읽기』, 안그라픽스, 2003, 109쪽.

탈북자 문제로 본 분단의식의 대비적 고찰
-김원일과 정도상 소설을 중심으로

자 료

김원일, <카타콤>, ≪오마니별≫, 도서출판 강, 2008. 235-311쪽.

정도상, ≪찔레꽃≫, 창비, 2008.

논 저

고인환, 「탈북자 문제 형상화의 새로운 양상 연구-<바리데기>와 <리나>에 나타난 '탈국경의 상상력'을 중심으로」, 『한국문학논총』52집, 2009. 8. 230쪽.

구민두, 『키에르케고르의 주체성과 간접전달의 도덕교육적 의미』, 부산대대학원 석사논문, 2002. 8. 33-4쪽.

권형재, 「북한 선교의 나아갈 길: 새터민들의 안정된 정착을 돕는 사역을 통한 미래의 북한 교회 지도자 양성을 목표로 하는 한국교회의 선교전략」, 『한영논총』, 한영신학대학교, 2008. 12권. 175쪽.

김윤식 · 정호웅, 「분단 · 이산소설의 전개」, 『한국소설사』, 예하, 1993. 432-4쪽.

김은경 · 권정혜, 「탈북자 문화적응척도 타당화 연구」, 『한국심리학회지 : 임상』 제28권 제3호, 한국임상심리학회, 2009. 762쪽.

김정숙, 『한국현대소설과 주체의 호명』, 도서출판 역락, 2006, 27쪽.

루이 알뛰세르, 김동수 옮김, 『아미엥에서의 주장』, 솔, 1991, 115-121쪽 참조.

심민수, 「키에르케고어의 실존적 주체성의 교육적 함의」, 『교육문제연 구』 제21집, 고려대학교 교육문제연구소, 2004, 9. 56쪽.

이경재, 「네이션과 2000년대의 한국소설」, 『문학수첩』 겨울호,

이경재, 「네이션과 2000년대의 한국소설」, 『문학수첩』겨울호.

이순형외 3인, 『탈북 가족의 적응과 심리적 통합』, 서울대학교출판부, 2007, 257-8쪽.

이정우, 『주체란 무엇인가』, 그린비, 2009. 13쪽.

이호규, 「'타자'로서의 발견, '우리'로서의 자각과 확인-2000년대 이후 한국소설에 나타난 조선족의 양상연구」, 『현대문학의 연구』, 한국문학연구학회, 2008, 159-160쪽.

임병덕, 『키에르케고르의 간접전달』, 교육과학사, 1998. 164-6쪽, 180쪽.

장임숙 · 전영평, 「탈북자 인권 운동과 정책대응방식의 평가」, 『국가정책연구』 제23권 제1호, 2008, 124쪽.

정주신, 『탈북자문제의 인식』, 한국학술정보, 2007. 46쪽.

허명숙, 「위험한 기독교인이 실천하는 신앙의 아이러니」, 『한국문예비평연구』 제30집, 2009, 12, 188-191쪽.

김원일 소설과 한국의 분단현실

초판 인쇄 2011년 1월 20일
초판 발행 2011년 1월 27일

저 자 이 성 희

발행인 김 인 세
펴낸곳 부산대학교 출판부
주소－부산광역시 금정구 장전동 부산대학로 98
전화－(051) 510 1932~3
전송－(051) 512－7812
등록－제카 11-2 1992. 9. 10.

* 잘못된 책은 구입한 서점에서 교환해 드립니다.

정가 12,000원

ISBN 978-89-7316-368-7 93810